KB236743

국학자료원

한국 근대문학과 전통

김찬기 著

국학자료원

책머리에

내 안에서 논리와 감각이 행복하게 공존할 수 있을까. 대학원에 진학할 무렵 스스로에게 물어본 말이었다. 도무지 다 자신이 없어서였다. 한쪽으로 기울어질 것도 같고, 둘 다 이도저도 안 될 것 같은 시절, 지도 선생님께서 권하신 것이 자료읽기였다. 현대문학도로서 앞선 시기의 작품을 읽어내는 것이 우선은 쉽지 않았다. 늘 오자와 파자, 탈자 투성이의 자료들을 보며, 나는 문득 내 삶의 모습을 보고 있었는지도 모른다. 그런데, 어느 순간부터 그 오자와 파자의 세계가 바로 나를 지탱하는 힘이 되고 있다는 사실을 깨닫기 시작했다. 그렇게 힘을 얻어 다시 손을 대기 시작한 것이 전대(前代) 장르에 대한 고찰이었다. 근대계몽기의 문학이 전대 장르의 수용과 변형 과정을 통해서 형성되었다, 라는 당위론을 확인하기까지 지불해야 했던 시간이 미욱하게도 이렇게 긴 것이었다. 미욱할수록, 확신은 더 단단해지는 법이다. 요즘들어 근대계몽기의 자료들를 읽으면 읽을수록 미욱함의 표징이 더 단단해지는 느낌이다. 이런 것이 신칙이 되면 학도로서는 곤란하다는 생각이 들어서 우선 책으로 묶어보기로 한다.

제1부에서는 근대계몽기에도 여전히 그 문학적 위상이 빛나는 전(傳)과 야담(野談)의 형성 지반과 전개 양상을 고찰하였다. 이 부분을 공부하면서 얻은 작은 믿음이 하나 있었다. 역시 근대계몽기 소설의 형성 과정은 전대 양식과의 상호 관련성의 문제가 해명되지 않고서는 그 실상이 드러날 수

없다는 사실이었다. 이 문제가 해결되지 않고서는 자명한 결과만 도출될 것이다. 근대계몽기 소설 자체만 부정될 것이다. 제 1부에서는 아울러 전후에 들어 다시 재개되기 시작한 전통 논의의 양상을 정리한 글도 함께 수록하였다. 이어서 제2부에서는 전후의 전통 논의와 맥락화가 가능한 김동리와 정한숙의 작품론을 수록했다. 그리고 필자의 관심 중의 하나인 '신화' 관련 글도 한 편 수록했다. 몇 년 전부터, 홍창수 선생님, 그리고 친구 노제운과 함께 신화를 공부하던 시절의 결과물이다. 갖다 올려놓고 보니 신화와 전통은 크게 다른 것이 아니라는 생각이 들어서 책으로 함께 묶기로 한 것이다. 그리고 제3부에서는 비교적 재미도 있고, 문학적 성취도 엿보이는 서사 자료만을 골라서 수록해 놓았다.

지금도 필자의 관심은 여전히 근대계몽기 서사체의 '흔적' 찾기에 있다. 데리다 식의, '흔적' 배제의 방식이 낯설은 것이다. 아직 안쪽이 약해서 그런 것인 줄 알고 있다. 그 약한 안쪽을 제대로 만드는 것이 무엇일까, 고민해보기로 스스로에게 앙다짐해본다.

이렇게 책을 묶으니, 내 약한 안쪽을 바깥쪽에서 보듬어준 분들이 실로 고맙게 다가온다. 그분들께, 사랑하는 남호와 남형에게 고마움을 전한다.

2002년 가을, 효자동에서 김찬기

목 차

제1부

연구편

I. 서문 - 근대계몽기과 전통성의 문제

1900년대에 전개된 계몽 기획의 성격이 전통성의 문제와 관련되어 있었음
은『皇城新聞』(1906. 5. 19 ~ 12. 31)에 연재된 한문현토체 소설『神斷公案』
의 일곱 편을 보면 더욱 분명해진다. 근대의 계몽 기획은 전통주의의 영향과
그 삼투적 성격과 기능을 배제해놓고는 생각할 수 없을 만큼, 전통주의는
근대 계몽 기획의 성격을 규정하는 생성 기반이다. 바로 저 신채호(1880
~ 1936)가 "단지 믿는 것은 높은 백두산이 있다는 것"[1]이라고 굳게 믿었던
'백두(白頭)'의 정신과 일련의 근대 계몽 기획의 내용이 전통주의와 교집되
는 바, 그것은 역사와 명분에 대한 근원적인 부정(否定)으로서의 보편적
세계주의와는 적어도 이 시기에 있어서는 상충될 수밖에 없었다. 1900년대의
계몽의 기획자들, 곧 개신유학파의 논리에서 보면 보편적 세계주의는 침략적
제국주의이거나 더 구체화된 형태로의 '부왜(附倭)'에 다름 아니었다. 모든
침략주의가 그러하듯, 외세의 침략 또한 "올 오어 나싱(all or nothing)이었고

---

1) 申采浩,「舊曆歲除逢友述懷」,『丹齋申采浩全集』下, 乙酉文化社, 1972, p.465.
   "殘燈如對讀書秋　此夜羈人共此樓　天地無家憐我輩　光陰依舊向東流　終期滄海爲平
  地　只信高山有白頭　倒盡長瓶不成醉　隔窓風雪正颼颼"

그것은 인간의 존재 그 자체를 無化시키는 것이었으며 역사와 명분에 대한 근원적인 否定"[2]을 유도했다. 신채호가 1900년대의 시대적 상황을 절절하게 묘사 한 바대로 우리 민족 역시 '창 밖의 눈보라는 더욱 거세지는 데(隔窓風雪正颴颴), 천지에 집 없는 가여운 신세(天地無家憐我輩)'로 전락한 것이다. 이러한 상황에서 존재의 근거를 '白頭'에서 찾는 것 자체를 소박한 전통주의의로만 볼 것인지, 아니면 세계를 지각하는 새로운 방식으로 볼지는 좀더 검토해야 할 문제이지만 적어도 일군의 계몽의 기획자(개신유학자)들에게 '白頭'는 어쨌든 하나의 생성적 공리가 될 수는 있었던 듯하다. '백두의 정신'이 새로운 공리가 될 수 있다는 생각, 그것이 바로 '과거의 것(전통주의)'으로 '새것'을 감싸기(envelopment) 할 수 있다는 개신유학자들의 사유 방식이었던 것이다. 이렇게 1900년대의 계몽 기획은, '새것'은 '과거'에 이미 들어 있던 것의 펼치기(development)에 불과하다는 이 도저한 사유 방식에 의해서 전개되고 있었다. 물론, 이러한 계몽의 기획은 기존의 공리를 그대로 연역한 결과만을 맹목적으로 준신하는 태도와는 다른 것이었다. 1900년대의 계몽의 기획자들에게 중요한 것은 '어떻게 하면 과거로 되돌아 가기의 오류에 빠지지 않으면서 과거를 펼칠 수 있을까'의 문제였다. 곧 과거의 공리를 비판적으로 수용하면서, 동시에 그것을 새로운 체계(공리) 속으로 포섭하느냐의 문제인 것이다. 한 마디로 1900년대의 계몽기획자들의 사상은 '개신, 즉 다시(re-)의 사상'인데, 이 도저한 '다시 시작하기(recommencement)'의 질서에 근거하여 1900년대 계몽의 기획은 그 자태를 드러내고 있었다. 어떠한 공리도 절대적일 수 없다는 가치론이 1900년대 개신유학자들에게 역으로 수용되고 있었음은 매우 아이러니한 것이지만, 전통이 항상 변화를 내포하고 있는 동적 개념(다시 시작하기)이란 것을 상기해보면 이 시기 개신유학자들의 이러한 사유는 전통의 정의적 속성에 매우 충실한 것이었다. 대체로 한 집단이 지니고 있는 힘의 중요한 근거를 "전통"[3]에서 찾는 이러한 사유야말

---

2) 金炳翼, 『狀況과 想像力』, 文學과 知性社, 1979, p. 175.

로 전환기적 사회에서 흔히 내발하는 현상이다. 그러나 이와 같은 사유는, 전통이 높은 수준의 경험적 타당성을 유지할 수 있는 안정된 사회에서나 적용 가능한 개념이다. 따라서 집합의식(collective consciousness)이나 도덕성의 와해가 가속화되는 전환기적 사회에서는 정체성(identity)의 개념으로서의 전통은 그 경험적 타당성을 유지할 수 없게 된다. 전통이 항상 변화를 내포하고 있는 동적 개념이라는 것은 바로 사회변동에 따라 끊임없이 변경되고 재조정되고 재창조되는 과정을 밟게 된다는 속성을 내포하고 있다는 의미이다. 그러므로 전통의 재생성(filiation)은 전통에 내재하는 속성의 하나이며 전통을 고정적이고 불변하는 과거에 속한 문화로 여기는 것은 잘못된 견해라고 말할 수 있다.4) 이러한 인식은 우선 '전통이란 불변한다'라는 정태

---

3) 흔히 '전통'하면 오래 전부터 전해져 내려오는 계통적인 것을 뜻하는 것 같다. 이 것은 서양말의 'tradition'의 경우도 마찬가지다. 라틴어 'traditio'에서 유래하는 tradition은 본래 어원을 거슬러 올라가 보면 희랍어 'tradosis'에까지 추적되는데, 결국 모두 '넘겨주다 (handing over)'의 뜻을 가지고 있다. 그러나 그저 무조건 넘겨받은 것은 아니다. 단순한 문화 유산과는 아마 이런 점에서 다를 것이다. 전통은 대체로 믿을 만하고(reliable), 또 타당하다(valid)는 암시적 의미를 지니고 있는 것으로 생각된다. (金鍾瑞, 「傳統思想의 槪念」, 『傳統思想의 現代的 意味』(金鍾瑞 外), 韓國精神文化硏究院, 1990. 참조). 때문에 통상 그 집단의 구성원들은 전통으로부터 필요한 행위양식을 선택해서 자신의 행위노선을 구성해나가면서 일상생활을 영위한다. 이 경우, 구성원들에게 있어 전통은 충분히 시험되고 높은 경험적 타당성이 보장되는 행위양식들의 자원과 같은 것이기 때문이다. 전통은 또한 구성원들에게 수많은 상징(symbol)과 의식(ritual)을 통해 집단에의 소속감과 성원들 간의 일체감을 공급하여 사회 통합적 기능을 효과적으로 수행하게 한다. 전통은 무엇보다도 오랜 세월에 걸친 공동체 생활의 산물이기 때문에 문화에 정체성을 갖게 해주며 동시에 집단의 도덕성을 반영하고 있으므로 전통적 행위양식의 수용은 곧 사회적, 문화적 소속감을 확인시켜 주는 것이기 때문이다. (林熺燮, 「轉換期社會의 文化와 文化變動」, 『韓國社會의 發展과 文化』(林熺燮 編), 나남, 1987. p. 18.)
4) 林熺燮, 「轉換期社會의 文化와 文化變動」, 『韓國社會의 發展과 文化』(林熺燮 編), 나남, 1987. p. 17.). 한편, 전통의 이와 같은 속성을 Edward Shils는 실재적 전통(substantive tradition)이라는 개념으로 규정하고 전통의 속성을 '형식성(formal property), 내용성(substantial property), 구성성(constitutional character)으로 나누어 고찰한다. 그에 의하면 문화는 개별적인 행동을 초월하는 형식성을 갖기 때문에 행동은 일회적인 것이지만 문화의 형식은 반복적이고 연속적일 수 있는 특성을 갖는다는 것이다. 또한 문화의 내용은 그것이 행위자들의 상호작용을 예측 가능한 것이 되

적 전통관을 극복할 수 있는 논리적 근거를 마련해준다. 전통은 사회변동의 과정에서 적응적 변동을 경험하고 그러한 재생성을 통해 그 연속성을 유지해 나간다고 할 수 있지만, 사회질서 자체의 거시적인 사회변동이 진행되는 전환기적 사회에 있어서는 한계에 봉착할 수도 있는 것이다. 즉 전환기적 사회에서는 흔히 기대상승의 혁명(revolution of rising expection)이 일어나게 되며, 그러한 기대상승의 열망 속에서는 이른바 사회적 동원(social mobilization)도 가능하게 된다. 이 전환기적 사회에서는 사회성원들이 전통적 가치와 규범으로부터 벗어나 새로운 가치와 규범에 관여하는 퍼스낼리티의 변화가 가능하게 되는 것이다.5) 이와 같이 정태적 전통 개념을 지양하고 그것의 동적 개념을 수용한다면 우리는 무엇보다도 다음과 같은 두 가지의 속성을 추출할 수 있다. 즉 형식성이라는 전통의 통시적(通時的) 특성과 본체성이라는 단면적 특성(전통의 내용)이 바로 그것이다. 그러나 이 두 특성은 사실상 철저하게 분리되어 나타나는 것은 아니다. 현실적으로 이 두 가지 특성은 상당량의 내적 상관성을 유지한다. 형식성은 본체성의 존재 기반을 제공하며 본체성은 형식성을 위한 자원을 이루면서 궁극적으로 전통의 효과를 구체화시킨다. 전통은 또한 형식성과 본체성의 내적 상관성을 통해 시대나 상황의 변화에 따라 끊임없이 변경과 조정, 또는 재창조될 수 있는 구성성을 지닌다는 점이다. 이와 같은 전통의 구성성을 통해서 전통은 거듭 반복되고 있을지라도 그것에 관한 "가치부여"6)는 행위 담당자, 상황

도록 하기 위해서는 실재적 타당성을 갖는 것이어야 하며, 문화는 그 구성원들이 서로 하나의 체계로 조직되기 위한 일관성을 가져야 한다는 것이다. (Edward Shils, 『전통』, 민음사, 1992. 참조)

5) 林熺燮, 앞의 책, p. 21.

6) 金文朝, 「傳統과 社會變動」, 『韓國社會의 發展과 文化』(林熺燮 編), 나남, pp. 59~65.
김문조는 전통의 수용과 가치의 문제에 있어서 전통의 가치를 다음과 같이 세 가지로 규정한다. 첫째가 전통의 '存在的 價値'를 들 수 있다. 즉 전통은 다른 여타의 대안보다 수용이 매우 간단하고, 사람들에게 공동체 의식을 고양시키며, 규범적 영향력을 행사함으로써 그것의 존재 가치를 획득한다는 것이다. 또한 사람들에게 고민 없이 생활할 수 있는 편법을 제공함으로써 전통의 수용을 촉진 시킨다

또는 시대에 따라 달리 나타날 수 있다. 결국 전통이란 단순히 시제적(時制的) 반복이나 일치가 아니라 시제적(時制的) 재생(filiation)의 의미가 더 강하다고 보아야 할 것이다. 여기에서 전통을 반복 또는 일치와 구별하여 재생이라 규정한 까닭은, 전통이란 행위자가 그것의 가치를 어떻게 인식하느냐에 따라 항상 당대 사람들에 의해 새로이 선택되고 수용된다는 점을 함축하기 위해서이다.

1900년대 근대 계몽의 기획, 곧 현실 재구성의 한 축도 역시 전통의 이와 같은 '시제적 재생성'의 가치를 수용하는 것에서부터 시작된다. 『神斷公案』의 제 4화의 주인공 '봉이'나 제 7화의 주인공 '어복손'을 통해서 구현하려고 했던 가치(주제) 역시 '다시(re-)'와 '재생'의 인식론적 틀을 통해서만 주조될 수 있었던 것들이었다.

전통의 이해에 있어서 또 하나의 중요한 인식 거점은, 전통이 '역사 의식'7)

는 것이다. 둘째는 전통의 '經驗的 價値'를 들 수 있다. 오랜 기간 동안 지속되어 온 전통에 대해서는 모종의 합리성, 적어도 경험적 합리성이라는 것을 인정해야 한다는 것이다. 만약 합리적 요소가 전혀 개재되지 않았다면 그것은 전통으로서 오랜 기간 존속할 수 없었을 것이라는 것에서 그 의의를 찾는다. 셋째는 전통의 '目的的 價値'이다. 존재하고 있음으로 해서, 또는 선례를 뒷받침으로 하는 경험적 합리성이 인정됨으로 해서 유지되는 경로 이외에 전통은 또 다른 방식, 즉 앞의 두 가지 경우보다 더 적극적이고 의도적인 방식으로 추구되는 경우가 있다. 이것을 전통의 목적적 가치라고 한다. 이러한 활동은 주로 기존현실에 불만을 느끼는 사람들을 중심으로 하여 전개되는 수가 많다. 기존현실을 변화시키려는 사회운동의 목표로서 작용하는 이러한 때의 전통이란 막연한 과거가 아니라 이전 어느 특정시기, 가장 빈번하게는 흔히 황금기라고 불리는 시기에 해당하는 경우가 많다. 이러한 동기는 물론 늘 옛날을 아름다운 것으로 여기는 일상인들의 막연한 향수와 관련지을 수도 있겠으나, 고귀한 야만(noble savage), 또는 원시공동 상태 등을 이상으로 삼고 있는 일부 사상사가들의 학문적 견해로도 곧잘 반영된다. 이 때 구습에 대한 찬양은 단지 현재의 모순을 부각시키고자 함에 끝나지 않는다. 오히려 진일보하여 과거의 전통은 현실의 재구성을 위한 모형이 되는 것이다.

7) 전통이 역사의식을 수반한다는 문제를 제기한 엘리어트에 의하면, 역사의식은 과거에 대한 과거적인 의식뿐만 아니라 현대적인 의의에 대한 인식까지 내포하고 있다는 것이다. 역사적인 의식은 또한 작가가 몸소 지니고 있는 시대의식 뿐만 아니라, 호오머 이래의 구라파 문학 전체와 그의 일부인 자국의 문학 전체가 동시에 존재하고 동시에 한 질서를 형성하고 있다는 의식을 가지고 글을 쓰도록 강

을 수반한다는 것이다. 여기에서 역사적 의식이란 "자의식(self-conscious-ness)의 한 양상으로서, 자체와 전통을 반성함으로써 자기이해(self-under-standing)"[8]에 이르는 것을 의미한다. 자의식의 한 양식으로서의 역사적 의식은 역사를 통하여 자신을 이해하는 감각, 곧 역사적인 센스를 갖는 '반성적 의식'에 다름 아니다. 역사적인 센스를 갖는다는 것은 현재 존재하는 삶의 스케일을 가지고, 다시 말하면, 현재의 제도와 현재 습득한 가치와 진리의 견지에서 과거를 인식하려는 순진한 태도를 초월하는 것이다. 즉 전통을 그것이 뿌리박고 있는 문맥 속에 둠으로써 그것의 본래적 의미와 가치를 규명하려는 반성적 자세를 견지하자는 것이다. 그러므로 역사적 의식을 탐구하는 그 자체는 전통의 탐구임과 동시에 전통의 매개가 된다.

이렇게 역사의식과 관련하여 전통을 이해하려고 할 때, 우리의 비전의 가능성을 확장시킬 수 있는 '어떤 특수한 시각, 곧 시야(horizon)'를 갖는 것은 매우 중요한 문제이다. 시야를 갖음으로서 우리 목전에 있는 가까운 것에 매이지 않고, 그것을 넘어서 있는 대상을 보다 넓은 시각에서 제대로 볼 수 있기 때문이다. 역사적 유효성이란 멀리서 잘 볼 수 있는 것, 즉 먼 것을 가깝게 보이도록 만드는 것을 뜻한다. 자아와 타자 사이의 긴장이 없이는 역사적 의식이란 있을 수 없다. 자기가 이어받은 전통에 '참여'하는 행위와 전통으로부터 '서리'를 두는 것과의 변증법적인 관계는 '시야의 융합'이란 개념을 이해하는 열쇠이고, 시야의 융합 속에서 현재와 과거와의 소통이 이루어진다. 역사적 의식 속에서 일어나는 전통과의 만남이란 언제나 텍스트

요하는 것이라는 것이 엘리어트의 주장이다. 엘리어트는 또한 이 역사의식을 시간적인 것은 물론 초시간적(超時間的)인 것을 감각할 수 있는 의식으로, 시간적인 것과 초시간적인 것을 동시에 감각할 수 있는 의식으로서 그것이 작가로 하여금 전통적인 것을 쓰도록 만드는 것으로 이해하기도 한다. 결국 엘리어트에 의하면 전통이란 자기 자신이 처해 있는 시대의 시대성을 가장 예민하게 의식하도록 만드는 힘이라는 것이다. (T. S. Eliot, 「傳統과 個人의 才能」, 『엘리어트 文學論』, 서문당, 1972. 참조)

8) 鄭載植, 『意識과 歷史』, 一潮閣, 1991, p. 143.

와 현재와의 긴장관계에 서는 것을 뜻한다.9) 때문에 전통은 단순히 발굴에 의하여 인지되는 유적이나 유물과 같은 가시적 물체에 국한되지 아니한다. 물론 유물이나 유적과 같은 물체를 통해 획득한 과거에 대한 지식과 감수성은 과거의 이미지를 현재로 가져와 현재와 과거와의 소통을 가능하게 한다는 의미에서는 전통이 될 수 있다. 그러나 이들이 반드시 현재의 행위를 유도하는 행위의 지침이 되지는 않는다. 그것이 하나의 체험화된 감성에 지나지 않을 때, 그것은 단순히 옛것에 대한 존중에 불과한 것이 되고 만다. 이러한 경우에 옛것은 "아주 오래 되었고 의미를 담고 있는 막연한 과거의 잔재물"10) 에 불과하게 된다. 전통은 골동품이나 유물이나 혹은 전설의 형태로 존재하는 것이 아니기 때문이다. 전통과 골동품 사이의 차이는 고전(古典)과 고대 (古代) 사이의 차이만큼이나 뚜렷한 것이다. 옛 그림이나 글씨나 書冊을 모으는데 힘을 쏟는 이른바 골동품수집취미의 정도만 가지고는 전통의 실체를 이해하였다고도 또 전통을 충실히 보존 계승하였다고도 할 수 없다.11) 인지된 유적이나 유물로 상징되는 "고대성(antiquity)이란 본래 그 자체로서 가치있는 것이지만, 이는 그것이 아주 오래된 것이라는 뜻보다는 그것이 그 당대에 알려진 대로 인류의 역사에 있어서 카리스마적 순간을 대표하 기"12) 때문에 흔히 아무런 반성없이 전통으로 인지되는 경우가 많다. 그러나 고대성이 과거와 현재 그리고 미래를 묶어주는 연속의 고리가 되지못하고 단순히 '옛것'에 대한 향수나 '한국적인 것'에 대한 맹목적인 신앙으로만 경사된다면, 그것은 문자 그대로 센티멘탈리즘으로 전락하고 말 것이다. 전통은 어떤 틀(가령 전통을 인지된 유적이나 유물에의 집착현상 같은 소재 주의적 감상주의로 인식하는 현상)에 맞춰져 인식되는 순간부터 붕괴될

---

9) 鄭載植, 앞의 책, p. 145.

10) Edward Shils(김병서. 신현순 옮김), 『전통』, 민음사, 1992, p. 98.

11) 曺南鉉, 「傳統文化 理論의 再檢討」, 『문예진흥』, 한국문화예술진흥원, 1981, 3. p. 25.

12) Edward Shils, op. cit., p. 103.

위험에 처하게 된다.

사실 우리 문학사에서 제기되었던 1920년대 중반의 국민문학파의 전통론이나 1930년대 중반 이후 문장파의 전통론, 전후의 조윤제의 '은근과 '끈기', 이병도의 '멋과 맛', 조지훈의 '고삽미(枯澁美)' 등의 전통론은 전통을 과거의 상징과 접촉하여 하나의 정형화된 패턴으로 인식했다는 점에서, 인지된 유적이나 유물에 집착하는 소재주의적 감상주의와 별반 다를 것이 없다. 굳이 한스-게오르그 가다머(Hans-Georg Gadamer)의 말을 빌리지 않더라도, 시대마다 전수된 텍스트가 그 시대에 따라 달리 이해되어야 한다는 명제는 이미 당위가 되었다. 그러므로 전통의 개념을 이해하려면 항상 우리 자신이 기대하는 의미에다 과거를 성급하게 끌여들여 동화시키는 것은 피해야할 필요가 있다. 또한 더 큰 전체 내에서 보다 더 진실하게 전체의 구성부분을 더 잘 보기 위해서는 가까운 것에 제한되지 않는, 항상 역사 전체로 확장해 나가는 지평(a horizon)을 가져야 한다는 논리를 가다머는 역사의식과 결부시킨다. 다시 말해서 '과거'라는 텍스트는 그것이 우리 자신들의 현재의 의미의 '지평'과 비판적으로 관련될 때만 의미가 있는 것이다. 1900년대 개신유학자들, 곧 계몽 기획의 주체들이 끊임없이 과거의 문예적 양식(대표적으로 전과 야담)을 갱신하려 했던 이유도 바로 여기에 있었던 것이다.

II. 근대계몽기 전계(傳系) 서사체의 형성 그 양상

1. 전(傳)의 양식적 특성과 전계(傳系) 서사체의 형성

동아시아 문학의 전통 속에서 '전(傳)'을 한문학의 전통적인 양식 개념의 하나로 인식하는 태도는 이미 보편화된 것이다. '전(傳)'에 대한 그간의 축적된 연구 성과를 통해서도 이러한 사실은 잘 확인된다.[1] 특히, 문제가 되는

---

[1] '전(傳)'과 다른 서사체와의 장르적 특성을 규명하는 연구 성과는 다수 축적된 상태이다. 특히 힌문학과 고전 문학 분야에서의 연구 성과가 상당량에 이르고 있다. 본고는 이러한 연구 성과에 기반하여 근대계몽기의 '전(傳)' 작품들의 근대문학사적 성격을 고찰하고자 한다. 참고로 본고의 연구와 밀접한 관련이 있는 그간의 연구 성과를 보면 다음과 같다.

朴熙秉, 「朝鮮後期 <傳>의 小說的 性向 研究」, 서울大學校 博士學位論文, 1991.
趙泰英, 「『高麗史』列傳의 人物形像과 敍述樣相 研究」, 서울大學校 博士學位論文, 1991.
李東根, 「朝鮮後期 實存人物의 <私傳> 研究」, 서울大學校 博士學位論文, 1989
朱明姬, 「<傳>의 樣式的 特徵과 小說로의 受容 樣相」, 서울大學校 博士學位論文, 1985.
陸宰用, 「<朴文秀傳>의 현대소설 · 설화로의 변이 양상 -」, 『古小說研究』제11집, 韓國古小說學會, 2001.
정정순, 「장르 개념을 활용한 쓰기 교육 - '人物傳'에 관한 논의를 바탕으로」, 『선청어문』第28輯, 서울大學校 國語教育科, 2000.
윤주필, 「寓言小說의 양식사적 검토」, 『古小說研究』제6집, 韓國古小說學會, 1998.

김현양, 「<최치원>의 장르 성격 논의에 대한 비판적 검토」, 『민족문학사연구』제10호, 민족문학사학회, 1997.

곽정식, 「假傳의 올바른 이해를 위한 方法論 探索 - 林椿의 <孔方傳>을 중심으로- 」, 『국어교육』제92집, 한국국어교육연구회, 1996.

이채연, 「조선후기 傳에 나타난 포로체험 모티프의 수용양상」, 『새국어교육』제 52호, 한국국어교육학회, 1996.

李鍾文, 「『高麗史』의 文學的 價値」, 『漢文敎育硏究』第10號, 1996.

陣在敎, 「『三國史記 · 列傳』分析의 한 視覺 -「溫達傳」의 경우 -」, 『韓國漢文學硏究』第19輯, 1996.

안병렬, 「朝鮮朝 假傳文學作品硏究 - 새 작품을 중심으로 -」, 『韓國漢文學硏究』第18輯, 韓國漢文學會, 1995.

鄭明基, 「傳과 野談의 엇물림 (1)」, 『韓國言語文學』第33輯, 韓國言語文學會, 1994.

김창룡, 「假傳과 墓誌銘」, 『東方學志』第82輯, 延世大學校 國學硏究院, 1993.

金容德, 「私傳의 史的 展開 樣相 - 高麗 末까지를 중심으로 -」, 『한양어문연구』제9집, 한양어문학회, 1991

金勇範, 「實存人物의 小說化過程 硏究」, 『한양어문연구』제9집, 한양어문학회, 1991

林熒澤, 「『三國史記 · 列傳』의 文學性 - 《金庾信傳》을 중심으로」, 『韓國漢文學硏究』第12輯, 韓國漢文學會, 1989.

朴熙秉, 「한국문학에 있어 <傳>과 <소설>의 관계양상」, 『韓國漢文學硏究』第12輯, 韓國漢文學會, 1989.

金均泰, 「朝鮮後期 人物傳의 野譚趣向性 考察」, 『韓國漢文學硏究』第12輯, 韓國漢文學會, 1989.

朴晙遠, 「朝鮮後期 傳의 事實受容樣相 - 燕岩 · 文無子 · 薝庭의 경우를 중심으로」, 『韓國 漢文學硏究』第12輯, 韓國漢文學會, 1989.

尹在敏, 「中人 '傳'의 계층적 성격」, 『韓國漢文學硏究』第12輯, 韓國漢文學會, 1989.

朴熙秉, 「異人說話와 神仙傳(I) - 說話 · 野談 · 小說과 傳 징드의 관련양싱의 해명을 위해 - 」, 『韓國學報』제 53호, 1988.

朴熙秉, 「異人說話와 神仙傳(Ⅱ) - 說話 · 野談 · 小說과 傳 장르의 관련양상의 해명을 위해 - 」, 『韓國學報』제 55호, 1989.

김용덕, 『韓國傳記文學論』, 민족문화사, 1987.

조태영, 「傳의 서술양식의 원리와 그 변동의 원리」, 『한국문화연구』제2집, 경기대학교 한국문화연구소, 1985.

조동일, 『한국문학통사』3, 지식산업사, 1984.

김혜숙, 「傳 · 敍事 · 野談의 대비적 고찰」, 『새터강한영선생고희기념논문집』, 아세아문화사, 1985.

성기옥, 「傳의 장르적 검토」, 『울산어문논집』제1집, 울산대학교 국어국문학과, 1984.

김명호, 「연암문학과 사기」, 『우전신호열선생고희기념논총』, 창작과 비평사, 1983.

소재영, 「傳의 근대적 성격」, 『근대문학의 형성과정』, 문학과 지성사, 1983.

김균태, 「傳의 장르적 고찰」, 『우전신호열선생고희기념논문집』, 창작과 비평사, 1983.

최신호, 「傳記 · 傳奇 · 小說」, 『성심어문논집』제5집, 성심여자대학교 국어국문학 조선 후기 일련의 '전(傳)'들도 결국은 전통적인 의미의 '전(傳)'으로 인식해야 한다는 최근의 연구 성과들을 통해 "전(傳) 중에서 흥미롭고 문예성이 뛰어난 작품들만을 소설로 처리해 온 그간의 연구 태도에 내재한 고식성과 자의성"[2]의 문제점을 새로운 차원에서 해결할 수 있는 실마리를 제공했다는 점에서도 의미 있는 작업들이었다. 그러나 여전히 남는 문제는 '전(傳)'과 '소설'의 상호얽힘의 문제를 해결할 수 없다는 데에 있다. '전(傳)'을 '전(傳)'으로 이해한다고 해서 인접 서사 장르(소설/야담)와의 복잡한 상호 관련성의 문제가 전적으로 해결되는 것은 아니다. '전(傳)'의 고유한 양식적 특성을 강조하는 논리가 오히려 '전(傳)'만이 가지고 있는 몇 가지의 특성을 근거로 해서 '전(傳)'은 '소설'이나 '야담'과는 전적으로 다르다는 식의 '즉각적인 일반화의 오류'를 범할 수도 있기 때문이다. 이러한 연구 태도는 문예적 성격이 두드러진 '전(傳)'은 모두 '소설'로 규정하자는 주장처럼 똑같이 소박하고 편면적(片面的)이다. 인접 서사 장르와 전(傳)의 차별성과 인접성을 그대로 인정한 상태에서 '전(傳)'의 양식사적 특질과 문학적 특질을 동시에 규명하는 것이 현재로서는 가장 최선의 논리일 수 있다. 근대계몽기 소설의 형성 과정을 연구하는 데에 있어서도 이렇게 '전(傳)'의 장르 문제가 중요한 쟁점으로 떠오를 수밖에 없는 이유는 이 시기에 들어와서도 '전(傳)'은 여전히 다른 서사 장르(소설/야담)와 장르 경쟁을 통해서 그 위상을 확보하고

과, 1981.

曹壽鶴, 「托傳小考」, 『人文研究』第4輯, 嶺南大學校 人文科學研究所, 1983.

金烈圭, 「巫俗的 英雄考 - 金庾信傳을 中心으로 하여 -」, 『震檀學報』第43輯, 震檀學會, 1977.

李相鎭, 「閭巷人의 傳에 대하여 - 鄭來僑의 '傳' 작품의 分析 -」. 『漢文敎育研究』第1號, 1986.

姜東燁, 「許筠의 <傳>에 대한 考究」, 『韓國漢文學研究』第2輯, 韓國漢文學會, 1977.

張庚男, 「壬亂 實記文學과 傳의 관련양상」, 『古小說研究』第6輯, 韓國古小說學會, 1998.

崔昌錄, 「漢文學 장르의 根源研究」, 『비교문학』제2집, 비교문학회, 1978.

2) 朴熙秉, 「한국문학에 있어 <傳>과 <소설>의 관계양상」, 『韓國漢文學研究』第12輯, 韓國漢文學學會, 1989, P. 32.

있기 때문이다. 이 시기에서도 '전(傳)'은 여전히 생명력이 풍부한 서사로써 기능하고 있었다. 3) 이 논문은 이러한 점에 유의하여, '전(傳)'과 다른 서사 장르와의 관계를 어떻게 인식하는게 가장 현실적으로 접근하는 길이 될 것인가 하는 문제를 중심으로 근대계몽기 소설의 형성 과정의 실상을 고찰하고자 한다. 그러자면 우선, 이 시기 서사체의 형성 지반과 서지적 고찰이 선행되어야 한다. 그럼에도 불구하고 아직도 이 시기에 대한 서지 작업조차 완결되지 않은 상태이다. 이유야 여러 차원에서 분석될 수 있겠지만 무엇보다도 이 시기 서사체의 장르운동 양상의 변폭이 크기 때문에 쉽사리 서사체로 확정하기 어려운 측면이 존재하기 때문이다.4) 필자는 이 시기 서사체를 '전계(傳系) 서사체'와 '야담계(野談系) 서사체'로 나누어 고찰하고자 한다.5)

---

3) 근대계몽기 신문 · 잡지에는 '전(傳)' 작품들이 상당량 게재된다. 그러므로 이 시기 '전(傳)' 작품에 대한 집중적인 연구가 매우 절실하게 요망된다고 하겠다. 그럼에도 불구하고 이 시기 신문 · 잡지에 게재된 '전(傳)' 작품을 집중적으로 연구한 논문들은 매우 미미한 편이다. 본고는 바로 이러한 문제 의식에서부터 출발한다.

4) 이러한 측면을 감안할 때, 이 시기 소설의 발전(형성) 과정을 '서사적 논설'과 '논설적 서사'로 유형화하여 고찰하고, 서지적 고찰까지 충실하게 이루러낸 김영민(『한국근대소설사』, 솔, 1997)의 업적은 평가할 만하다.

5) 필자는 기본적으로 근대계몽기의 학술 잡지와 신문들에 게재된 서사체들을 '전계(傳系) 서사체'와 '야담계(野談系) 서사체'의 개념으로 유형화해서 근대 소설 형성 과정을 고찰하고자 한다. 물론, 필자의 이 개념도 작품을 유형화시킬 때 발생하는 단순화와 편면화(片面化)의 한계에서 완전히 탈피할 수는 없다. 이러한 관점에서 보면 이 시기 연구에서 탁월한 연구 성과를 보여주고 있는 김영민의 '서사적 논설'과 '논설적 서사'의 개념도 일정의 한계가 내재되어 있다. 김영민이 이 시기 서사 양식의 장르종 개념으로 안출한 '서사적 논설'과 '논설적 서사'의 개념은 무엇보다도 이 시기의 서사체에서 드러나고 있는 전대 장르종들과의 인접성의 문제를 명확하게 제시하고 있지 못한다는 점이다. 물론, 이 시기 소설의 형성 과정을 '서사적 논설 → 논설적 서사' 식의 선조적 발전론의 개념으로 인식하는 것의 문제점도 제한적 수준 이상의 많은 문제점이 내재되어 있다. 그럼에도 불구하고 김영민의 이 분야에 대한 연구 성과는 근대소설사의 온당한 이해를 위해 결코 소홀하게 취급될 수 없는 선구적 업적임에는 틀림없다. 참고로 김영민의 연구 성과(『한국근대소설사』, 솔 , 1997) 이외에 주목할 만한 최근의 연구 성과를 소개하면 다음과 같다.

조남현, 「개화기 소설의 생성과 전개」, 『소설과 사상』봄호, 1995.

이 시기 서사체의 유형을 이렇게 분립(分立)시켜 이해하는 것은 물론, 서사체의 내용에 의해 구별되는 개념이라기보다는 일단 형식 논리에 의한 용어 개념의 성격이 짙다. 이 중에서도 '전계(傳系) 서사체'는 특히 '전(傳)' 양식이 가지고 있는 형식적 특성이 매우 완강한 형태로 근대계몽기에 이르기까지 지속되고 있다는 점이 유형화의 근거가 되기에 충분하다고 본다.6) '전(傳)'

권영민, 「개화 계몽 시대 서사 양식의 장르 분화」, 『한국문화』제17집, 서울대 한국문화연구소, 1996.
　김영민, 「한말의 <서사적 논설> 연구」, 『작가연구』제2호, 1996.
　정선태, 「계몽의 담론 - 개화기 문학적 서사 담론의 정치적 리얼리즘에 관한 연구 시론」, 『외국문학』여름호, 1997.
　정선태, 「개화기 신문 논설의 문학적 성격 연구 - 《미일신문》을 중심으로」, 『한국학보』제89집, 1997.
　한기형, 「신소설 형성의 양식적 기반 - '단편서사물'과 신소설의 관계를 중심으로」, 『민족문학사연구』14호, 소명, 1999.
　설성경 · 김현양, 「19세기말 ~ 20세기초 《帝國新聞》의 <논설>연구 - <서사적 논설>의 존재양상과 그 위상에 대하여」, 『淵民學志』第8輯, 淵民學會, 2000.
　김영민, 「한국 근대소설 발생 과정 연구」, 『국어국문학』127호, 국어국문학회, 2000.

6) '전(傳)'의 형식에 대한 기존의 논의는 다음과 같이 3가지로 나누어 볼 수 있다.

① 김용덕 : 趣意部(自序) - 行績部(本賛) - 평결부(論賛)
　김균태 : 도입부 - 전개부 - 종결부
　김태준 : 도입부 - 전개부 - 논찬부

② 김광순 : 도입부 - 전개부 - 논평부
　안병설 : 서두부 - 행적부 - 평결부
　조수학 : 서두　 - 본문　 - (결말)

③ 주명희 : 가계 · 출생담 - 행적 - 沒 - 妻子孫錄 - 평결
　조종업 : 선계 - 주인공의 행적(생몰) - 특수 업적 - 妻子孫錄 - 저작동기 - 총평

①은 취의부(도입부)에서 저작동기와 입전의도가 밝혀진다고 보았다. ②는 도입부에서 가계와 출생사항이 기술된다고 보았으며, 안병설 · 권오성 · 조태영 교수 등 많은 학자가 이에 동조하고 있다. ③은 '전(傳)'이 순서와 내용 설정에 있어서 융통성이 있음을 고려 공통요소를 관습적 순서에 의해서 배열하였다. 그러나 ①은 독립적 한 작품을 대상으로 하지 않고 集傳된 전체를 가지고 도입부를 설정하

양식의 형식적 완강성은 전대 양식을 고찰하면 잘 알 수 있거니와, 근대계몽기에 들어와서도 '전(傳)'의 형식적 완강성은 여전하지만 전대(前代)에 비해 부분적 변이(도입부의 간략화와 배경화/ 대화(토론)의 능동적 활용/논찬부의 전개부화와 인용시, 자작시 삽입)를 서사적 편폭으로 발전시키고 있는 작품들이 다수라는 사실이다.7) 이 지점이 바로 전대(前代)의 전(傳)과 근대계몽기의 전(傳)과의 형식적 변별이 두드러지는 곳이다. 중요한 점은 이와 같은 형식적 변이를 보여주고 있는 작품들의 상당수가 허구성과 흥미성의 요소를 강화시키는 내용적 편폭을 보여주고 있다는 점이다. 이는 엄밀하게 말하면 조선후기부터 허균, 박지원, 김려, 이옥의 전(傳) 작품에서 약여하게 드러나고 있다.8) 이들의 전(傳) 작품은 양적인 측면에서는 조선 후기 전(傳)에서

고 있고, 도입부를 설정하지 않은 작품이 대다수라는 데 문제가 있다. ②는 가계와 출생사항 못지않게 사망 · 사후평가 · 처자손록에 대하여 자세하게 기술하고 있다는 점에 문제가 있다. 그리고 ③은 '전(傳)'에서 기술되는 내용을 몇 개의 소항목으로 열거하였을 뿐이어서 하나의 형식으로 인정하기는 곤란하다고 생각된다. 이에 필자는 전개부를 제외한 모든 부분은 작자의 판단에 따라 취사선택이 자유로우므로, '전(傳)'의 최대형식으로 "도입부 — 서두부 — 전개부 — 결말부 — 논찬부"의 5단구성을 제시하고자 한다. 이들 각 단계에 포함시킬 수 있는 사항은 다음과 같다.
　　① 도입부 : 창작동기, 입전의도, 내용소개
　　② 서두부 : 출생, 성명, 先系, 官閥 등 人定記述
　　③ 전개부 : 출세, 성공, 입직, 頌德, 일화 등 행적사항
　　④ 결말부 : 죽음, 처자손록, 사후평가
　　⑤ 논찬부 : 寄褒貶 외 11가지 내용

　　李東根, 『朝鮮後期 實存人物의 「私傳」研究』, 서울大學校 博士學位論文, 1989, p. 8 참고
7) 물론, 조선시대 '전(傳)' 작품 중에는 연암의 경우처럼 형식과 내용 모두에서 파격적인 실험성을 보이고 있는 작품들도 존재한다. 이에 대해 임형택은 장르 의식에 기반한 결과라기보다는 "<사기>열전에 비견할만한 문장" 시도의 결과로 해석하였다. (이우성 · 임형택, 『이조한문단편집』하, 일조각, 1978, p. 245.)
8) 위의 네 작가는 조선 후기를 대표하는 전(傳) 작가들이다. 이들의 작품은 전통적인 전들이 보여주고 있는 매너리즘을 극복하고 높은 수준의 문학적 성취를 이루어내고 있다. 이들의 전(傳) 작품에 대한 상론은 다음의 연구적 업적을 제시하는 것으로 대신한다.

압도적 지위를 점한 것은 아니나, 이들 작품이 보여주고 있는 전(傳)의 새로운 면목은 매우 중요한 위치를 차지하는 것이다. 또한, 본고에서 고찰하고자 하는 근대계몽기의 전(傳) 작품 중에서도 높은 수준의 문예적 성취를 보여주고 있는 작품들이 조선 후기의 이들 작품이 도달한 문예적 성취와 무관하지 않다는 점에서도 이들 작품의 전사적(傳史的) 의의는 자명해진다. 물론, 근대계몽기 전(傳)의 전사적(傳史的) 의의를 이해하기 위해서는 전대(조선후기)의 전(傳)들에 대한 장르론적 성격 규명이 선행되어야 한다.9) 특히, 조선후기에 전(傳)과 소설 사이에서 보이고 있는 복잡한 장르 교섭 현상에 대한 고찰이 선행되어야 한다. 전(傳)은 ‘거사직서(據事直書)’의 원칙 위에서 특정한 인간의 삶을 서술하는, 정통 한문학의 양식이다. 비지전장(碑誌傳狀)의 문(文)이 다 그러하지만, 전(傳) 역시 ‘사실에의 直視’를 그 양식적 본령으로 삼는다. 전(傳)은, 인간의 진실은 사실에서 가장 잘 발견될 수 있다는 사고방식에서 성립된 양식이다. 그러므로 그것은 기본적으로 허구의 양식과 대립된다.10) 허구의 양식과 대립되는 양식으로서의 전(傳)이 허구적 요소를 수용하

김명호, 「열하일기 연구」, 서울大學校 博士學位 論文, 1989.

_____, 「연암문학과 사기」, 『우전신호열선생고희기념논총』, 창작과 비평사, 1983.

_____, 「신선전에 대하여」, 『한국판소리고전문학연구』, 아세아문화사, 1983.

이동근, 「朝鮮後期 實存人物의 <私傳> 硏究」, 서울大學校 博士學位 論文, 1989.

박희병, 「朝鮮後期 <傳>의 小說的 性向 연구」, 서울大學校 博士學位 論文, 1991.

김혜숙, 「傳 · 書事(記事) · 野談의 대비적 고찰」, 『한국판소리고전문학연구』, 아세아문화사, 1983.

주명희, 「傳의 연구 방법」, 『한국문학사의 쟁점』, 집문당, 1986.

김균태, 「朝鮮後期 人物傳의 野談趣向性 硏究」, 『韓國漢文學硏究』第12輯, 韓國漢文學學會, 1989.

김용덕, 「文集所載傳의 일고찰」, 『한국학논집』제8집, 한양대학교 한국학연구소, 1985.

9) 그동안 조선후기 전(傳)에 대한 장르론적 이해의 시각은 ‘전(傳)을 전(傳)으로 이해하는 시각, 전(傳)을 소설로 이해하는 시각, 전(傳)을 과도소설로 이해하는 시각, 전(傳)을 전(傳)을 빙자한 소설로 이해하는 시각’ 등의 네 가지로 분류될 수 있다. 다만 이 부분에 대한 상론은 본고의 연구 시기와 대상을 지나는 영역이므로 선행 연구의 성과를 이어받는 것으로 대신한다.

고 있다는 사실은 우선 전(傳)의 장르적 성격의 문제와 같은 매우 논쟁적인 쟁점을 야기시킨다. 전(傳)은 원칙적으로 자료에 기반하는 양식이다. 입전의 원천이 문헌자료이든 혹은 구전에 근거한 자료이든 서술의 기본 원칙은 '자료'에 근거하는 것이다. 그러나 이러한 원칙이 조선 후기에 들어오면, "대화를 상상적으로 창조하거나 실제보다 확장시켰고, 별다른 근거도 없이 자의적으로 입전인물의 생각이나 독백을 서술했으며, 일어났을지도 모른다는 단순한 개연성만 갖고서 자세한 행동들"11)을 서술한다. 즉, 전통적인 전(傳) 양식에서는 수용될 수 없는 '허구적 상상력'이 적극적으로 발현되고 있는 것이다. 이렇게 '허구적 상상력'이 적극적으로 발현된 작품일수록 전(傳)과 소설의 장르적 교섭은 더욱 긴밀해진다. 조선후기에 들어 '傳을 빙자한 소설'이 창작되기 시작했다는 근거는 바로 이와 같은 허구적 상상력의 개입과 밀접한 관련이 있는 것이다. 또한 조선 후기에 들어와 입전된 일부의 전(傳) 가운데는 '기괴적(奇怪的) 요소'가 두드러지는 작품들이 나타나기 시작한다.12) '포폄(褒貶)과 권징(勸懲)'으로 집약될 수 있는 전통적 의미의 입전 의식이 조선 후기 일부 전(傳)에서는 상대적으로 약화되면서 '기괴(奇怪)의 탐색'으로 드러나기 시작한다는 것이다.13) 물론, 이러한 '기괴(奇怪)의

---

10) 朴熙秉, 「한국문학에 있어 <傳>과 <소설>의 관계양상」, 『韓國漢文學研究』第12輯, 韓國漢文學會, 1989. p. 33.

11), 朴熙秉, 「朝鮮後期 <傳>의 小說的 性向 연구」, 서울大學校 博士學位 論文, 1991, p. 59.

12) 조선 후기 전(傳)의 변모는 '흥미추구'라는 면에서도 확인된다. 전시대에는 전(傳)이 흥미를 위해 창작되는 일은 흔치 않았다. 대개 신성한 종교적 이유에서가 아니면, 근엄한 도덕적 동기에서, 혹은 인간적 연민에서 창작되었다. 이처럼 입전의 동기는 대체로 숭고하고 도덕적이며 근엄했다. 그러나 17세기 이후 사정은 달라지기 시작한다. 즉, 앞에 든 이유들 외에 '흥미추구'라는 측면이 입전의 주요한 동기로 새로 첨가된다. 이제, 전(傳)들 가운데에는 노골적으로 그 교훈적 성격을 부차적인 것으로 격하시키고, 개인의 독특한 경험담에서 맛볼 수 있는 흥미를 강조하거나 놀랍고 재미있는 소재에 관심을 돌리는 것들이 나타났다. 또설사 표면적으로는 여전히 도덕적 교훈을 내세우고 있다 할지라도, 그 본질에 있어서 사건의 기이함과 인물의 특이한 체험에 강한 호기심과 흥미성을 느껴 입전된 작품들이 대거출현했다. (朴熙秉, 앞의 글, pp. 65 ~ 81.)

탐색'은 우선 그것의 서술 양상에서부터 분명하게 드러나기 시작한다. 이러한 작품들에서는 입전된 인물이 '서얼, 점장이, 숯장수아내, 村民, 村漢, 豪人, 거간꾼, 인분수거꾼, 역관, 신선' 등 이른바 하층 여항인이 대부분을 차지한다. 이 지점에서 추론 가능한 가설은, 현달한 인물을 입전하는 경우와는 달리 하층 여항인을 입전하는 경우에는 필연적으로 작자 자신의 창작의 여지가 넓어질 수밖에 없다는 점이다. 기본적으로 입전 인물에 대한 사실 자료(事實資料)가 부족할 수밖에 없기 때문이다. 그러므로 작가는 불명확한 문견(聞見)이나 제보(提報), 구연(口演) 등에 기반하여 입전할 수밖에 없는 것이다. 행장(行狀) 등의 전기적 자료(傳記的 資料)가 명백하게 존재하는 경우에는 창작 주체는 그 자료에 의해서 제한을 받게 되지만, 문견(聞見)과 제보(提報) 등에 의해서 입전되는 경우에는 창작 주체의 허구적 상상력과 수식(修飾)의 정도도 그만큼 넘칠 수밖에 없는 것이다. 조선 후기 일부 전(傳) 작품에서 드러나기 시작한 이러한 성향은 근대계몽기의 전(傳)에서도 유사하게 나타나는 현상의 하나이다. 이 논문은 바로 이 지점에서 입각된다. 필자는 근대계몽기 신문 · 잡지에 산생된 수많은 전(傳) 작품에 대한 이해의 시각이 바로 조선 후기 전(傳)에 닿아 있어야 한다고 생각한다. 무엇보다도 이 시기의 전(傳) 작품의 성격이 조선 후기의 전 작품의 성격과 크게 다르지 않다는 것이다. 근대계몽기의 전(傳) 작품에서 드러나는 입전 인물의 다양성과 개성, 허구적 상상력의 개입 정도, 기괴적 요소의 발현 등의 변모상이 조선 후기 전(傳) 작품의 변모상과 크게 다르지 않다는 것이다. 이 지점에서 근대계몽기 전(傳) 작품을 유형화하여 아우를 수 있는 하나의 개념적 용어가

---

13) 이러한 '기괴(奇怪)의 탐색' 현상은 전사(傳史) 초기에 이미 나타난 현상이었다. 즉 행록을 기초 자료로 삼은 <金庾信傳>의 서두에서조차 김유신이 20개월 만에 태어났다는 출생담과 17세 때 석굴암에서 하늘과 교통하며 비법을 전수받았다 식으로 정통 역사서인 『三國史記』列傳에서조차 기괴적 요소가 개입된다. 때문에 '기괴'의 서술 양상이 조선 후기만의 전적인 특징이 될 수는 없다. 다만, 필자는 이러한 현상이 하나의 특징적인 문학사적 편폭으로 발전하기 시작한 시기를 조선 후기로 보고자 하는 것이다.

긴요해진다. 이것은 형식 논리에 의한 접근이든 아니면 내용 논리에 의한 접근이든 간에 이 시기 서사체를 유형화하여 분립(分立)시키지 아니하고는 이 시기 서사체의 전모가 드러날 수 없다 판단에 근거한 것이다. 이런 관점에 근거하여 필자는 이 시기 전(傳) 작품들을 '전계(傳系) 서사체'라는 개념적 용어를 설정하여 그것들의 위상을 검토하고자 한다. '전계(傳系) 서사체'는 '전(傳) 전통 속에서 창작되었지만, 조선 후기 이후 장르운동의 결과 소설적 경사 현상이 두드러지거나, 전통적 의미의 전(傳)의 성격이 많이 탈색된 일군의 서사체를 지칭하는 말이다. 이러한 성향의 작품군을 지칭하는 용어로 '전계소설(傳系小說)'이라는 용어가 이미 고전문학계에서 제출된 바 있다.14) 바로 이 '전계소설'의 미학적 특질과 본고에서 제출된 '전계(傳系) 서사체'의 미학적 특질은 그 내포에 있어서 차이가 없다. 즉, 전계소설(傳系小說)은, '개괄적 서술 방식, 거사직서(據事直書)의 서술태도, 인정기술(人定記述 - 주인공의 출생, 성명, 先系, 官閥 등에 대한 특별한 관심) 중시의 서술 방식, 논찬 부가의 서술 방식' 등에서 다른 서사체와 차이를 둔다. 다만, 필자는 '전(傳)'은 본질적으로 '전(傳)'으로서의 독자성과 소설은 소설로서의 독자성을 존중하는 입장이고, 전대(前代) 양식의 소멸, 변개 과정이 역동적으로 일어나며 다양한 형태의 장르운동이 진행된 근대계몽기의 작품들을 포괄하기에 '전계소설'이라는 용어는 제한적 개념일 수밖에 없기 때문에 '전계소설'의 개념보다는 '전계 서사체'의 개념을 채택하기로 한다. 즉, '소설'보다는 내포가 더 넓은 '서사체'의 개념을 수용해서 유형적 분류화의 영역 밖으로 밀려난 작품들을 더 현실적으로 포괄할 수 있다는 판단에 근거한 것이기 때문이다. 예컨대, 명백하게 '전(傳)'의 전통 속에서 창작되었지만, 완전히 '소설적 경사' 현상을 드러내지도 않을 뿐 아니라 전(傳)의 형태에서도 상당히 이탈된 '단형(短形)의 서사물들15)'을 포괄할 수 있는 개념으로

---

14) 朴熙秉, 「朝鮮後期 <傳>의 小說的 性向 연구」, 서울大學校 博士學位 論文, 1991, pp. 285 ~ 293.

15) 김영민(『한국근대소설사』, 솔, 1997. pp. 23 ~ 80 참조)이 '서사적 논설'과 '논설

'전계(傳系) 서사체'라는 용어는 '전계소설'보다는 수용력이 크다는 장점이
있다.

2. 전계 서사체의 양상

1) 사실지향형(事實指向形)과 가치(價値)의 추인(追認)

(1) 사유의 지반

소설과 소설이 아닌 것을 구분해주는 것은 무엇보다도 소설의 허구적
특성을 인식하는 데 있다. 일반적으로 서사체와 다른 문학 장르를 구분시켜
주는 가장 뚜렷한 특징은 서사체에 있어서의 이야기(story)와 화자(story-tell-
er)의 존재이다. 이처럼 이야기와 화자를 가지는 여러 서사체 가운데 소설의
본질을 규정해주는 특징적인 것은 소설이 허구라는 점이다. 따라서 허구의식
과 관련하지 않고 소설이라는 형식을 생각할 수 없다.[16] 소설이 사실의 기록
이 아니라 꾸며진 이야기, 즉 허구라는 것은 홍만종(1643 ～ 1725)이 소설을
가리켜 '착공구허(鑿空構虛)한 것'이라고 것에서도 명백히 드러난다. <천군
연의>의 작가 정태제(1612 ～ 1669) 또한 그 서문에서 '실제로는 없는 것을
꾸며내고 없는 일을 늘여낸 것(實虛而修之 有無而張之 設辭假稱 形其無
形)'이라고 하여 허구적 속성을 지적하였고, 이이명(1658 ～ 1722)은 소설은
'허구, 환상의 세계에 마음을 쓰고 머리를 짜내는 것(其役心運智於虛無眩幻
之間者'라고 하였다.[17] 그러나 조선조에서는 '소설은 허구'라는 간명한 정의
하나만을 인정하는 데에도 상당한 시간을 소비해야만 했다.

　허구와 소설의 관계가 자연스러운 것으로 인식되기 시작하는 19세기에

적 서사'의 개념으로 분류한 작품들로 이해해도 크게 차이나지 않는다.
16) 金庚美, 「朝鮮後期 小說論 硏究」, 梨花女子大學校 博士學位 論文, 1994, p. 120.
17) 金庚美, 앞의 글, p. 133

이르기까지 조선조 유학자들에게 '架虛鑿空'으로 집약될 수 있는 소설에서의 '허구'는 부정적인 개념이었다. 조선조 내내 소설을 짓는 무리를 '가허착공지류(架虛鑿空之流)'로 규정한 것도 다 소설에 대한 이와 같은 인식에 기반하고 있었기 때문에 가능한 것이었다. 정통 한문학의 입장에서 보면 소설은 여전히 말기(末技)에 지니지 않는 것이었다. 소설에 대한 이러한 인식은 근대계몽기에 이르러서도 엄연히 존재하고 있었다.

　(가) 옛 이야기 가운데 뛰어났다고 일컬을 만한 것으로 <西遊記>, <水滸傳>이 있고, 이외에 열국(列國)의 東西漢 · 齊 · 魏 · 五代 · 唐 · 南北宋에 모두 연의(演義)가 있어 세상에 유통된다. 명말(明末)에 이르러 문사(文士)들이 유난히 들뜬 문사(文辭)를 숭상해서 공허한 이야기를 얽어서는 문득 한 권의 책을 만들곤 했는데, 관청에 앉은 벼슬아치까지도 제 직무를 등한시하고 이야기꺼리 얻기에 바쁘고 한두 마디 말을 들으면 곧 끌어다 붙이고 덧보태어 책만들기에 바쁘다. 이렇게 해서 만들어진 책이 헤아릴 수 없이 많다. 호사가들이 공연히 그것을 읽던 것이 하나의 풍속을 이루어서 서로 다투어 흉내를 내게되니, 이것이 습속이 되어 세도(世道)를 점점 시들게 하고, 마침내 종묘사직까지 조각조각 깨지게 한다.18)
　(나) 我韓은 由來 小說의 善本이 無하여 國人所著는 九雲夢과 南征記 數種에 不過하고 自支那而來者는 西廂記와 玉麟夢과 剪燈新話와 水湖志 等이요 國文小說은 所謂 蘇大成傳이니 小學士傳이니 張風雲傳이니 淑英娘子傳이니 하는 種類가 閭巷之間에 盛行하여 匹夫匹婦의 菽粟茶飯을 供하니 是는 皆 荒誕無稽하고 淫靡不經하여 適足히 人心을 蕩了하고 風俗을 壞了하여 正敎와 世道에 關하여 爲害不淺한지라 若使世之覘國者로 我邦의 現行하는 小說種類를 問하면 其風俗과 正敎가 如何타 謂하겠는가19)

---

18) 洪萬宗, 『旬五志』
　　古話之表表可稱者 西遊記水滸傳外 如列國東西漢齊魏五代唐南北宋 皆有演蓋行於 世義 至代明末 諸文士尤尙浮藻 鑿空構虛 輒成一部 至於坐衙按符之官 越視職事 務得新語 得一款則附會增演 作爲帙卷 故其爲也 汗馬牛充棟宇 指不勝屈 徒爲好 事者傳玩 而仍成習俗 競相慕效 遂使世道萎靡 竟至宗社之瓦裂
19) 朴殷植, 「瑞士建國誌」序, 『朴殷植全書』(中), 檀國大學校 東洋學硏究所, 1975, pp.574 ～ 5.

인용문 (가)에서 홍만종은 소설의 폐해를 사직(社稷)의 안위와 관련시키고 있다. 즉 '관청에 앉은 벼슬아치까지도 제 직무를 등한시하고 이야기꺼리 얻기에 바쁘고 한두 마디 말을 들으면 곧 끌어다 붙이고 덧보태어 책 만들기 바쁘기(至於坐衙按符之官 越視職事務得新語 得一款則附會增演 作爲帙卷)' 때문에 결국 세도(世道)를 위미(萎靡 -시듦)하게 하여 국가는 '와열(瓦裂 - 조각조각 깨짐)'되고 말 것이라는 극단적인 소설 폐해론을 내세우고 있다. 그렇다면 이와 같은 극단적인 소설 배격론의 사유적 지반은 어디에서 연유된 것인가. 이것은 무엇보다도 '경사(經史)' 중심주의에 기반한 인식의 결과로 볼 수밖에 없다. 즉 '경(經)'을 통해 '도덕적 심성'을 함양하고, '사(史)'를 통해 '역사적 진실'에 다가서는 것을 '수신(修身)'의 요체로 인식한 것이다. 이러한 사유 지반에 근거해 보면, '경사자집(經史子集)' 이외의 글, 이른바 소설은 도덕성과 역사성이 결여된 것일 수밖에 없다. 바로 이러한 태도, 곧 '소설은 비역사성(非歷史性)을 지니고 있다'는 인식의 근거에는 '괴력난신(怪力亂神)'은 기록하지 않는다는 유교적 합리주의를 준신하는 기술 태도와 밀접한 관련이 있다. 즉 유교적 합리주의에 의해 강하게 규율되던 조선조 유학자들에게 "괴이한 용력(怪異勇力)과 패란한 일(悖亂之事)과 귀신이 조화를 부리는 자취(鬼神造化之迹)"[20)는 기록의 대상이 될 수 없었다. 조선조 유학자들이 소설을 배격한 이유가, 소설이 바로 이러한 '괴력난신(怪力亂神)'을 기술하기 때문이었다.

이러한 점은 조선조의 유학자들이 흔히 "소설을 부정적으로 표현하면서 황당무계지언(荒唐無稽之言)으로 표현한 것"[21)에서 잘 확인할 수 있다. 이와 같은 소설에 대한 부정적 인식은 위의 인용문 (나)에서 잘 드러나듯이 근대계몽기의 유학자들에게도 대동소이한 것이었다. 이 시기에 이르러서도 소설에 대한 시각은 여전히 '荒誕無稽하고 淫靡不經'의 수준에서 크게 벗어

---

20) 金庚美, 앞의 글, p.120
21) 金庚美, 같은 글, p.94.

나고 있지 않은 것이다. 소설은 '荒誕無稽하고 淫靡不經'해서 '인심과 풍속을 탕진'하며, 결국 '정교(正敎)와 세도(世道)'를 해(害)한다는 인식은 '문사(文士)들이 유난히 들뜬 문사(文辭)를 숭상해서 공허한 이야기를 얽어서는 문득 한권의 책을 만들곤 했는데, 이것이 습속이 되어 마침내 세도(世道)를 시들게 한다(諸文士尤尙浮藻 鑿空構虛 輒成一部, 而仍成習俗 競相慕效 遂使世道萎靡 竟至宗社之瓦裂)'는 인용문 (가)의 인식과 다를 바 없다. 물론, (가)에서처럼 국가의 안위(竟至宗社之瓦裂)로 연결시키는 극단적인 인식에까지 이르지는 않았지만, 큰 틀에서는 역시 대동소이한 인식 범주로 이해할 수 있는 것이다. 이러한 인식은 소설로 인하여 세도(世道)가 쇠퇴하고 이것이 지나치게 되자 나라가 와열(망)하는 지경에 이르게 되었다는 '세도유관론(世道有關論)'으로 규정될 수 있는 바, 이러한 세도유관론(世道有關論)은 소설과 세도를 불가분의 관계로 보는 '재도적 문학관(載道的 文學觀)'을 명백하게 반영하는 것이다. 근대계몽기에 이르러 소설이 '계몽의 관점'에서 이해되면서 유가(儒家)의 재도적 문학관은 더욱 예각화될 수밖에 없었다.

오호 —라 영웅호걸을 도와셔 텬하 스업을 일우는쟈는 우부우부와 ㅇ동주졸이오 우부우부와 ㅇ동주졸의 하등샤회로 시작ㅎ야 인심을 변화ㅎ는 능력을 ㅈ촌쟈는 쇼셜이니 그런즉 쇼셜을 엇지 쉽게 볼거시리오 라약ㅎ고 음탕흔 쇼셜이 만흐면 그 국민도 이로써 감화를 밧을거시오 호협ㅎ고 강개흔 쇼셜이 만흐면 그 국민이 쏘흔 이로써 감화롤 밧을지니 셔양션비의 닐ㅇ바 쇼셜은 국민의 혼이라홈이 진실노 그러ㅎ도다 한국에 젼릭ㅎ는 쇼셜은 태반이나 모다 음란ㅎ고 호탕흔 글이오 부쳐롤 슝비ㅎ야 복을 비는 괴이흔 말이니 이로 쏘흔 인심과 풍속을 부패케ㅎ는거시라 각죵 쇼셜은 겨슐ㅎ여 내여셔 이런거슬 흔번 쓸어 브리는거시 뎨일 급ㅎ다홀지로다 년젼에 멋낫지스들이 즁츄원에 헌의ㅎ야 무릇 일반 려항간에 발매되는 녯젹 쇼셜을 금지홈이 가ㅎ다흔쟈 잇눈디 나는 그 뜻은 올케녁이거니와 그방칙은 반디ㅎ노라 능라롤 가지고 갈포를 밧고쟈ㅎ면 응치아니홀쟈 업고 고량진미롤 가지고 조밥을 밧고쟈ㅎ면 즐겨ㅎ지 아닐쟈 업슴과 ㅈ치 긔묘ㅎ고 졍결흔

새쇼셜만 만히나면 구쇼셜은 즈연 결죵이 될거시어늘 엇지 반드시 이런
강졔ᄒᄂᆫ일노 민심을 거슬녀셔 힝ᄒᄀᆨ 어려온 일을 ᄒᆞ리오 그러나 그일에
새쇼셜이라ᄒᄂᆫ쟈는 발간ᄒᄋᆨ 내ᄂᆫ거시 드믈기도 홀쑨더러 그발간ᄒᄋᆨ 내
ᄂᆫ쟈롤 본즉 다만 ᄒᆫ때에 리익이나 도모ᄒᄂᆫ ᄉᆞ상으로 초조ᄒ게 지어내셔
녯쇼셜에 비교ᄒᆞ면 곳 오십보롤 다라난쟈가 빅보롤 다라난쟈롤 웃ᄂᆫ것과
ᄀᆮᄒᆞ니 죡히 새ᄉᆞ상을 슈입케ᄒᆞᆯ수 업ᄂᆫ지라 슯ᄒᆞ다22)

위의 인용문은 유가 사상에 바탕한 '재도적 문학관'을 명백하게 보여주고
있다. 불가적 전통에 기반하고 있는 전래의 소설에 대해 필자는 '괴이ᄒᆫ
말이니 이로 쏘ᄒᆫ 인심과 풍속을 부패케ᄒᄂᆫ거시라'며 엄정하게 비판하고
있다. 이러한 인식은 "유가적 문학이 현실주의적 경향이 강한 반면, 도불사상
에서 영향을 받은 문학은 낭만주의적 경향이 강한 것이 일반적인 특징이다.
따라서 유가적 문학 사상을 기저로 한 작품의 특징으로 들 수 있는 것 가운데
하나는 사실을 있는 그대로 기록하는 '實錄' 정신이고, 낭만주의 작품의
특징 가운데 들 수 있는 것 가운데 하나는 '奇, 幻, 誕, 虛, 怪, 異' 등으로
지적되는 초현실적인 경향이다. 이러한 초현실적인 요소는 허구적 상상력의
개입을 전제로 하기 때문에 유가적 입장에서 용인되기 어려운 것이다. 초현
실적인 세계를 인정하지 않는 유교에 비해 불교는 기본적으로 지옥, 천당이
라는 사후의 세계가 설정되어 있고, 윤회라는 죽음 이후의 과정을 설정해
두고 있다. 따라서 불교의 포교담이나 도교의 신선설화같이 비합리적이고
초현실적인 일을 다루고 있는 신이한 이야기는 유가적 관점에서 볼 때 있지
않은 세계를 만들어 내는 것이므로 황탄한 이야기가 된다. 조선조 유학자들
이 소설을 '황당무계' 또는 '황탄'하다고 비난한 것은 도불에 대한 이들의
부정적 인식에서 연유한 것도 있다"23)할 것이다. 위의 인용문에서 드러나는
'음란ᄒᆞ고 호탕ᄒᆫ 글이오 부쳐롤 슝비ᄒᆞ야 복을 비는 괴이ᄒᆫ 말'로 지칭되는

---

22) 「근일 국문쇼셜을 져슐ᄒᄂᆫ쟈의 주의ᄒᆞᆯ일」, 『대한매일신보』, 1908. 7. 8.
23) 金庚美, 앞의 글, p.102.

'구쇼셜'은 말할 것도 없이 전대(前代)의 소설, 특히 속악성(俗惡性)이 두드러진 가허착공(架虛鑿空)한 '소설'을 일컫는 말이다. 문제는 이러한 '녯젹 쇼셜(구소설)'이 여항에서는 여전이 독자의 사랑을 받고 있다는 점이다.[24] 그럼에도 불구하고 필자는 '녯젹 쇼셜'은 절종되어 마땅한 것으로 받아들인다. 또한, '새쇼셜이라ᄒᆞ는쟈는 발간ᄒᆞ여 내는거시 드믈기도 홀쑨더러 그발간ᄒᆞ여 내는쟈롤 본즉 다만 흔때에 리익이나 도모ᄒᆞ는 ᄉᆞ샹으로 초조ᄒᆞ게 지어내셔' 가히 볼만한 것이 아니라고 인식하고 있다. 소설을 국민의 의식과 생활을 규율할 수 있는 가장 광범한 사회적 영향력을 가진 양식으로 인식했던 근대계몽기 계몽사상가들에게 "새쇼셜"[25] 역시 그들의 계몽 기획을 실현시키는 충분한 양식이 될 수 없었다. 그들은 기본적으로 재도적 문학관의 논리 안에서 '새쇼셜'을 인식할 수밖에 없는 세계관적 폐쇄성을 여전히 지니고 있었다. 더욱이 '리익이나 도모ᄒᆞ는' 것이야말로 '도(道)'를 싣는 도구로써는 현격하게 미달로 비추어질 수 있었을 것이다. 즉 '애국과 계몽'의 논리에 기반하여 '도(道)'의 실질 개념을 규정하려 했던 이 시기 근대 계몽사상가들에게 '새쇼셜'은 '구쇼셜'과 크게 다를 바 없는, 여전히 '불경(不經)'하고 '속(俗)된' 범주였다[26]. 이 지점에서 계몽주의자들의 계몽의 기획은 "정치권

---

24) 權純肯(「1910년대 活字本 古小說 研究」, 成均館大學校 博士學位 論文, 1990)에 의하면 '이야기책', '딱지본', '육전소설' 등의 명칭으로 불렸던 '활자본 고소설'이 1912 ～ 1918년 사이에 집중적으로 출판되어, 해방 이후에 출간된 6종까지 총 305종의 활자본 고소설이 출간되었다고 한다. 그러므로 여항에서는 해방 이전까지는 여전히 '신소설'로 지칭되는 근대소설보다는 '구소설'로 지칭되는 고소설이 더 사랑을 받았음을 추론할 수도 있는 것이다.

25) '새쇼셜'의 개념을 필자는 특정한 양식 개념으로서의 '신소설' 개념으로 이해한다.

26) 근대계몽기의 '문(文)' 개념, 곧 '소설' 개념의 형성 과정을 밝히는 최근의 연구 성과들이 대체로 '도 개념의 유효성 상실', '전통적인 미학적 가치체계의 정당성 상실', '허문과 장식적 수사에 대한 배제-메커니즘의 구축'이라는 역사적 지점들을 거쳐서 형성된 것(金東植, 「한국의 근대적 문학 개념 형성과정 연구」, 서울大學校 博士學位 論文, 1999)이라는 관점에 대하여 필자는 전적으로 동의할 수만은 없다. 물론, 이 시기의 '문(文)' 개념을 '일반화된 의사소통양식', 또는 '공적인 성격을 띠는 의사소통매체' 일반의 위상 안에서 그 성격을 규정할 수 있을

력에 귀속되지 않는다는 점과 경제적 이윤 추구에 대해 무관심하다"[27])는 점에서 일차적으로 정당성을 확보한다. 그러나 이것을 '문(文 - 소설)'이라는 양식과 접합시켜 계몽의 기획을 실현시키는 문제에 있어서는 그리 간단한 것이 아니었다. 결국 계몽주의자들이 선택할 수 있는 가장 효과적인 양식은 '전(傳)'이었다. 이 시기 신문 · 잡지 문예란의 대다수를 점유하고 있는 '전(傳)' 작품은 계몽주의자들의 계몽의 기획을 실현시키기 위한 방법적 선택의 결과물인 셈이다. 이렇게 근대계몽기의 계몽주의자들이 그들의 계몽의 기획을 실현시키기 위해 활용한 문학적 양식이 '전(傳)' 이었다는 점에서 그들의 사유지반은 여전히 유가(儒家)에 의존하고 있는 것이다.

(2) 양식의 지반

전(傳)은 특정 인간의 삶에서 규범적 가치를 끌어내는 것을 그 핵심적 목표로 삼는다. '褒貶'이니 '勸懲'이니 하는 말이 전과 관련해 자주 사용되는 것은 바로 이점을 잘 말해준다. 전에서 제시되는 인간상(人間像)은 대체로 이 '규범적 가치'의 구현과 관련된다. 바로 여기서 전이 갖는 주요한 특징적 서술원리가 도출된다. '일화의 나열적 제시'가 바로 그것이다. 규범적 가치의 정시(呈示)를 요구하는 전의 장르적 속성 때문에 전의 서술자는 입전하려는 인물의 생애 중에 규범적 가치를 잘 드러내 보여준다고 판단되는 몇 가지 일화들을 선택적으로 나열하여 작품을 구성한다. 이처럼 전은 도덕적 규범의 표창이라는 차원에서 특정인물의 덕성이나 인간적 자질을 몇몇 특징적 일화

것이다. 그러나 이러한 관점은 기본적으로 '계몽주의자들은 소설 양식이 지니는 미학적 속성이나 양식적인 특성에 전혀 고려를 하지 않았다는 사실'을 당연한 전제로 받아들이고 있어서, 이 시기 계몽 기획의 주체들이 시도하고 있는 전통적 문예양식, 예컨데 전(傳)이나 야담(野談)의 근대적 갱신 노력을 사상시키는 결과를 초래하고 말았다. 적어도 필자는 이러한 관점에 근거해서, 최근의 '소설' 개념 형성 과정을 밝히는 최근의 연구 성과들에 대하여 전적으로 동의할 수만 은 없다.

27) 金東植, 「한국의 근대적 문학 개념 형성과정 연구」, 서울大學校 博士學位 論文, 1999. p. 60.

에 의해 드러내는 장르이다. 이 점에서 전은 가치를 찾아나가는 장르라기보다, 이미 찾아낸 가치를 적절한 예화(例話)를 통해 추인(追認)하는 장르라고 보인다.28) 본고에서는 이러한 고전적인 전(傳) 형식을 '사실지향형(事實指向形)'으로 규정한다. 이러한 형식의 전(傳)에서는 작가가 포폄(褒貶)하고자 하는 도덕적 가치를 사건의 인과적 전개 가운데서 빚어지는 심각한 갈등 속에서 탐색하질 않는다. 전술한 바대로 이미 확보된 규범적 가치를 표창하기 위한 일화를 나열적으로 제시한다. 물론 이미 확보된 도덕적 가치를 표창하는 과정에서 기존의 가치에 대한 믿음이 흔들리기도 하지만, 그것은 분명히 규범적 가치에 궁극적으로는 부속될 수밖에 없었다.

그러므로 전체적으로 볼 때, 다소의 삽의(挿疑)에도 불구하고 규범적 가치는 애초 의도된 대로 '추인'된다. 갈등 그 자체를 통해 가치가 모색되기는커녕, 갈등의 부수적 제시 그나마도 결과적으로는 가치의 추인에 복속하고 마는 것이다.29) 때문에 전(傳)은 이미 "자신들의 세계관적 당위성으로부터 연역되어 형성된"30) 규범적 가치를 절대화하는 양식이다. 때문에 '사실지향형(事實指向形)'의 전 양식은 다른 전(傳) 양식, 예컨대 '허구지향형(虛構指向形)'의 전이나 가치(주제)의 은닉과 배제를 주요 구성 원리로 삼는 양식, 곧 근대소설의 구성 원리보다는 훨씬 "이념적이고 화석화된 삶의 원리"31)를 느러낼 수밖에 없나.

이러한 '사실지향형'의 고전적 성격의 전(傳)이 근대계몽기에 신문 · 잡지를 통해 다수 산생되고 있다는 점에 주목할 필요가 있다. 특히, '충의(忠義)'를 모범적으로 드러낸 인물을 입전한 전(傳)이 절대 다수를 차지한다.32)

---

28) 朴熙秉, 「한국문학에 있어 <傳>과 소설의 관계양상」, 『韓國漢文學研究』第12輯, 韓國漢文學會, 1989, p. 33~34 참조
29) 朴熙秉, 같은 글, p. 35.
30) 閔玹基, 「소설 장르의 본질」, 『韓國學論集』第20輯, 啓明大學校 韓國學研究所, p. 15.
31) 金均泰, 「『高麗史』列傳의 文學性과 限界」, 『선청어문』제16 · 17합집, 서울대학교 국어교육과, 1988, p. 455.

대개 국내외 역사적 실존 인물을 다룬 '사전(史傳)'이 압도적 다수를 차지한다. 물론 이러한 사전(史傳) 이외에도 개인의 문집 소재작이거나 매체의 편집자 작품으로 추정되는 다수의 '사전(私傳)'이 실리기도 한다. 특징적인 점은 후자의 '사전(私傳)'에서는 입전 대상이 역사적 실존 인물인 경우는 많지 않고 여항의 인물인 경우가 압도적이다. 이 논문에서는 근대계몽기의 전자(史傳)와 후자(私傳)에서 공히 드러난 가치의 양상, 곧 이미 확보된 모범적 가치를 추인하는 행위로서의 '사실 추인'의 양상을 고찰한다. 다음의 『독립신문』논설란에 실린 '사전(史傳)'을 통해서 근대계몽기 '사실지향형(事實指向形)'의 구체적 모습을 고찰하고자 한다. 먼저 「논설」의 서사분절은 다음과 같다.

　① 와승돈은 영국의 식민지인 미국에서 태어났다.
　② 큰 학문은 배울 형편이 못되어, 해군 사관이 되기를 원해 영국 함대의 학도로 들어갔으나 어머니가 해군에 들어가는 것을 좋지 않게 여겨 해군학교를 그만 두고 고향에 와 농사에 힘쓴다.
　③ 행실이 점잖고 장부같은지라 결국 와승돈은 버지니아 지방관 부관이 되고 직무를 잘해 이십 삼세에 참령이 되었으나, 도 정부에서 지방대 장졸에게 실례가 되는 말을 규칙 속에 넣자 와승돈은 참령을 사직하고 고향에서 또 농사에 힘쓴다.
　④ 이 때 영국 정부에서 미국 백성을 공평히 대하지 않고 세금을 법률 외로 징수하자 결국 영국과 싸움이 되었다.

---

32) 이러한 유형의 전(傳)에서는 특히 역사적 실존 인물을 입전한 '사전(史傳)'이 압도적으로 드러난다. 이러한 사전은 인물의 국적이 국내와 국외로 나뉘는데 , 대개 국외의 인물이 입전된 경우에는 중국이나 일본의 전기(傳記)를 번역한 것일 가능성이 있다. 예컨대, 이해조의 『화성돈전』만 하더라도 순연한 창작물이 아니라, 후꾸야마 요시하루(福山義春)의 『카세이똔』(1900)이나, 이것의 중역본으로 짐작이 가는 『화썽뚠』(1903) 중의 하나를 번역한 전기인 것을 상기해 볼 때, 이 시기 신문·잡지에 발표된 많은 '사전(史傳)'은 대개 당시 잡지 필진에 의한 순연한 창작물이라고 보기는 어려운 측면이 있다. (최원식, 「『화성돈전』연구 - 애국계몽기의 조지 워싱턴 수용」, 『민족문학사연구』제18호, 민족문학사학회, p. 298)

⑤ 이에 결국 와승돈은 독립당 육군 총사령관이 되어 국민을 독려하고, 공평무사하게 일을 처리하자 온백성과 군사들이 와승돈을 친부형처럼 여겨, 결국 미국은 칠년만에 영국대장을 사로잡고 전쟁에서 승리해 자주독립국가가 되었다.

⑥ 백성들이 와승돈에게 황제의 자리에 오르라고 권하였으나 와승돈은 이를 사양하고, 전국 백성에게 임금이 될 권리를 모두 공평하게 주는 법률을 만들어 사 년에 한 번씩 대통령을 갈게 하자 심지어 영국 사람들까지 와승돈의 높은 행실과 지혜를 칭찬하였다.

⑦ 와승돈은 결국 초대 대통령 선거에서 대통령으로 뽑히자 자기를 시기하고 하려는 사업을 방해한 사람까지 학문과 지식이 있으면 내각 대신을 시키니 와승돈의 명망은 더욱 높아졌다.

⑧ 개국초에 와승돈은 미국의 헌법을 만들고 당파를 공화당과 민권당 둘로 삼아서 정사를 보니 집권한 당이도 나라일을 함부로 하지못하게 하였다.

⑨ 이어 와승돈은 2대 대통령이 되어서도 정사를 또 공평하고 지혜롭게 처리하니, 백성들이 다시 대통령이 되기를 권유하였으나 사양하고 고향에 내려가 농업에 힘쓰다가 67세에 돌아간다.

⑩ 세계 개화 각국에서 와승돈을 성인으로 대접하며 공경하였다.[33]

전술한 바대로 근대계몽기 신문 · 잡지에 발표되기 시작한 '전(傳)' 작품은 주로 역사적 위인의 행적을 기록한 '사전(史傳)'에 집중되고 있었다. 아마도 국운(國運)이 위태로운 상황에서 이 시기 애국 계몽의 기획자들을 지배했던 문예적 양식은, 적어도 "음사추화(淫詞醜話)나 황탄괴궤지담(荒誕怪詭之談)"[34]과 같은 양식은 아니었을 것이다. 그들은 어떤 식으로든 "사람의 굳센 기운(人之壯氣)"[35]을 떨쳐 일으킬 문예적 양식을 찾아야 했다. 그들이 역사적 위인의 장기(壯氣)를 담아낼 양식으로 '전(傳)', 그것도 거사직서(據

---

33) 『독립신문』, 1898. 2. 22.
34) 「文體策」, 『增補 與猶堂全書』1. p. 167. 김흥규, 『한국고전문학과 비평의 성찰』, 高麗大學校 出版部, 2002, p.222. 재인용)
35) 김흥규, 앞의 책, p.222.

事直書)의 원칙에 충실해야 하는 '사전(史傳)'에 주목했던 것은 자연스런 귀결일 것이다.

우선, 이 작품은 서술체재에서부터 전(傳)의 면모가 잘 드러난다. 즉, '서두의 인정 기술(人定記述) → 행적 → 논찬'이라는 전(傳)의 일반적 서술체재를 그대로 따르고 있다.[36] 서두부터 보자. 서두에서는 입전 인물의 출생, 성명, 선계(先系), 관벌(官閥) 등의 인정 기술이 제시된다. 「논설」의 분절①이 바로 서두에 해당하는 데, 위의 「논설」은 이러한 전(傳)의 서두 형식에 부합한다. 이어 분절 ② ~ ⑨까지는 입전 인물의 행적에서 주목될만한 일화들을 점철하여 와승돈의 일대기를 구성해 놓고 있다. 요컨대 이 일화들은 와승돈이 공평무사하고 지혜로운 인물이었다는 사실을 확인하기 위한 것이다. 분절⑩은 '太史公曰'이나 '外史氏曰' 등의 허두어(虛頭語)를 사용하여 논찬부임을 알리는 문법적 표지없이 서술되고 있기는 하지만 그 실질적 내용은 '사후평가'나 '기포폄(寄褒貶)'의 내용으로 보아도 무방하다.

위의 와승돈의 일대기를 다룬 위의 「논설」은 이와 같이 서술체재에서만이 아니라, 입전 인물과 그 주변 인물의 관계를 서술하는 방식에서도 전(傳), 곧 일화의 나열적 제시에 의한 구성 방식을 취하는 '사실지향형(事實指向形)' 전(傳)의 전형적인 모습이 잘 드러난다. 한 마디로 이 작품은 극단적으로

---

36) 물론, 이 부분에서 이견이 있을 수 있다. 특히, 마지막 논찬(論贊)이 존재하느냐, 생략되었느냐의 문제에 대하여서는 견해의 차이가 있을 수 있다. 다만, 필자가 확인한 근대계몽기의 '전(傳)' 양식에서 마지막 논찬의 허두어(虛頭語)가 정통적인 형식(예컨대, 外史氏曰, 贊曰 등)으로 종결되는 경우는 거의 없다. 대신, 조선후기 전(傳) 양식과는 달리 "~ 쟝군의 수업과 명예가 가히 세계 사롬으로 ᄒ여금 흠앙홀 모흔 고로 그 ᄉ젹을 대강 긔지ᄒ노라(『독립신문』, 1898. 8. 11.)// ~ 동양에도 근일에 이러흔 지상이 혹 잇슬는지(『독립신문』, 1899. 10. 31.)"식으로 허두어는 생략되었지만, 실질적인 논찬의 역할을 하는 작가 논평이 있거나, 여운을 남기는 작가적 논평을 통하여 우회적인 논찬을 하는 경우가 대부분이다. 또한 상당수의 전(傳)에서는 아예 논찬부가 생략되는 경우도 허다하다. 이러한 형식은 물론, 근대계몽기의 전(傳)에서만 있었던 것은 아닌 듯싶다. 이미 『三國史記』列傳 소재 작품들에서도 논찬부가 생략된 전(傳) 작품이 다수 보이고 있다는 사실이 이를 잘 증거한다.

입전인물만을 조명하는 전(傳)으로 보아도 무방하다. 그러므로 이 작품에서는 와승돈 이외에 구체적 실체를 가진 인물이 등장하질 않는다. 굳이 등장한 인물이라면 분절②에서 등장한 어머니 정도이다. 그나마 작품의 서사에 등장한 어머니는 그 존재의 독자성을 인정받은 실체적 인물이 아니다. 어머니의 등장은 바로 와승돈의 '효(孝)'를 표창하기 위한 보조자의 역할을 수행케 하기 위해 작품의 문면에 나타난 것에 불과하다. 즉, 효자는 부모의 뜻을 거스리지 않는다는 '이미 확보된 규범적 가치'를 '추인(追認)하기' 위해서 등장한 그림자에 불과하다. 때문에 이 역할이 끝나면 어머니는 그 모습을 감추고 다시는 작품에 등장하지 않게 된다. 이렇게 근대계몽기의 '사실지향형'의 전(傳) 양식에서는 입전인물의 면모를 드러내는 데 소용이 되지 않는 인물들은 그 역할이 현저히 축소된다.

말하자면 주변인물과 입전인물은 작품 전체를 통해 지속적으로 관계가 맺어지기보다는 일과적(一過的)으로만 관계가 맺어지고 있다. 이러한 관계 방식은 근대계몽기 '사실지향'의 전(傳)이 보여주고 있는 독특한 양식적 특질이다. 이는 전(傳)의 결함을 보여주는 것이 아니라, '사실지향'의 전(傳)의 본질을 정시(呈示)하는 것이라고 볼 수 있다. 소설이라면 이는 분명히 중대한 결함이라 할 수 있을 것이다. 그러나 전(傳)은 입전인물의 면모를 드러내는 데 모든 것이 송속되고 모는 것이 집승되기에, 이러한 관계방식이 당연한 것으로 구사된다.37) 또한, 이러한 전(傳)에서는 일화와 일화가 인과적으로 결속되는 것이 아니라 그것들이 순차적으로 집적되고 있는 바, 결과적으로 플롯은 현저하게 약화된다. 이러한 전(傳)에서는 규범적 가치를 현현하고 있는 입전인물의 행적(일화)이 중요한 것이지, 그것들이 충돌해서 갈등이 생성되고 그 갈등의 심화와 해소 과정을 통해서 '탐색된 가치'가 중요한 것이 아니다. 결국, 이러한 형식(사실지향)의 전(傳)은 이미 확보된 가치를

---

37) 朴熙秉, 「朝鮮後期 <傳>의 小說的 性向 硏究」, 서울大學校 博士 學位論文, 1991, p.122.

표창 · 추인하는 내용보다 글쓰기의 특정한 방식(개체의 독자적인 정신적 토대, 혹은 개성)을 하나의 '새로운 가치'로, 혹은 '양식'으로 존중하는 시대에 이르면 소멸할 수밖에 없는 것이었다.38)

2) 허구지향형과 가치(價値)의 모색(摸索)

(1) 사유의 지반

문체반정 이후 소설배척론이 지속적으로 제기되기는 했지만, 이미 "마음의 미묘함으로부터 자신을 드러내고 남을 감동시키려는 글은 '사실의 기록'으로서의 글이 아니며, 문학(文學)이다"39)는 생각이 유학자들에게 퍼져가기 시작하였다. 물론, 문학은 '사실의 기록'이어야 한다는 생각은 근대계몽기에 이르러서도 여전히 완강한 형태로 유지되고 있었다. 이러한 사실은 이 시기 학술 잡지에 소개되고 있는 문예란의 작품 표제를 보면 잘 알 수 있거니와, '사실(寫實) 소설'이라는 표제어를 달거나, 아니면 '此篇은 사실을 부연한 것'이라는 말을 부연하는 작품이 존재하는 것을 보면 명백해진다.40) 근대계몽기에도 소설적 허구가 갖는 진실성(사실성)을 인정하지 않으려는 생각은 여전히 구심력을 이루며 한켠에서 지속되고 있었다. 전술한 바대로 이러한 사유 지반에 근거하여 고전적인 형태의 '사실지향형'의 전(傳)이 산생되었음은 확인한 바대로 이다. 그러나 이러한 사유의 지반이 전체의 소설사적 편폭을 이루며 지속되지는 않았다.

주지하다시피 조선후기 소설사는 작가층, 독자층의 폭이 넓어지고 또한

---

38) 이러한 '사실지향형'의 전(傳)은 '한문의 감응력'이 현격히 약화되는 시기부터 자기 분해의 과정을 겪었다고 보면 될 듯하다.

39) 張孝鉉, 「조선 후기의 小說論 - 필사본 소설의 序 · 跋을 중심으로」, 『어문논집』제33집, 고려대학교 국어국문학연구회, 1982, P. 592

40) 예컨대, 장응진은 선구자의 다난한 생애를 그린 단편 「다정다한(多情多恨」(1909년)을 발표하면서 '사실(寫實) 소설'이라는 표제를 달았고, 이광수 역시 단편 「무정」(1910년)에 '此篇은 사실을 부연한 것'이라는 사족을 붙인 바 있다. (권보드래, 『한국 근대소설의 기원』, 소명, 2000, p. 129.)

다양한 형식의 장르種들이 출연하여 소설의 양적인 확산이 급속도로 이루어
졌다. 여기에 소설이 주된 장르로 되면서 여타의 장르들이 소설로 견인되는
결과 가사의 소설화, 야담이나 전의 소설화까지 본격적으로 진행되고 있어서
본격적인 소설의 시대라고 이를 만한 양상을 보이고 있다. 따라서 소설의
확산을 실제적으로 제어할 수는 없었던 것으로 보인다. 이는 오히려 이 이후
상층 사대부들이 소설의 독자에 그치지 않고 창작과 비평에 본격적으로
참여하는 데서 단적으로 확인된다.[41]

(가) 무릇 마음(心)이 있는 바가 생각(思)이요, 생각이 꾸며낸(幻) 것이
꿈이다. 마음이 없으면 꿈이 없으며 꿈이란 것은 꾸며낸 것이다. 환(幻)은
실로 여러 방향이 있으나 마음과 생각의 바깥을 벗어나지 않아야 한다.
그런즉 의열녀가 죽은 뒤 그 몸의 천태만상과 그 일의 천변만화는 모두
일심(一心)이 만들어낸 바에서 비롯된 것으로 삼재(三才)의 영기(靈氣)를
이끌어서 일세(一世)의 몽장(夢場)을 환출(幻出)해낸 자가 있음이 아니겠는
가. 꿈 속에서 그 스스로 꿈을 보고 꿈 속의 사람이 또 다른 사람의 꿈꾸는
바를 보니 환(幻)이 극에 달하여 진(眞)이 되고 진(眞)이 극에 달하여 신(神)
이 된 것이다. [42]

(나) 내가 긴 여름날 병을 조리하다가 우연히 어우야담, 기문총화를
보니 개안처가 자못 많았다. … 그 외 다른 책 가운데 이야기거리에 맞는
것을 다듬고 윤색하여 싣고 또 여항에 옛날 이야기로 떠돌아 다니는 것을
채집하여 글로 엮어 사이사이에 넣었다. 매편 앞머리에는 제목으로 표지를
삼았으니 이는 소설의 관례에 따른 것이고 각 단락의 끝에는 논단을 덧붙였
으니 대략 사전(史傳)의 예를 본뜬 것이다. 나는 호사자가 아니고 다만 저절
로 흥이 나서 한 것이다. 이전에 저술한 것과 비교하면 보잘 것 없어서
대방가의 웃음거리가 될 것을 알고 있다. 그러나 다만 책 가운데 실린 인정

---

41) 金庚美, 앞의 글, p.45
42) 김소행, 「삼한습유」권3, p. 264.
　　夫心之所存者思　而思之所幻者夢也　無心則無夢　夢者幻也　幻固多方　而要不出心思
　　之外　然則義烈女旣死之後　則其身之千態萬狀　其事之千變萬化者　皆出於一心之所
　　造　有以牽動三才之靈機　而幻出一世之夢場者　非耶夢中自占其夢　而夢中之人　又占
　　所夢於人　幻極而眞　眞極而神

물태는 손바닥을 가리키듯 분명하니 옛날로 거슬러 올라가고 사실을 모아
서 요속을 징험할 수 있고 세교에 도움이 될 것이다. 간혹 일이 신괴한
데 들어가나 이는 성문에서 말하지 않는 것이기는 하지만 전인들도 이미
갖추어 서술하여 또한 신기한 이야기를 쓴 한 권의 『제해기』같은 책이 나오
게 되었다. 그리하여 또한 이야기를 엮고 모으니 선악보응의 이치가 영향과
같이 빠름이 있었다.43)

　　위의 인용문 (가)에서 '幻極而眞 眞極而神'의 진술은 '황탄무계(荒誕無
稽)'하다는 비난을 줄기차게 받아온 소설의 '허구'의 문제에 대한 새로운
인식을 보여주고 있다는 점에서 매우 중요한 진술이다. 곧 '환(幻 - 꾸며낸
것)이 환(幻)으로 끝나는 것이 아니라, 그것이 지극한 표현의 경지를 얻으면
진(眞 - 진실)이 될 수 있고, 또 그것이 지극한 진실의 경지에 이르면 신(신성
의 경지)이 될 수 있다'는 이 진술이야말로 허구에 대한 매우 진전된 인식인
셈이다. 이러한 관점은 "중국의 대표적인 신마소설(神魔小說)인 『서유기』에
대해 '지극히 환상적인 일이 곧 지극히 진실된 일'이며 따라서 '지극히 환상
적인 이치가 바로 지극히 진실된 이치'라고 하여 '환중유진(幻中有眞)'이라
는 개념을 도출해낸 신마소설에서의 '소재의 진실'과 '작품의 진실'의 관계를
이론적으로 요약해낸 중국소설의 중요한 이론적 성과를 김소행은 '마음(心)
과 생각(思)과 꿈(夢)'의 관계를 통해 '몽환'의 의미를 추출하고 있다. 김소행
의 이러한 논의는 허구론에 있어 진전된 측면을 보이는 것이 사실이나 아직은
허구의 범주가 몽환 즉 환상 쪽에 보다 기울어져 있다."44) 결국 환진(幻眞)은
꿈을 의인화하였다는 점에서 그 허구적 성격을 뚜렷이 볼 수 있는 바, 꿈은

---

43) 李源命,「東野彙輯序」,『韓國文獻說話全集』3, 東國大學校 韓國文化研究所.
　　余於長夏調疴 偶閱於于野談記聞叢話 頗多開眼處 … 他書之可資該洽者幷修潤載錄
　　又采閭巷古談之遺傳者 綴文以間之 每篇之首題句標識槪依小說之規 各段之下 輒
　　附論斷 略倣史傳之例 余非好事者 聊寓漫興 較諸前修著述 翅如笙鏞下俚 固知見
　　笑於大方 而弟書中所載人情物態 瞭如指掌 可以溯古 摭實驗謠俗而裨世教 雖或事
　　涉袖怪 聖門之所不語者 前人旣備述 而且一齊諧記 古亦歸掇拾聞 有善惡報應之理
　　捷如影響
44) 金庚美, 앞의 글, p. 129.

가공의 세계를 그려낼 수 있는 가장 보편적인 허구적 장치 가운데 하나이다. 특히 꿈을 소재로 한 허구화 작업이 가능할 수 있었던 것은 꿈이 가지는 서사구조적 본질을 창작자들이 의식적이건 무의식적이건간에 포착할 수 있다는 데 있다.[45] 문제는 이렇게 '꿈의 공간'을 빌어 느끼게 된 '허구가 주는 심미적 쾌감'을 어떻게 '현실의 공간' 속으로 환원하여 동일한 '미적 쾌감'을 경험하느냐의 문제이다. 바로 이 지점에서 조선 후기 소설의 사유 지반은 결정적으로 '사실 기록'의 관념적 재도관(載道觀)에서 '허구 기록'의 현실적 다층성(多層性)의 세계로 나아가는 문제와 맞부딪친다. 곧 '허구의 양식'을 통해서 확보한 '이러저러한 삶의 구체성'을 어떻게 진실의 영역으로 견인하느냐의 문제인 것이다. 조선 후기의 소설은 "창작 주체의 체험과 관찰 이외의 어떤 선험적(先驗的) 전범(典範)에도 예속되지 않고 개별적 사상(事象)의 진실에 부응해야"[46] 한다. 인용문 (나)의 '매편 앞머리에는 제목으로 표지를 삼았으니 이는 소설의 관례를 따른 것이고 각 단락의 끝에는 논단을 덧붙였으니 대략 사전의 예를 본뜬 것이다(每篇之首題句標識槪依小說之規 各段之下 輒附論斷 略倣史傳之例)'라는 진술을 통해서 우리는 이미 이 시기에 들어와서는 '소설'과 '전(傳)'이 '야담(野談)'과 함께 "사람과 사물들이 구체적 상황 속에서 이러저러하게 얽히고, 움직이며, 살아가는 모습"[47], 곧 '인정물태'를 담아낼 수 있는 양식으로 변모하고 있거나, 변모될 수 있는 양식이라는 점을 어렵지 않게 알아낼 수 있다. 조선 후기에 오면 이제 '架虛鑿空'의 문제가 '인정물태', 곧 '경험적 세계관'의 세계로 수렴되면서 동시에 모든 서사 장르種의 장르적 운동량이 증가한다. 이 시기에 오면 대개의 서사 장르種은 내용과 형식의 양축이 기존의 틀에서 벗어나기 시작한다. 이 논문에서는 이렇게 조선 후기의 세계관적 변화에 조응하며 고전적 형식의 전(傳)에서

---

45) 같은 글, p.131.
46) 김흥규, 「朝鮮 後期와 愛國啓蒙期 批評의 人情物態論」, 『한국 고전문학과 비평의 성찰』, 高麗大學校 出版部, p.253.
47) 김흥규, 앞의 책, p.242

벗어나고 있는 전(傳) 양식을 '허구지향형(虛構指向形)'으로 규정한다.

(2) 양식의 지반

전(傳) 장르가 처음부터 '사실지향'과 '허구지향'의 두 축을 장르적 본질로
하고 있지는 않았다. 전(傳)은 일차적으로 사관(史官)의 역사 기록으로서의
성격을 갖는다. 이 점은 특히, 사마천의 『史記・列傳』이후 보편적인 것으로
인식되었다.48) 그러나 사마천의 『史記』는 원래 단순한 사서(史書)로만 기획
된 것은 아니었다. 『史記』는 적어도 문사철(文史哲)의 합체적(合體的)성격
을 함께 지니고 있는 저술로 볼 필요가 있다. 『史記・열전』의 이러한
성격은 "사마천 자신은 자기의 『史記』가 사서(史書)가 아니라 자서(子書)이
기를 바랐다"49)는 진술을 통해서도 확인될 수 있는 바, 이렇게 본다면 『史記』
의 원래 명칭이었던 "『太史公書』"50)는 비록 역사의 형태를 빌었다 하더라도

---

48) 그러나 사서(史書)로써의 『史記・列傳』은 단순히 기존의 규범적 가치를 추인하
는 '사실지향'의 성격만을 갖고 있는 것은 아니다. 사마천의 『史記・列傳』은
특정한 가치규범을 추인하고 있다기보다는 융통성 있는 사상적 관점에 입각하
여 역사 속에서 인간이 겪는 갈등을 사실적으로 재현하려고 노력하였다. 이 때
문에 사마천의 『史記・列傳』은 가치를 모색하는 측면을 명백히 갖는다. 『史記
』가 소설적이라거나 불순하다고 비난받아 온 것도 그것이 갖는 이러한 측면과
무관하지 않다고 생각된다. 중국 사서(史書)에 있어 『史記』의 이와 같은 면모는
대단히 독특하고 예외적인 것이다. 『史記・列傳』이 이처럼 인간이 역사적 삶
속에서 겪는 갈등을 생생히 그려낼 수 있었던 것은, 종종 지적되듯이, 그 저자
사마천의 독특한 역사관에 힘입고 있는 면 이외에도 '열전(史傳)'이라는 양식에
힘입고 있는 면도 없지 않다. 즉, 열전(列傳)의 경우 기본적으로 역사를 기록한
다는 차원에서 특정 인간의 의미 있는 삶을 재현하기에 자연히 갈등의 요소가
끼어들면서 서술이 확장될 소지가 항상적으로 개재한다. 우리 경우에도 『三國史
記・列傳』에서 이런 점을 확인할 수 있다. 가령 「김유신전」같은 것을 예로 들
수 있겠는데, 그 속에는 소설적 갈등의 풍부히 내포되어 있다. 그외에도 『三國
史記・列傳』중 이런 측면은 여러 군데서 발견할 수 있다. (朴熙秉, 「한국문학
에 있어 <傳>과 소설의 관계양상」, 『韓國漢文學研究』第12輯, 韓國漢文學學會,
1989, p.33 ~ 34.)
49) 李寅浩, 「《史記》 성격에 대한 一考察」, 『中語中文學』第22輯, 韓國中語中文學會,
1998, p.501.

그 의도는 자서(子書)의 형태를 겨냥했다는 것을 추정할 수 있는 것이다.
『史記』는 애초부터 자체 내에 얼마든지 다른 위상을 함의하고 있었을 가능성
이 있는 것이다.51) 때문에 바로 이러한 『史記 · 列傳』에서 출발한 '전(傳)'
역시 자체 내에 얼마든지 다른 층위의 양식적 특성을 지닐 수 있다는 것이다.
곧 '전(傳)' 속에는 이미 확보된 규범적 가치를 엄정한 양식적 틀에 근거하여
입전 대상을 '포폄(褒貶)'하는 '사실지향형(事實指向形)'의 전(傳) 양식이
있는가 하면, "이전까지의 많은 역사 사실의 기재를 종합적으로 수집하여
자체 내의 양식에 흡수할 뿐 아니라, 신화, 전설, 민담, 역사 고사, 민간의
숨은 일화나 알려지지 않은 사실(史實)과 신기하고 기이한 고사를 수집하여
이들 재료를 세심하게 조직하고 편성하고 거기에 작자의 풍부한 상상과
합리적인 허구를 더함"52)으로써 "규범의 단순한 재현이 아니라 그 자체의
개별적 질량과 의의를 지닌 새로운 사실"53)을 부단히 탐색하는 '허구지향형

---

50) 『史記』의 원래 명칭은 대략 다음 다섯 가지로 불렸다. 『太史公書』, 『太史公』, 『太
史公記』, 『太史公傳』, 『太史記』 등이 그것이다. 여기서 주목되는 점은 위 명칭들
을 모두 「太史」나 「太史公」이란 용어가 들어간 바, 이런 용어가 사마담(司馬談)
을 가리키든 혹은 사마천(司馬遷) 본인을 가리키든 간에 모두 그 책을 쓴 사람
을 지칭했다는 것이다. 우리가 익히 아는 대로 사람 이름이나 혹은 그 사람을
지칭하는 관직 또는 존칭을 책이름으로 삼는 경우는 대부분 전통적인 경사자집
(經史子集) 분류에서 자서(子書)이다. (李寅浩, 「《史記》性格에 대한 一考察」, 『
中語中文學』第22輯, 韓國中語中文學會, 1998, p.488.)
51) 서복관(徐復觀)은 『兩漢思想史』卷三에서 『史記』는 그저 전해져 내려오는 이야기
를 사마천(司馬遷)이 기록한 것에 불과하다고 주장하였다. 더욱이 사마천(司馬
遷) 부자(父子)가 담당한 태사령(太史令)이란 관직은 단지 국가에 상서로운 일이
나 재난이 생겼을 때 그것을 기록한다는 의미에서는 사관(史官)의 의미를 어느
정도 간직하고 있다고 볼 수 있지만, 엄밀하게 말하면 후세의 개념인 '사관(史
官)'의 의미보다는 '기상대(氣象臺)의 책임자' 정도에 가까운 개념이다. 이상을
종합하여 판단하면 사마천(司馬遷) 부자(父子)는 역사를 기록해야만 하는 직책에
있었던 것도 아니었음을 어렵지 않게 추정할 수 있는 것이다. (『兩漢思想史』卷
三, p.313 ~4. 李寅浩, 「《史記》性格에 대한 一考察」, 『中語中文學』第22輯, 韓
國中語中文學會, 1998, p.488. 재인용)
52) 諸海星, 「《左傳》敍事의 小說的 特徵에 관하여」, 『中國語文學』第37輯, 嶺南中國
語文學會, 2001, p.29.
53) 김흥규, 앞의 책, p.251.

(虛構指向形)’의 전(傳) 양식이 있을 수 있다. 특히, 후자(허구지향형)의 전(傳)에서는 “일화의 나열적 제시를 방기하고, 인과관계를 따르는 사건의 서술 속에서 갈등을 통해 주제를 탐색하는 소설적 서술 원리”54)를 채택한다. 물론 이러한 전(傳) 양식에서도 전(傳)의 특징적 서술원리인 일화의 나열적 제시 방식은 그대로 견지되지만, ‘사실지향형’의 전(傳) 양식과는 달리 이미 확보된 ‘규범의 단순한 추인(追認)’을 위해서가 아니라 현실 세계 속에 존재하는 “사람과 사물들이 구체적 상황 속에서 이러저러하게 얽히고, 움직이며, 살아가는 모습”55), 곧 인정물태(人情物態)를 경험적으로 관찰함으로써 새로운 가치를 탐색하기 위한 것으로 서술원리가 작동되고 있다. 이와 같은 전(傳) 양식은 근대계몽기에 들어와 당대의 역사적 추이를 반영하면서 한층더 새로운 ‘진정(眞情)’의 가치를 확보하기 시작한다. 이제 이러한 ‘허구지향(虛構指向形)’의 전(傳) 양식에서 도덕적 감계론(鑑戒論)은 삶의 구체적 현실태(現實態)의 가치를 높이기 위한 매개 논리에 지나지 않는다.

특히, 근대계몽기의 역사적 환경은 이러한 의식의 전개 및 심화에 양면적인 조건을 제공한 것으로 생각된다. 중세 지배체제와 이념의 결정적 붕괴라는 상황은 인정물태론으로 하여금 좀더 분명하게 종래의 도학적 규범의 제약으로부터 벗어날 수 있도록 했지만, 다른 한편으로는 국운(國運)의 위기에 대응하는 계몽 이념의 요구가 강하게 대두하면서 ‘일상적 삶의 개별성·구체성’보다는 거시적이고 집단적인 가치가 강조될 수밖에 없었던 점이 바로 그것이다.56) 근대계몽기의 역사전기류(歷史傳記類) 양식이 바로 이와 같은 경향을 가장 직접적으로 드러내는 대표적인 문예적 양식임을 두말할 나위가 없다. 이 시기 역사전기류 양식은, 이미 확보된 규범적 가치를 추인하는 양식으로서의 ‘사실지향형’의 전(傳) 전통에 분명히 잇닿아 있는 장르種

---

54) 朴熙秉, 「한국문학에 있어 <傳>과 <소설>의 관계양상」, 『韓國漢文學硏究』第12輯, 韓國漢文學學會, 1989, p.39.
55) 김홍규, 앞의 책, p.242.
56) 같은 책, p.256.

이었다.57) 반면에 조선 후기 이후 근대계몽기에 이르기까지 서로 넘나들며 일어난 장르 운동의 결과, 곧 전(傳)의 소설취향성과 야담취향성의 질량이 증가하면서 요컨대 전(傳)의 '허구지향성(虛構指向性)'이 강화된 작품들이 근대소설사의 한 축을 형성하게 된다. 특히, 이 시기 전(傳)의 근대적 자태전환의 과정 속에서 형성된 '허구지향'의 전(傳)은 문체의 개혁과도 그 형성사적 관련성이 밀접한 것이었다. 이러한 점에서 1894년의 칙령은 한국근대문학사의 자기 갱신의 과정에 매우 중요한 단초를 제공한 것임에는 틀림없다.

　1894년 11월 21일자 『官報』는 '법률과 칙령은 모두 국문을 원칙으로 하고 한문을 附譯하거나 혹은 국한문을 사용한다(法律勅令 總以國文爲本 漢文附譯或混用國漢文)'는 원칙을 공포하고 한문을 대신하여 국문을 공식문체로 확정한다. 그러나 이 국문의 공식화는 문자 그대로 정부에 의한 일방적인 원칙의 제정이었지, 그것의 즉각적이고 전면적인 한문의 폐지와 문체의 개혁을 가져온 것은 아니었다.58) 공문식(公文式)에 관한 정부의 이런 규정은 정부 자신이 먼저 파기하였다. 1895년 고종이 내린 교육칙어(敎育勅語)는 국한문체(國漢文體)로만 발표되었고 1908년 2월 6일 '관보(官報)'에서는 '各官廳의 公文書類는 一切 國漢文을 交用하고 純國文이나 吏讀나 外國文字의 混用함을 不得홈'이라고 하여 실제 국한문(國漢文)이 공식문체(公式文體)가 되었다. 즉 국문사용(國文使用)의 원칙이 정부 자신에 의하여 무너진 것이다. 이는 곧 한문(漢文)에서 국문(國文)으로의 전환이 쉽지 않았음을 보여준다.59) 한문은 중국의 문언문(文言文)이지만 중세의 오랜 기간 동안 동아시아의 보편문어(普遍文語) 구실을 하면서, 동아시아 지식인의 세계관

---

57) 사실지향형(事實指向形)의 전(傳) 양식과 역사전기류(歷史傳記類)와의 상호 관령성의 문제는 본고의 직접적인 목표가 아니기 때문에 이에 대한 상론은 차후의 연구과제로 남겨둔다.

58) 姜明官, 「漢文廢止論과 愛國啓蒙期의 國 ・ 漢文論爭」, 『韓國漢文學硏究』第8輯, 韓國漢文學會, 1985, p.198.

59) 李基文, 「開化期의 國文使用에 관한 연구」, 『韓國文化』5, 서울大學校 韓國文化硏究所, 1984, pp.67~68.

을 담아내는 표현문자로서 기능해 왔다.[60] 그러므로 한문을 폐지하는 것은 그들의 세계관을 폐기시키는 것이며, 마땅히 그들의 문예 형식 또한 폐기되는 것이었다. 중세 지식인의 문예 형식으로서의 전(傳)은, 이 지점에서 바로 자기 분해의 과정을 밟아야 할 형편에 직면해 있었다. 전(傳)의 '거사직서(據事直書)의 원칙'이 두드러지게 깨어지며, 전(傳)이 '허구'의 감화력을 적극적으로 수용하며 스스로의 '자태전환(自態轉換)'을 모색하기 시작한 분명한 지점이 바로 근대계몽기였다.[61] 그러므로 이 시기 전(傳) 중에서 소설적 경사가 두드러지거나, 아니면 야담(野談)과 착종이 된 전(傳)들이 다수 산생된다. 본고는 이러한 형식의 전(傳)을 '허구지향형(虛構指向形)의 전(傳)'으로 전술한 바, 다음의 작품을 통해서 이러한 전(傳)이 지향해서 탐색한 가치가 무엇인지 그 실상을 고찰하고자 한다. 『대한매일신보』(1906. 2. 6 ~ 18)에 연재되었던 「靑樓義女傳」의 서사분절을 보면 다음과 같다.[62]

① 시전에 이름이 배생인 자가 있으니 풍채는 미려하나 마음은 추루해서 겉으로는 관후하나 속으로는 졸직하였다.

② 배생은 호조에 돈 오천 냥을 청하여 각국 물화(물건)를 교환하여 이익을 취할 목적으로 북경에 들어갔으나, 장사를 통해 이익은 도모할 생각은 하지 않고 자신의 아름다운 풍채와 은자(돈)를 믿고 하룻밤에 화채가 천냥이나 되는 운창무각에 들어가 서시와 양귀비보다 더한 미인을 만나 운우지정을 나누고 오일을 유숙한다.

---

60) 金興圭, 「韓國 漢文小說 調査 · 整理의 文化史的 意義」, 高麗大學校 民族文化
     研究院 國際學術會議, 2001. 10. 29 ~ 30.

61) 물론, 이전과는 다른 형식과 내용(주제)을 통해서 '전(傳)'의 '자태전환(自態轉
     換)'을 모색한 조선 후기의 연암(燕岩) · 문무자(文無子) · 담정(薝庭)의 전(傳)
     에서 이러한 면모가 드러나기도 하지만, 그것이 전(傳) 전체의 원심력으로 작용
     하지는 않았다는 점에서 조선 후기 전(傳)은 근대계몽기의 전(傳)과 변별되는 지
     점이 존재한다.

62) 『금고기관』소재의 이야기를 변형 개작한 것으로 보이는 「靑樓義女傳」을 필자는
     기본적으로 전(傳)과 소설의 착종 현상을 반영하고 있는 근대계몽기의 '전(傳)'
     작품으로 보고자 한다.

③ 배생이 오천냥을 다 화채로 탕진하고 떠나려 할 즈음, 미인이 자신의 회포를 말하며 배생이 재물을 가볍게 여기고 색(여자)을 중이 여기니 가히 풍류와 기개를 높이 살만 하다며 배생을 따라가기를 청한다.

④ 이에 배생이 몹시 기뻐하자, 미인은 여자로서 지켜야할 삼강오륜의 중요성을 스스로 마음에 새기며, 창모에게 작별인사를 하고 창모와 청루의 동료들이 주는 돈도 받지않고 배생을 따라나선다.

⑤ 배생이 락매곡을 부르며 미인과 함께 성문을 나오니 동행하여 온 사람들이 호조에서 빌린 돈을 무엇으로 갚겠냐며 꾸짖자 배생이 그제서야 후회를 했다.

⑥ 배생 압록강에 다다라 배에 올랐을 때, 이생이란 자가 미인을 보고 반해 수만금을 줄 터이니 자기에게 미인을 팔라는 말을 한다.

⑦ 배생이 미인에게 와 짐짓 고민스러워 하는 체를 하자 미인이 그 연유를 묻고 사정을 안즉, 미인은 쌍루를 흘리며 그렇게 하겠다는 말을 한다.

⑧ 다음날 아침 미인은 결국, 양인에게 몸을 허락할 수 없다며, '양의 가죽을 범의 가죽으로 잘못 보았다며' 자신이 배생을 잘못 봄을 한탄하며 강에 빠져 죽었다.

⑨ 이에 배생과 이생이 각각 도망하고, 며칠 후에 미인의 영혼이 근처 사공에게 현몽하여 자신의 몸에 따린 보배를 취한 후, 자신의 시신을 묻어 달라는 요청을 하거늘 꿈을 깨어 다음날 아침강변에 나가 물 밑을 찾으니 과연 미인이 그곳에 있으되, 용모가 생시와 같았다.

⑩ 사공이 미인의 의상을 풀고 본즉 별다른 보화는 없고 다만 금낭 하나 가 매여 있으니, 풀어다가 벽상에 걸어두고 그 혼백을 위로 하였다.

⑪ 이후 어떤 관인이 와 천만냥을 줄 터이니 벽에 걸린 금낭을 팔라는 말을 하고는 종자에게 명하여 십여척 배에 실은 물화를 모두 주고, 그 금낭 을 취하고 그 금낭을 열어 금전지에 암소를 그리자 수천필의 암소가 되는 지라, 그것까지 모두 사공에게 주고 금낭을 가져갔다.

⑫ 눈앞의 적은 이익을 탐하는 경박자들에게 이를 경계하고자 한다.63)

이 작품은 양식사적 차원에서 보면, 완전한 소설로 보아도 무방하다. 이

---

63) 『대한매일신보』, 1906 2. 6 ～ 2. 18.

작품을 연구한 최근의 연구 성과들이 이를 잘 보여준다.[64] 그만큼 이 작품은
이 시기 문학사에서 문제적인 작품이다. 두 가지 점에서 그렇다. 하나는
이 작품이 순연한 창작물이 아니라 중국의 『금고기관』소재의 이야기를 번안
혹은 개작이라는 평가와 관련된 문제이고, 다른 하나는 이 작품이 야담(野談)
양식의 연장선상에서 파악되어야 할 작품이라는 것이다. 두 주장에서 우리는
적어도 다음과 같은 사실을 유비(類比)할 수 있는 바, 근대계몽기의 '허구지
향'의 자태가 분명한 전(傳)에 와서는 이제 전(傳)이 완전히 열린 형식으로
전환되었다는 점이다. 즉, 이 시기의 이러한 형식의 전(傳)은 같이 장르 경쟁
을 하던 '사건중심지향형'의 야담(野談)과 함께 근대계몽기의 계몽 기획의
주체, 곧 개신유학파(開新儒學派)의 사유와 세계관(애국계몽운동)을 담아내
는 문예적 양식으로 전환되었다. 이들은 자신들의 사유와 예술의 근거가
한문(漢文)에 있음에도 애국계몽의 주체를 민중으로 파악한 이상 한문이야
말로 이제 비판의 대상이 되지 않을 수 없었던 것이다. 이제 전(傳)은 표현
수단을 '漢文 → 國漢文'으로 바꾸고, 거사직서(據事直書)의 서술 원칙을
파기하고 '허구의 상상력'을 적극적으로 수용하는 열린 형식으로 자태(自態)
를 전환한 것이다. 그러므로 필자는 「靑樓義女傳」의 서사분절단위 ⑨ ～
⑪ 사이에서 대담하게 수용되고 있는 '전기적(傳奇的) 요소'를 고소설 양식
의 상투적인 특징으로 보지 않는다. 즉 전(傳)이 스스로의 감화력을 확장시키
고, 그것을 통해서 계몽의 이념을 더욱 부각시키려는 의도에서 조출(造出)한

---

64) 이재춘, 「<청루의녀전> 연구」, 『어문학』50, 한국언어문학회, 1989.
　　손병국, 「한국고전소설에 미친 명대화본소설의 영향」, 동국대학교 박사 학위논
　　문, 1990.
　　유연환, 「한국고전번안소설의 연구」, 고려대학교 박사 학위논문, 1990.
　　한기형, 「한문단편의 서사전통과 신소설」, 『민족문학사연구』제4호, 민족문학사학
　　회, 1993.
　　증천부, 「한국소설의 명대화본소설 수용 연구」, 부산대학교 박사 학위논문,
　　1995.
　　이헌홍, 「한국송사소설 연구」, 삼지원, 1997.
　　심재숙, 「근대계몽기 신작 고소설의 현실대은양상 연구」, 고려대학교 박사 학위
　　논문, 2000.

서술 방식으로 본다.

그렇다면, 이 작품이 어떤 점에서 전(傳)이 될 수밖에 없는가. 전체적으로 소설적 요소가 작품을 압도하기 때문에 전적(傳的)인 요소는 매우 미약하게 보인다. 무엇보다도, 일화(사건)와 일화(사건)가 서로 인과적 계기성을 띠며 결속되어 있기 때문에 서사적 갈등 구조가 소설의 그것과 동일하다는 점에서 일단 '소설'로 볼 수 있겠다. 그러나, '서두의 인정 기술(人情記述)① → 행적②∼⑪ → 논찬⑫' 식의 서술체재와 시간의 순차적 선형성, 인물의 행적에 기반한 일대기를 구성해 놓고 있다는 점에서 이 작품은 일단 전(傳)으로 볼 수 있다.65) 물론, 입전된 '배생'이란 인물이 '시정의 상인'이기 때문에 인정 기술은 극히 간략하게 처리되고 있다. 그러나, 이 작품의 전(傳)으로서의 두드러진 특징은 역시, '烈'의 가치를 드러내는 방식에 있다. 일단 이 작품은 배생의 성품을 서술한 인정기술부(人定記述部)만 보더라도 사건의 전개 방향을 어느 정도 짐작할 수 있다. 소설이라면 분절 단락①과 같은 서술은 피했을 것이다. 위의 「靑樓義女傳」은 전형적인 전(傳)의 전개 방식을 드러내고 있는 바, "서두에 입전인물의 품성을 제시한 다음 그것을 행적서술에서 확인하는 방식"66)을 취하고 있는 것이다. 즉, 품성이 '졸직한 사람①'이 '졸직한 행위를 했다⑤ ∼ ⑦' 식의 구성 방식은 소설의 가치 구현 방식이 아니다. 소설은, 분절①의 확정 진술이 없는 상태에서 철저한 탐색의 과정을 통해 문제와 가치를 찾아나가는 방식을 취한다. 이런 의미에서 분절④에서 미인스스로가 '부창부수의 도리와 삼강오륜'의 중요성을 말하는 분절 단락 역시 소설의 구성 방식은 될 수 없다. 작품이 겨냥하고 하고 있는 가치(烈)를 '가치를 현현할 인물이 스스로 진술해서 확인하는 형식'은 소설의 형식이 아니다. 소설은 미리 가치(결론/주제)부터 말하는 형식이 아니다. 적어도 이와 같은 가치 구현의 방식에 기반해서 이 작품을 이해할 때, 소설에서는

---

65) 물론 이러한 구성론적 특성은 전대 고소설과도 교집되는 특성임에는 분명하다.

66) 朴熙秉, 「朝鮮後期 <傳>의 小說的 性向 研究」, 서울大學校 博士 學位論文, 1991. p.228.

많이 벗어나 있는 양식이다. 결론적으로 「市楼義女傳」은, 『대한매일신문』
의 핵심적인 필진이었던 신채호 · 박은식과 같은 개신유학파(開新儒學派)
의 지향 가치를 '자태전환(自態轉換)의 도상(途上)에 있는 전(傳)' 양식을
통해서 표창한 작품인 셈이다.

Ⅲ. 근대계몽기 야담계(野談系) 서사체의 형성과 그 양상

1. 야담(野談)의 양식적 특성과 야담계(野談系) 서사체의 형성

근대계몽기 소설의 형성 과정에 주목할 때, 우선 문제가 되는 것은 각종 신문 · 잡지의 논설란과 문예란에서 소개되고 있는 '허구적 성격의 이야기 群'을 어떤 장르種에 분속시키고, 또 그 각각의 종차(種差)가 갖는 역사성의 문제를 어떻게 인식하느냐의 문제이다.1) 더욱 어려운 점은 하나의 역사적 장르種에 속해 있던 작품들이 서로 다른 역사적 장르種에 귀속될 수도 있고, 거꾸로 서로 다른 역사적 장르種에 속해 있던 작품들이 단일한 역사적 장르種에 귀속될 수도 있다는 것이다. 심지어 어떤 역사적 장르種은 그 상대적으로 독자적인 종차(種差)의 인정이 취소되고 다른 역사적 장르種에 귀속될 수도 있고, 또 기존의 역사적 장르種에 속해 있던 일군(一群)의 작품들이 그 상대적으로 독자적인 종차(種差)를 인정받아 새로운 역사적 장르種으로 독립할 수도 있는 것이다. 사실 유형 분류에서 가장 어려운 점이 바로 이 장르 귀속의 문제이다.2) 특히, 근대계몽기에는 장르種간의 연속, 혼용 등의 장르 운동

---

1) 이 시기 신문 · 잡지에서 드러나고 있는 '허구적 성격'의 작품군에 대한 그간의 연구는, 사적(史的) 맥락에 입각한 연구, 장르론의 맥락에 근거한 연구, '문(文)' 개념의 형성 과정에 주목한 최근의 연구, 창작 고소설의 위상을 다룬 연구, 그외 수많은 개별 작품론과 작가론이 연구 성과로 이미 제출되어 있다.

현상이 그 어느 시기보다 활발했던 전환기였다. 즉, 근대계몽기의 문학 지형
도는 전통적인 한문학의 갈래 양식인 '전(傳) · 야담(野談) · 설(說)'의
서로얽힘 과정을 통해서 형성되고 있었다. 때문에 이 세 장르種의 양식적
특성과 장르種간의 상호얽힘 현상을 해명하지 않고는 이 시기 소설의 형성
과정을 온당하게 규명해낼 수 없는 것이다.3) 근대계몽기 소설의 형성 과정에
주목하는 기존의 연구 성과가 소홀히 하고 있는 점도 바로 이점이다.4) 물론,

---

2) 尹在敏, 「韓國 漢文小說의 類型論」, 高麗大學校 民族文化硏究院 國際學術會議 발
　표문, 2001. 10. 29 ∼ 30.

3) 이 세 장르種이 근대계몽기 문학 공간에 어떻게 수용되고 있는가를 규명하는 것
　은 이 시기 서사체의 형성 과정을 고찰하는 데에 있어서 매우 절실한 과제이다.
　특히, 이 세 장르種 가운데 '설(說)' 갈래의 수용 양상에 대한 연구 성과는 매우
　소루한 형편이다. 현재 필자의 '설(說)' 수용 관점의 대략을 약술하면 다음과 같
　다. 필자는, 이 시기 '허구적 성격의 이야기群(단형 서사체)' 중에서 통상 '토론식
　구성', '문답식 구성' 등의 명칭으로 분류되는 작품들은 상당수 '설(說)' 갈래를
　수용하고 있다고 본다. 그 근거는 다음과 같은 '설(說)' 갈래의 장르적 특성을 검
　토하면 어렵지 않게 추론할 수 있다. 즉, 대표적인 입언류(立言類)인 '설(說)'에서
　는 내용상 존재하는 '사실(事實)의 기록'이 중요한 것이 아니라, 자기가 드러내고
　자 하는 뜻을 효과적으로 전달하는 것이 중요하기 때문에 '설득의 어법'이 매우
　중요하다. 통상은 직설적 어법보다는 '우회적 어법 · 설득적 어법'을 사용한다.
　그리고 이 '우회적 방법'이라는 것이 '가상적인 상황의 설정', '주객(主客)의 문답
　식 토론' 등임은 작품을 통해서도 쉽게 확인 된다. (이강엽, 「'說'의 장르성향과
　소설적 변개 가능성」, 『국어국문학』112, 국어국문학회, p.141.) 또한, 출판 검열이
　강화된 이후, 계몽 기획의 주체들이 그들의 계몽적 사유를 우회적으로 전달하기
　위한 효과적인 표현 양식 가운데 하나가 '설' 양식이었을 개연성 또한 매우 높다.
　이러한 사실은 근대 계몽기의 신문 · 잡지에서 드러나고 있는 논설이나 기타 문
　예적 양식에 대한 고찰을 통해서 확인 가능할 것이다.

4) 예컨대, 오늘날 우리가 알고 있는 '논설'과는 그 서술 양상이 전혀 다른 '허구적
　성격의 이야기群'을 '서사적 논설'과 '논설적 서사'로 명명하고 이에 주목한 논의
　가 잇달아 제출되고 있다. 물론, 근대소설사를 객관적이고 온당하게 기술하기 위
　해서는 이들 이야기들의 성격을 밝혀내고 그것이 근대전환기의 서사문학사에서
　차지하는 위상을 규명하는 일이 긴요하지만, 장르적 분류 기준이 범박한 내포를
　가지고 있다면 매우 문제적일 수밖에 없다. 즉, 필자는 이 시기 신문 · 잡지에
　발표된, 특히 논설란에 게재된 '허구적 성격의 이야기群'을 현재의 신문 논설의
　개념에 근거해서 '서사적 논설'과 '논설적 서사'로 구분하는 것은 자체 내로 문제
　적인 개념이라고 생각한다. 즉, '서사적 논설'은 신문 논설이라는 근대적 장르와
　전통적인 조선 후기 단형의 문학 양식들이 합류해서 탄생한 것이라는 것이다. 특
　히, 이러한 입론의 근거가 "논설은 과거에는 존재하지 않는 장르였고, 논설이 등

전술한 바대로 그 어떤 장르 귀속도 접근 방식과 분류 기준의 여하에 의해
새롭게 장르 귀속될 여지가 있다. 또한, 한문학의 '문(文)' 범주의 서사체들은
개별작품별 또는 갈래별로 그 내면적 특성이 원체 다양하기 때문에 어떠한
장르 귀속도 그 자체로서의 완결성을 기대하기는 어렵다. 그럼에도 불구하고
이 시기 소설의 형성 과정을 규명하는 데에 있어서 장르적 탐색이 수행되지
않는다면, 이 시기 '허구적 성격의 이야기群'의 성격은 온당하게 밝혀질
수 없다. 부단한 장르 귀속 연구 성과가 축척이 될 때, 이 시기 서사체의
각각의 개별적 특성이 드러날 수 있게 되는 것이다. 그렇다 하더라도 우리가
경계해야 할 점은 바로 범박한 내포를 가진 분류 기준에 근거해서 근대계몽기
텍스트의 실상에 닿아가는 접근방식이다. 또 한 가지의 문제점은, 이 시기
의 신문 · 잡지 소재 짧은 '허구적 성격의 이야기群'의 형성기적 위상을
올바로 자리매김하기 위해서는 "근대로의 전환을 모색하는 이 시기까지의
우리 소설사가 이룩한 역사적 성취에 대한 정당한 이해가 뒷받침되어야

장한 것은 바로 신문을 통해서였다." (김영민, 『근대소설사』, 솔, 1997, p.43)"는 것
은 매우 문제적인 쟁점을 야기시킬 수밖에 없는 것이라고 생각한다. 위의 김영민
의 진술이 문제가 될 수밖에 없는 근거는 다음과 같은 '논(論)'과 '설(說)'의 연구
문헌을 살펴보면 명백해진다.

　① 「說」은 사람을 喜悅케 하는 말이다. (劉勰, 『文心雕龍』(최신호 역, 현암사,
1975), p. 76.)
　② 說은 論과 큰 차이가 없다. 다만 說은 자신의 의사를 좀더 자세하고 여
유있게 표현하기 때문에 유연한 느낌이 들게 마련이다. 評議를 하여도 直說的 표
현이 아니라, 寓意的 표현을 한다. (이종찬, 『漢文學槪論』(二友, 1989), p. 235.)
　③ 說의 기원은 모두 寓言에 속한다. 옛부터 시대를 슬퍼하고 속세를 미워
하는 미워하는 선비가 直言으로 하려하지 않고 다른 사물에 의탁하여 그 뜻을 부
쳤다. 나중 사람들이 덧보태서 소설이 되었다. (薛鳳昌, 『文體論』(臺灣商務印書館,
1968), p. 50 ～ 52.)
　④ 字書를 살피면 '說'은 '풀이한다', '서술한다'의 뜻이다. 義理를 解釋하여
그것을 뜻에 맞게 서술하는 것이다. (徐師曾, 『文體明辯』卷42, 오성사, 1984, 영인
본 권3, p.166.)
위의 네 진술을 종합하면, '논(論)'이나 '설(說)'의 요체는 '우회적으로 설득하여
자신의 논리를 세우는 데 있다'고 할 수 있다. (이강엽, 「'說'의 장르성향과 소설
적 變改 가능성」, 『국어국문학』112, p.141.)

하는데, 최근의 논의는 이러한 전제적 이해의 기반이 부실해, 결과적으로 '서사적 논설'의 위상을 제대로 파악하지 못했다"5)는 한계가 있다는 점이다. 본고의 기본적인 문제의식은 이 지점에서부터 출발한다. 무엇보다도 근대계몽기 소설의 형성 과정은 전대 양식과의 상호 관련성의 문제가 해명되지 않고서는 그 실상이 드러날 수 없기 때문이다. 그러므로 "근대적 제도로서의 문학이 그 독립적인 영역을 확보하지 못한 미분화의 상태에서 서사문학은 논설란을 빌려 명맥을 이어가면서 그 가능성을 실험했다"6)는 식으로 전대 서사문학의 자립성을 부정하는 것은 바람직한 인식이 아니다. 이러한 의미에서 다음의 진술은 근대계몽기 소설의 형성 과정을 이해하는 데에 있어서 하나의 시사점이 될 수 있다.

전대문학(근대 이전의 중세문학)은 근대문학이 아니다. 그러므로 중세문학은 근대적인 문학 제도의 소산이 아님은 자명하다. 그렇지만 문학의 독자성이 근대적인 문학 제도의 성립과 더불어 인식된 것은 아니다. 중세의 '文'개념이 근대의 '文學' 개념과 그 내포와 외연이 그대로 일치하지 않았음은 분명하다. 중세의 '文'은 근대의 철학적 · 역사적 · 문학적 글쓰기를 포함하고 있었다. 유협(劉勰 : 465 ~ 522)이 지은 『文心雕龍』이나 조선 초기에 서거정(徐居正 : 1420 ~ 1488)이 편찬한 『東文選』을 보면 중세의 '文' 개념은 근대의 '文學' 개념에 비해 그 외연이 훨씬 더 확장적이었음을 알 수 있다. 그러나 그렇다고 해서 중세의 문학적 글쓰기가 철학적 · 역사적 글쓰기와 미분화된 상태였다고 할 수는 없다. 중세의 '文' 개념은 오늘날의 '문학' 개념과 대응되는 것이 아니라 포괄적 의미의 '글'(Writing)과 대응되는 것이며, 근대의 '文學' 개념은 '文'의 하위양식으로 인식되었던 것이다. 규범적인 양식이라 할 수 있는 '詩'나 '辭', '賦'와 같은 양식은 그 독자성이 인정되고 있었으며, 비규범적인 양식이라 할 수 있는 '小說' 따위의 서사

---

5) 설성경 · 김현양, 「19세기말 ~ 20세기초 《帝國新聞》의 <론설> 연구 - <서사적 논설>의 존재양상과 그 위상에 대하여 -」, 『淵民學志』第8輯, 淵民學會, 2000, p.226.
6) 정선태, 『개화기 신문 논설의 서사 수용 양상』, 소명출판, 1999, p.191.

양식들은 규범적인 양식 체계 속에서 배제되어 있었지만, 그 독자성이 무시되지는 않았다. 소설류와 같은 서사 양식에 대한 비판적 질타가 중세를 청산하는 19세기 후반까지 끊임없이 이어져 오고 있었음은 이를 역으로 반증하는 것이라 할 수 있다. 중세의 문학적 글쓰기는 철학적 글쓰기와 미분화 상태에 있었던 것이 아니라, 철학적 글쓰기와 분화되어 있었지만 끊임없이 철학의 간섭을 받았다고 말하는 것이 온당하다. '글(文)에는 도(道)가 실려 있어야 한다'(文以載道)는 글쓰기의 원칙은 '道'를 드러내는 수단으로서의 '文' 관념을 여실히 드러내고 있는 바, 문학적 글쓰기도 이러한 원칙의 간섭에서 자유롭지 못했음은 말할 필요조차 없다. 소설류와 같은 비규범적 문학 양식은 이러한 간섭에서 상대적으로 자유로울 수 있었으나, 그렇기에 온갖 비난과 질타를 감수해야만 했던 것이다.7)

만일 '서사적 논설'을 중세소설과 근대소설의 매개항으로 파악하고자 하는 최근의 연구 시각이 중세소설에 대한 편면적 이해나 오해에 기반한 것이라면, 이러한 시각은 교정되어 마땅하다. 근대계몽기의 짧은 '허구적 성격의 이야기群'의 근대소설사적 위상을 양식사적 시각에서 접근할 때, 우리가 전대 양식인 '전(傳)'과 '야담(野談)'에 주목해야 하는 이유는 분명해진다.8) 이러한 문제 의식에 근거해 보면 분명히 이 시기의 '허구적 성격의 이야기群'은, 전대의 '전(傳)과 야담(野談)' 양식의 수용 과정을 통해서 형성된 서사양식으로 볼 수 있는 것이다.

이러한 문제의식의 일단은 우선 '야담(野談)'의 장르적 성격을 고찰하는 것부터 시작할 필요가 있다. 국문학 연구 초기에는 야담을 설화로 간주했다.

---

7) 설성경 · 김현양, 같은 글, p.246 ~247.

8) 이러한 관점에 입각해 보면 김영민의 "<서사적 논설>은 야담을 비롯한 조선 후기의 전반적인 한문 단형 서사 문학 양식과 직간접적인 영향 관계를 맺고 있다"(김영민, 『한국근대소설사』, 솔 , 1997, p.46)는 인식은 이 시기 신문 잡지에 발표된 서사체의 성격을 적절하게 파악한 것이다. 다만, 이와 같은 인식을 구체적인 작품 분석을 통하여 실증적으로 보여주지 못한 한계가 있다. 즉, 전대의 야담(野談)이나 전(傳) 양식과의 실증적 비교 분석은 소루한 채, 위와 같은 입론만 제시했다는 한계가 있다는 점이다.

그리하여 야담을 문헌설화로 처리하기도 하였다.9) 그러던 것이 야담에 대한 문학적 관심이 높아지면서 야담을 설화에서 이행되어 가는 중간적 존재로 인식하기 시작했다.10) 이것은 야담 중에 전통적 구전설화와는 다른 사건중심의 완형서사체가 있다는 점에 유의한 결과이다. 사건중심의 완형서사체는 구전설화에 비해 서술이 훨씬 다양하고, 사건도 단순히 기억에 의존해서 전승하기에는 복잡하게 얽혀져 있다. 뿐만 아니라 작품의 배경이 되어 있는 시간과 공간도 훨씬 구체적이다. 그리하여 사건의 서술전개는 구전설화가 가지는 구조를 크게 벗어나지 못한다 할지라도 서술과정에서 보여주는 서술자의 작위성은 구전설화에 비해서 상대적으로 개인화가 심화되어 있다. 그러므로 논자에 따라서는 특히 사건 중심의 완형서사체로 된 야담을 단편소설로도 손색이 없다고 평가하기도 한다.11) 그런데 현전하는 야담집을 보면, 사건중심의 완형서사체 외에 전대(前代)의 역사적 장르라고 할 수 있는 民譚·傳說·逸話·笑話·詩話·傳들도 함께 수록되어 있다. 따라서 논자들은 야담을 傳까지도 포괄하는 혼합장르 개념으로 이해하기도 한다.12) 또한 최근에는 예전에 잡록·잡기·만록 등으로 명명되던 '잡록'이 한문학 문체의 하나인 '필기(筆記)'임을 밝히고, 야담(野談) 역시 필기의 하위 범주에 속해 있다는 연구가 제출되었다.13) 이렇게 볼 때, 야담은 독자적 서술형식에 근거해서 설정된 장르 개념이 아님을 추측하게 한다.14) 한 마디로 야담(野談)은 "事實, 혹은 歷史記錄인 正史나 野史, 雜錄類와는 다른 성격을 드러내

---

9) 曺喜雄, 『조선후기 文獻說話의 연구』, 형설출판사, 1981.

10) 현길언, 「野談의 문학적 의의와 성격」, 『韓國言語文學』第15輯, 韓國言語文學會, 1977.

11) 朴熙秉, 「靑邱野談 研究」, 서울大學校 碩士 學位論文, 1981.

12) 李京雨, 「於于野談 研究」, 서울大學校 碩士 學位論文, 1976.
    李康沃, 「朝鮮後期野談集 研究」, 서울大學校 碩士 學位論文, 1982.

13) 이래종, 「선초 필기의 전개 양상에 관한 연구」, 고려대학교 박사 학위논문, 1997.
    김정숙, 「몽유야담 연구」, 고려대학교 석사 학위논문, 1997.

14) 金均泰, 「朝鮮後期 人物傳의 野談趣向性 考察」, 『韓國漢文學研究』第12輯, 韓國漢文學會, 1989, p.49.

게 되었고, 홍미 중심의 이야기에 치우쳤던 滑稽傳이나 假傳, 傳奇 - 그리고 後代의 소설 - 등과도 구별되는 양식성"15)을 드러내는 바, 야담(野談)을 "一律的으로 단일한 어떤 하위장르로 설정하려는 일체의 시도는 무리한 것"16)이다. 결국, 야담은 "보고들은 바를 기록한 것(野談者 隨其見聞而記錄 也)이라는 『계서야담』서문이 간명하게 보여주듯, 조선후기 시정 주변에서 떠돌던 다채로운 삶에 관한 이러저러한 이야기를 한문으로 기록한 짧은 형식의 작품"17)의 양식으로 이해할 수 있다. 문제는 근대계몽기의 신문 · 잡지 소재 '단형의 이야기群'의 양식적 특성을 '야담(野談)'과 관련시켜 규명 할 때, 우선 문제가 되는 것은 이 시기 서사체가 '야담(野談)'이라는 혼합 갈래 중에서 과연 어느 자질의 특질, 곧 야담을 '류(類)' 개념으로 상정할 때 그 아래의 다양한 종차(種差) 중에서 가장 밀접한 친연성을 보이는 종차 (種差)가 무엇이느냐의 문제이다. 이 문제에 대해 일찍이 문제를 제기한 김영민 역시 이 시기 '서사적 논설'의 양식적 연원이 조선후기 '야담(野談)' 에 있다는 당위적 서술만 제시할 뿐, 형식과 내용 논리에 기반한 구체적인 작품 분석의 논증 과정을 제시하지 않아서 시론적 성격의 문제 제기 수준에서 크게 벗어나지 못했다. 바로 이러한 점에 문제 의식을 가지고 이 글에서는 근대계몽기의 '단형의 이야기群' 중에서 조선후기의 야담(野談)과 친연성을 보이는 작품군을 '야담계(野談系) 서사체'로 규정하고, 그것을 '이념중심형' 과 '사건중심형'으로 유형화해서 그 특질을 밝혀 '야담계(野談系) 서사체'가 지니는 근대문학사적 위상을 가늠해보고자 한다.

---

15) 이경우, 『한국야담의 문학성 연구』, 국학자료원, 1997, p.217.
16) 朴熙秉, 「야담과 한문단편 장르규정의 몇 가지 문제에 대하여」, 『韓國漢文學硏 究』第8輯, 韓國漢文學會, 1985, p.323.
17) 정출헌, 『고전소설사의 구도와 시각』, 소명, 1999, p.222

2. 야담계(野談系) 서사체의 양상

1) 이념중심형(理念中心形)과 인정물태(人情物態)

근대계몽기 신문 · 잡지의 논설, 문예, 잡보, 잡록(雜錄), 사조(詞藻),
문원(文苑)란 등에 나타나기 시작한 '단형의 이야기群'은 전사(前史) 단계가
없이 이 시기에 들어 갑작스럽게 출현한 양식이 아니다. 그것은 동아시아의
보편문어였던 '한문'을 기반으로 한 문예적 서사장르種의 시대적 변용물이
라 할 수 있다. 곧 조선 후기의 야담의 전통, 그 중에서도 "한문단편"18)의
연장선상에서 파악할 수 있는 요소들이 농후하다. '단형의 이야기群'은 기본
적으로 '조선후기 시정 주변에서 떠돌던 다채로운 삶에 관한 이러저러한
이야기를 한문으로 기록한 짧은 형식의 작품', 곧 '한문단편(漢文短篇) ≡
야담(野談)'의 정신과 표현법을 취하고 있다. 이 장에서는 근대계몽기 '단형

---

18) 한문단편이라는 명명(命名)을 처음 제기한 이우성 · 임형택의 논리에 의하면,
'패사 소품(稗史小品)'을 알기 쉽게 바꾸어 놓은 용어인바, '패사 소품(稗史小品)'
이 대체로 문인(文人) 학사(學士)들의 문예적(文藝的) 취미(趣味)에 의하여 애독
(愛讀)내지 모작(模作)되었던 것임에 대하여, 이 '한문단편(漢文短篇)'은 주로 거
리의 전기수(傳奇叟)나 사랑방 이야기꾼들에 의하여 전수(傳授)된, 서민층(庶民
層)의 화제(話題)를 그대로 옮겨놓은 것이다.(李佑成 · 林熒澤, 『李朝漢文短篇集
』(上), 一潮閣, 1973, p.3) 물론, 이 '한문단편(漢文短篇)'이란 개념은 '한문으로 된
그리 길지 않은 산문들을 통틀어서 지칭하는 것이 아니고 우리나라에서 주로
19세기 전후에 지어지고 읽혀졌던 한문 단편문학'을 지칭하는 개념으로 규정하
였다.(林熒澤, 「漢文短篇 形成過程에서의 講談師」, 『創作과 批評』49호, 1978, pp.
105 ~6.) 임형택의 이러한 논리 전개에서 우리가 주의해야 할 사실은 "漢文短
篇≡野談(정확히 표현해 漢文短篇⊂野談)의 표식(表式)은 성립되지만, 野談≡漢
文短篇(野談⊂漢文短篇)의 등식은 성립되지 않은다"(朴熙秉, 「야담과 한문단편
장르규정의 몇 가지 문제에 대하여」, 『韓國漢文學研究』第8輯, 韓國漢文學會,
1985, p.322)는 점이다. 그럼에도 불구하고 '한문단편(漢文短篇)'의 개념은 매우
중요한 의미가 있다고 여겨진다. 즉, 근대계몽기의 신문 · 잡지에 발표된 일군
의 '단형의 이야기群'의 연원과 전사(前史)를 고찰하는 데에 새로운 지평을 제시
하고 있다는 점이다.

의 이야기群'의 소종래(所從來)를, 또 그로써 형성된 작품의 기본적 형식과
지향(이념지향)이 인정물태(人情物態)와는 어떻게 관련이 되는 것인지를
규명하고자 한다. 이해를 돕기 위해 조선 후기 야담(野談)인 「義島記」를
인용하기로 한다.

> 평양 사람 계생(계생)은, 이름은 전하지 않는다. 그기 소년 시절에 대동
> 강(大洞江) 남쪽에 사는 스승에게 공부하러 다니고 있었다. 같이 글 읽는
> 아이 들 10여 명과 강을 건너가는데, 배만 있고 배부리는 사람이 없었다.
> 소년들은 모두 강가 아이들이라 배를 겁내지 않았다. 저희들끼리 배를 부려
> 강 한가운데 이르렀을 때 바람이 크게 일어나, 표류하여 바다로 들어갔다.
> 바다에서 표류한 지 여러날 만에 어느 한 섬에 닿았다. 배에서 뛰어내려
> 그 섬에 올랐다. 섬에는 사람이 없었다. 이에 소년들은 굴을 하나 파고 굴
> 속에 모여 들면서,
> "우리들은 죽어도 한 굴 속에서 같이 죽자."
> 고 했다.
> 며칠 후 배가 멀리로부터 지나가고 있어, 옷을 흔들어 그 배를 불렀다.
> 배가 닿자 문자(文字)로 말을 통했다.
> 그 뱃사람들이,
> "너희 나라에 갈래야 우리는 방향을 모른다. 우리와 함께 우리 사는 곳으
> 로 가보자."
> 하여, 그네들이 사는 데로 갔더니, 주위 수십 리의 섬이엇다. 그곳은 인가
> 가 수백 호인데, 복식은 중국과 비슷했으며, 풍속이 순박하고 옛스럽고 예
> 의가 있었다. 서로 술이며 먹을 것을 가지고와서 소년들을 대접하는 것이엇
> 다. 섬 이름은 의도(義島)라 하는데, 임금이나 윗사람이 없고 조세(租稅)나
> 공납(貢納)을 바치는 것도 없었다. 그네들이 이 섬에 정착한 지 오래되었고,
> 땅은 비좁고 사람이 적어 무엇보다도 혼인이 어려웠다. 소년들 중에 연장자
> (年長者)에게 청혼을 해서 성혼이 되었다. 계생은 그네들에게 물어보았다.
> "이 땅이 어느 나라로 통합니까?"
> "통하는 나라는 없다. 다만 이 땅에 삼(麻)이나 면화가 없어, 매년 한
> 번씩 중국 절강(浙江)으로 나가서 의복가지를 사온단다."

"우리 조선은 매년 중국에 사신을 보내지요. 중국만 가면 조선으로 돌아
갈 길이 나겠지요. 청컨대 절강 갈 때 따라가겠습니다."

장차 그 섬을 떠날 즈음, 혼인한 사람은 그 신부로 고민이었다. 신부가
신랑을 위로해 말했다.

"당신이 고국에 돌아가시면 부모 형제를 뵈올 텐데, 어찌 일개 여자에게
정을 두어 망서리셔요? 왜 그리 대장부 답지 않습니까?"

배가 떠날 때, 신부는 주찬을 잘 장만하여 뱃머리에서 전송하더니, 배가
닻줄을 풀자 신랑에게,

"저는 오늘 당신이 보는 앞에서 죽어 제가 결단코 개가하지 않겠음을
밝히옵니다."

는 말을 남기고 문득 몸을 물에 던졌다. 온 배가 크게 놀랐다. 소년들은
중국으로 갔다가, 우리 사신을 따라 귀국길에 올랐다. 아내를 잃은 그 사람
은 슬픔과 그리움으로 병을 앓다가, 압록강을 건널무렵에 죽었다. 나머지
소년들은 모두 무사히 고향에 돌아갔다고 한다.

우리 백부 하정공(荷亭公)께서 서울에서 이 야기를 듣고 돌아와 우리
형제에게 들려주시고,

"의도(義島) 사람들은 아마 중국 명나라 유민(流民)들이 아니었던가? 의
리상 만주족에게 신하노릇을 할 수가 없어, 몸을 깨끗이 하기 위하여 바다
에 들어가 살면서도 그 본색을 드러내지 않기 위하여, 우리 소년들에게
바로 말하지 않았던 것이 아닐까. 내 장차 이 사실을 잘 서술하여 세상에
알리고자 하노라"

고 하시었다.

종형의 말에 의하면 이 이야기에 대한 백부의 초고(草稿)가 완성되지
못한 채 영원히 사라지고, 다만 그 중에 한두 구절만 기억될 뿐이라고 한다.
아아 애석하도다![19)

야담(野談)은 여러 가지 다양한 형태(서술형식)를 갖추고 있는 서사 양식
이다. 그 다양한 형태 가운데는 "중심서사와 작가 해설"[20)이라는 방식을

---

19) 李佑成 · 林熒澤, 『李朝漢文短篇集』(上), 一潮閣, 1973, p.339.

갖추고 있는 작품들이 주류를 이루고 있다. 이러한 형식의 야담(野談)에서는 강한 이념지향이 두드러지는 데, 그것은 논찬의 포폄(褒貶) 부분에서 분명하게 드러난다. 이러한 형식의 야담(野談)에서는 논찬부의 포폄(褒貶) 의식이 두드러지면서, '조선후기 시정 주변에서 떠돌던 다채로운 삶에 관한 이러저러한 이야기'가 발산하는 인정물태(인정물태)의 구체성이 약화된다. 물론, 말할 것도 없이 '포폄'의 내용은 '忠/孝/義/烈' 등으로 집약할 수 있는, 이미 확보된 유교적 규범 가치를 표창하는 것으로 되어 있다. 그러므로 이러한 야담(野談)에서는 인물의 갈등이나 성격이 요약적으로 제시되며 규범적 가치(이념)를 표창하는 데 필요한 일화(서사)만 나열적으로 제시된다. 다양한 형태의 야담 가운데서도 특히 '중심 서사(일화)제시와 그에 대한 작가 해설(논찬)'이라는 형식을 갖추고 있는 작품이 중요한 이유는 이러한 형식의 작품들이, 특별히 근대계몽기의 "단형의 이야기群"21)과 밀접한 관련성이 있기 때문이다.

위의 「義島記」에서 시작 부분인 '평양 사람 계생(桂生)은 ~'부터 '나머지 소년들은 모두 무사히 고향에 돌아갔다고 한다.'까지가 중심 서사(일화)를 이루고, '우리 백부 하정공(荷亭公)께서' 이후 마지막까지가 작가 해설(논찬) 부분이 된다. 작가는 중심 서사 부분에서 의(義)로운 의도(義島) 사람들과 의도 열녀(烈女)의 삶의 모습을 보여주고, 논찬 부분에서 본격적인 포폄의식을 표출한다. 이러한 「義島記」와 같은 작품의 구성 방식은 '중심 서사와

---

20) 김영민은 『근대소설사』(솔, 1997)에서 근대계몽기 서사체, 곧 '서사적 논설'의 양식적 연원을 조선 후기 야담에서 찾는 입론을 제시한 바 있다. 이 저서에서는 입론만 제시하고 그것을 뒷받침할 수 있는 구체적 근거를 작품을 통해서 실증적으로 보여주지는 못하였다. 이러한 한계를 최근의 논문(「한국 근대소설 발생 과정 연구」,『국어국문학』127호, 2000)에서 보완하고 있어서 주목이 된다. 이 논문에서 김영민은 '서사적 논설'의 연원을 조선후기에 적지 않게 산생된 '중심 서사와 작가 해설' 형의 야담에서 찾고 있다. 김영민의 이와 같은 견해가 편면적 한계는 있을지언정, 전체적으로는 매우 타당한 주장이라고 판단된다. 필자 역시 기본적으로는 김영민의 주장에 동의한다.
21) 김영민의 <서사적 논설> 양식과 동일한 내포를 가진 용어로 보면 된다.

논찬'이라는 형식적 측면에서나, 포폄의식과 계몽의 의도 표출이라는 내용적 측면에서 모두 근대계몽기의 '단형의 이야기群'의 전범이 된다. 조선 후기의 이와 같은 야담과의 비교를 위해 근대계몽기 신문에 게재되었던 '단형의 이야기' 한 편을 인용하기로 한다.

양쥬 싸혜 흔 사롬이 년젼브터 병이 드럿눈디 그 병 증셰가 엇더흔고 하니 첫지 원긔가 대탈흐고 젼신에 혈믹이 고로로 통치 못흐며 비위를 일어 음식을 잘 먹지 못흐고 간경이 부실흐고 회기가 우흐로 쩌셔 눈이 어두우며 슈긔가 부죡흐야 머리가 흔들니며 스지가 무력흐야 힝동을 잘 못흐고 긔소가 셩흐야 호흡이 쳔촉흔 즁 인후병이 나셔 말을 잘 못흐더니 근일은 밧그로 등창이 나고 비에 죵긔가 나며 목에 련쥬가 셩흐고 방광에 치질이 나셔 안과 밧그로 병이 어럿케 되야 누어 꼼싹을 못흐눈디 그 사롬의 아돌이 십여 형뎨라 그 즁에 십 형뎨눈 학문도 업고 셩질이 우쥰흐야 져의 친환이 이러흐되 의약을 엇어 곳쳐볼 싱각은 아니흐고 집안에 잇눈 돈이나 날마다 가져다가 슐이나 먹고 노름이나 흐야 쥬스쳥루로만 도라다니며 져의 친환은 조곰도 근심치 아니흐고 눔의 일 보듯 흐눈디 그나마 두 아돌은 텬셩이 지효흐고 픔힝이 단졍흔지라 그 부친의 병이 이러흐미 밤낮으로 의디를 그르지 아니흐고 우심쵸쵸흐야 날마다 의원을 보고 약을 지어 시탕을 흐눈디 그 병든 사롬이 여러 히 병든디 지리흐야 심병이 더 나셔 그 두 아돌의 졍셩것 드리눈 약을 먹기 슬타흐고 혹 쑤즈지며 혹 싸리기도 흐눈지라 두 아돌이 더욱 쵸민흐야 울며 간흐야 아뭇교록 약을 권흐며 긔이흔 약과 이상흔 방문이 잇다 흐면 쳔번 험흐고 만번 위틱흔 곳이라도 긔어히 차져가셔 구흐야다가 치료흐니 그 병인이 유시 혹 졍신이 나면 감동흐야 약도 더러 먹으며 밧긔로 고약도 더러 붓쳐 지금은 츠츠 좀 나하간다 흐니 이거슬 보거드면 즈식이 여럿이라고 다 효흘 것을 빗을 수노 업고 나만 흔두 즈식 이라도 부형의 병도 낫게 흐며 집안도 능히 지팅흐야 가눈지라 만일 그 두 아돌이 업셧드면 그 부형도 필경 사지 못흐고 그 후에 그 십 형뎨 숌시에 집이 다 망흘 터이니 엇지 불상흐고 익돌지 아니흐리오 이후로 그 십 형뎨 도 쏘흔 긔과쳔션흐야 츠츠 량션흔 사롬이 되여가기를 바란다고 그 동리 사눈 사롬이 말흐기로 대강 긔록흐야 셰상에 불효부뎨흐고 외도로만 향흐

　　는 사룸의게 젼ᄒ노니 아못고록 내 집 일을 놈의 일노 아시지 마오.22)

　　위 『ᄆᆡ일신문』논셜에서 '양쥬 ᄯᅡ헤 흔 사룸이 년젼브터 병이 드럿ᄂᆞᆫ디
~ '부터 '~ 엇지 불상ᄒ고 이둘지 아니ᄒ리오'까지가 중심 서사를 이루고,
이후 마지막까지가 논찬부(論贊部)에 해당한다. 서사의 소재만 상이할 뿐,
위에서 제시한 「義島記」와 「논설」는 거의 유사한 형식적 동일성을 갖추고
있고, 유사한 창작 의도를 갖고 창작한 것임을 알 수 있다. 즉, 「義島記」나
「논설」 모두 중심 서사 부분에서는 '인물의 행위와 결부된 이야기'를 다루고,
마지막의 논찬(論贊)에 들어가면 '인물의 행적에 대한 가치 평가나 권감지계
(勸鑑之戒)의 교훈'을 제시하는 방식이 나타난다. 물론, 중심 서사에 등장하
는 인물의 행적이 '포(褒)'의 대상이건, 그 반대로 '폄(貶)'의 대상이 되건
작가가 창작을 한 목적은 동일하다. 즉 작중 인물의 행적을 통해서 독자에게
어떤 '교훈(이념)'을 전달하려는 데 있는 것이다. 즉, '지효(至孝)'한 자식과
'불효(不孝)'한 자식의 행적을 각각 '포폄(褒貶)'하여 '효(孝)'의 중요성을
전달하려는 데에 작가의 창작 목적이 있는 것이다. 이렇게 <논설> 소재
서사체, 곧 '야담계(野談系) 서사체'는 조선 후기 야담의 형식(중심 서사
+ 논찬)을 활용하면서, 야담보다 더욱 직접적으로 '포폄성(褒貶性)에 바탕
한 이념지향'을 드러내고 있는 양식이다. 때문에 근대계몽기의 신문 · 잡지
소재 '야담계(野談系) 서사체' 중에서 강한 '이념지향'을 드러내고 있는 '야
담계(野談系) 서사체'는 계몽적 감계론(鑑戒論)의 구심력 속으로 흡입되면
서 전대(前代 : 18 ~9세기) 야담 형식이 보여주고 있는 강한 시정의 생명력,
곧 인정물태(人情物態)의 생명력을 결과적으로 보여주지 못하고 있다. 이것
은 국운(國運) 위기의 상황에 대응하는 계몽 이념의 요구가 긴요하게 대두하
면서 '교화(敎化)로 집약될 수 있는 중세의 효용적 가치관의 자리에 애국계몽
(愛國啓蒙)이라는 근대의 가치'가 더욱 절실하게 착종되면서 나타난 결과이

---

22) 『ᄆᆡ일신문』, 1898. 7. 27.

다.

2) '사건중심형(事件中心形)'과 인정물태(人情物態)

근대계몽기의 '야담계(野談系) 서사체' 중에서 조선 후기의 인정물태의
생명력을 양식적으로 보여주고 있으며, 또 전(傳)이나 소설과의 관계에서
종차(種差)의 대타적(對他的) 규정이 가능한 "사건중심형(事件中心形)의
완형서사체[23]"에 주목할 필요가 있다. 그것은 무엇보다도 "서구와 우리의
문학사 전개가 어차피 일치하지 않고, 또 서구의 그것이 세계문학사의 표준
이 아닌 한, 우리는 우리대로의 단편소설 장르를 설정하여 그것의 歷史的
姿態轉換(이를테면 중세문학으로서의 전개, 중세문학에서 근대문학으로의
이행, 근대문학으로의 전환)을 추구해 나가는 것이 우리의 소설사를 연속적
으로, 또 발전적으로 살피는데 더 도움이 된다"[24]는 문학사적 관점에 기반한
다면 적어도 현재 계기되고 있는 정도의 문제수준(예컨대, 근대단편소설의
양식적 연원은 무엇인가)을 해결하는 데에 좋은 시사가 된다고 여겨진다.
더욱이 "야담은 1910 ~ 1920년대에 있어서 야담은 외관상으로 볼 때 소멸하
는 꼴이 아니라 도리어 성황이었다"[25]는 진술을 보면, 야담은 1910년대
이후로도 독자적인 갈래의 위상을 유지하는가 하면, 또 한편으로는 근대적인
단편소설과 착종된 상태로 마지막 장르운동을 한 것임은 분명하다.[26] 야담은

---

23) 이 용어는 아래의 김균태의 개념 규정에 근거한 것이다. 필자 역시 이 개념어의
　　　내포와 외포, 그리고 그것의 논리와 성격에 동의함으로 이 개념어를 수행하고자
　　　한다. 金均泰, 「朝鮮後期 人物傳의 野談 趣向性 考察」, 『韓國漢文學硏究』第12輯,
　　　韓國漢文學會, 1989, pp.48~52.
24) 朴熙秉, 「야담과 한문단편 장르규정의 몇 가지 문제에 대하여」, 『韓國漢文學硏
　　　究』第8輯, 韓國漢文學會, 1985, p.324.
25) 林熒澤, 「야담의 근대적 변모」, 『韓國漢文學硏究』第19輯, 韓國漢文學會, 1996,
　　　p.54.
26) 야담(野談)은 1930년대까지도 여전히 근대소설사의 한 편폭을 형성하고 있었다.
　　　尹白南(1888~1954)이 창간한 『月刊野談』(1934 ~39)이나 金東仁(1900~51)이 창
　　　간한 『野談』(1935) 등의 야담(野談) 전문지가 간행된 것이 이를 잘 알 수 있다.
　　　이에 대한 자세한 논의는, 林熒澤, 「야담의 근대적 변모」, 『韓國漢文學硏究』第19

근대적 단편소설의 위상이 확고해지는 시점에도 여전히 그것과 장르 운동을 하며 자기전개와 자기분해의 과정을 겪고 있었다. 그 과정의 결과가 완전한 장르적 소멸로 연결된 것인지, 아니면 다른 장르와의 착종과 변개의 과정을 통하여 근대소설사의 지반 속으로 스며들어간 것인지 현재로서는 분명하지 않다. 이 글이 목표하는 지점이 바로 야담(野談)이 근대계몽기에 과연 어떤 형식으로 소설사의 한 편폭을 형성하느냐의 문제에 주목하는 것인 바, 야담 가운데 독자적인 서술 내용과 형식을 가지고 있고 양적으로도 압도적인 '사건중심(事件中心)의 완형 서사체'에 우선 주목할 필요가 있다. 이 시기 대표적인 '야담계(野談系) 서사체' 가운데 하나인 "白岳春史의 「多情多恨」"27)을 통해서 이 시기 '사건중심(事件中心)'의 '야담계(野談系) 서사체'의 서술 내용과 형식적 특징을 살펴보자. 편의상 작품의 서사 분절 단락을 제시해 보면 다음과 같다.

① 三醒선생은 불세(不世)의 대사업을 이루어 천추에 이름을 남기고자 가업을 버리고 신법기술공부차(神法奇術工夫次)로 팔도강산(八道江山)을 편답(遍踏)하여 이인(異人)과 도승(道僧)들을 만났으나 결국 기사(奇士) 술객(術客)이 허명(虛名)에 불과하다는 것을 각파(覺破)했다.

② 이후 탁랑세계(濁浪世界)의 명리(名利)를 단념하고 활학문(活學問)과 외국의 신지식(新智識)을 은연자수(隱然自修)하더니 건양(建陽) 원년(元年)에 경무국장(警務局長)의 영직(榮職)을 배명(拜命)했다.

③ 이때 만민공동회(萬民共同會)가 인심(人心)을 고동(鼓動)하자 당국에서는 삼성(三醒)선생으로 하여금 순검 기백명을 동원하여 만민공동회(萬民共同會)를 도륙(屠戮)하라 하거늘, 선생은 천리인도(天理人道)가 아니라며 거부하자 정부는 선생을 목포경무관으로 좌천시킨다.

④ 선생은 목포경무관으로 부임하여서도 역부(役夫)들을 학대하던 악습

___

輯, 韓國漢文學會, 1996, p.54./ 정부교, 「근대 야담의 전통 계승 양상과 의미」, 『야담문학연구의 현단계』3(정명기 엮음), 보고사, 2001./차혜영, 「1930년대 『월간야담』과 『야담』의 자리」, 『상허학보』제8집, 상허학회, 2002. 참고할 것.
27) 『太極學報』第6號(1907. 1.) ~ 第7號(1907. 2)

을 엄금하고, 인민들이 귀신, 신당(神堂) 등을 숭배하던 미신을 타파했다.

　⑤ 이후 삼성(三醒) 선생은 목표경무관에서도 면직이 되고, 다시 상경하여 아동교육과 동포개발에 뜻을 두어 동내(洞內) 유지인사(有志人士)와 상의하여 사립소학교를 건립여 국민 계몽을 준비하던 중 경무청에 체포된다.

　⑥ 선생은 소학교 건립, 일본협회사건(日本協會事件) 등으로 60여일간의 문초를 당한 후 감옥소로 이송되어었다.

　⑦ 감옥소에서 고담 소화 (古談笑話)와 신문(新聞)등으로 무료(無聊)의 세월을 보내던 중, 「天路歷程」등 야소교(耶蘇敎) 서적을 탐닉하고 기독교에 귀의했다.

　⑧ 선생의 두 자식이 면회와 어떻게 하면 살 수 있겠냐고 묻자, 선생은 야소(耶蘇 -예수) 잘 믿는 것이 살 길이라고 일러준다.

　⑨ 이후 선생은 3년만에 무죄로 옥문(獄門)을 사출(辭出)하고 세상에 나와 지금도 전도사업(傳道事業)에 열심종사(熱心從事)하고 있다.

　굳이 작품의 부제를 '사실소설(寫實小說)'로 명기한 것은 '실제로 있었던 일을 그대로 그려낸 것'이란 사실(事實)을 독자에게 알리고자 하는 의도의 소산일 것이다. 이점은 작품의 문면에서도 쉽게 추정 가능하다. '광무5년 (1901년)'이라는 시간 지표가 우선 그렇고, '만민공동회 사건'과 '일본협회 사건' 등 실제의 사건을 배경으로 제시한 것도 그렇다.28) 또한, 작가인 백악춘사(白岳春史)의 전기적 사실을 보면 이러한 사실이 좀더 분명해진다. 즉, 백악춘사는 태극학보의 편집 및 발행인으로써 "만민공동회에 영어 학교 대표로 참여했다가 탄압을 받아 진고개로 피신했다는 자신의 체험"29)과 본인 스스로가 이 소설의 주인공 삼성(三醒) 선생처럼 기독교인이었다는 점을 보면 더욱 분명해진다. 더욱이 '개혁당' 사건에 연루되었던 이원긍의 아들

---

28) 물론, 이 중에서 '일본협회 사건'은 아무래도 '조선협회 사건 혹은 개혁당 사건'을 가공한 명칭으로 여겨진다. 이에 대해서는 「德敎討論」, 『황성신문』, 1901. 11. 22 / 「討論處役」, 『황성신문』, 1902. 2. 1./ 「안씨청원」, 『대한매일신보』, 1908. 3. 27/ 등을 참조할 것.

29) 장응진, 「나의 젊었던 시절 제일 통쾌하였던 일 - 19세 때에 독립협회에서 10부 대신을 매도하던 일」, 『별건곤』제21호, 1929, 6. p.61.

이능화에 의하면, "前韓警務官 金貞植 氏 … (중략) … 光武八年 甲辰歲初에 始得釋放ㅎ야 … (중략) … 三星先生은 於東京神田基督敎靑年會에 各自從事"[30]라고 진술하고 있어, 작품의 주인공 三醒 先生은 '三星 金貞植'일 가능성이 높다. 그렇다면, 이 소설은 백악춘사가 '김정식의 행적을 소설화한' 것일 가능성이 높다. 작품에 '사실소설(寫實小說)'이라고 명기한 것은 이와 같은 연유에 기반한 것이다.[31] 그러므로 이 작품은 '한 실존 인물의 행적 문견(聞見)'을 기반으로 해서 만든 작품인 셈인데, 이와 같은 인물의 행적 문견에 바탕해서 작품을 조출(造出)하는 방식은 '전(傳)과 야담(野談)'의 흔한 창작 관례였다.

이 작품의 의의는 우선 작품의 조출(造出) 과정과 관련된 '서술 방식'의 특정에서 찾을 수 있겠다. 야담(野談)은 원래 이야기로 전전하던 것이 기록된 형태인데 그 이야기들은 대개 근원 사실이 있었다. 바꾸어 말하면 근원 사실이 구연화를 거쳐 정착된 것이 야담이다. 따라서 야담은 발생론적으로 사실성이 있다고 하겠는데, 보다 흥미로운 점은 거의 편편마다 사실증명의 단서를 붙여서 거짓말이 아니고 정말로 있었던 일이라고 하는 느낌을 강하게 심어주려 한다는 것이다.[32] 그러므로 '사실소설(寫實小說)'이란 표제를 붙인 것은 단순한 사족이라기보다는 '虛言에 붙여 實事를 꾸며낸다'는 야담의 서술 정신에 기반하여 '사실증명의 단서'를 붙이고자 하는 의식의 소산으로 보면 될 것이다. 또한, 「多情多恨」에서는 단락 분절이 이루어질 때마다 '嗚呼라 黑雲이 慘憺ㅎ고 前路가 杳茫ㅎ다, 先生의 運命!'라거나, '次篇부터는 어데 生前 地獄니야기를 ㅎ여 봅시다', 또한 '先生은 至今도 一身을 救世에 自委ㅎ야 傳道事業에 熱心從事홈내다' 식의 논찬(論贊)의 잔영으로 볼 수

---

30) 이능화, 『조선기독교급외교사』하, 창문사, 1928, p.204.

31) 백악춘사의 전기적 사실과 관련된 더 자세한 사항은, ' 金潤載, 「韓國 近代初期 文學論과 小說化 樣相 硏究」, 韓國外國語大學校 博士 學位論文, 2000. p.108 ~ 119'을 참조할 것.

32) 林熒澤, 「『東稗洛誦』硏究 - 야담의 기록화과정과 한문단편의 성립-」, 『韓國漢文學硏究』第23輯, 韓國漢文學會, p.329

있는 술평이 존재하는 것도 이 작품과 야담(野談)과의 서술 방식의 동일성이 엿보이는 대목이다. 야담과의 서술 방식의 유사성은 작품 도입부를 보면 더욱 분명해진다.

> 時節은大韓光武五年頃인가홀너가는가을빗슨大地를包容ㅎ나무가지풀
> 닙마다누룻누룻峰峰흔黑雲中에썬엿다버셔졋다쩌러지는日輪은黃海水平
> 面上에半掛ㅎ야上下天을眞紅으로물드린듯順風에돗글달고濟物浦로도라
> 가는漁夫2노리울굴굴미러오는潮水소리썻다 쟘겻다펄 - 펄 나라드는白鷗
> 소리自然의妙樂을合奏ㅎ눈듯잇더에草草흔匹騎輕裝으로一童子를隨行ㅎ
> 야仁川港岫蜆으로下來ㅎ눈一客子年可四十頃에容貌가秀出ㅎ고風采가非
> 凡ㅎ나多年客地風霜苦楚를經홈인지人世風波에辛酸을嘗홈인지顔色이憔
> 悴靑白ㅎ고顎骨이稍高一種의秘憂를먹음은듯ㅎ더라33)

위 도입부는 위에서 제시한 서사 분절 단락 ① ~ ②에 후행 하는 사건, 곧 '만민공동회(萬民共同會)를 도륙(屠戮)하라'는 당국의 요구를 警務官 三醒 先生이 거절해서 결국 목포경무관(木浦警務官)된 후, 부임하기 위해 인천항으로 가는 여정의 공간(배경)을 제시하는 부분이다. 시간의 역전적 서술도 서술이거니와, 무엇보다 주목을 요하는 것은, 작품의 도입부에 '사건 중심(事件中心)'의 완형 서사체 야담에서 관례적으로 사용하는 '시공간 배경을 포함하는 정황 제시'라는 서술 방식을 차용하고 있다는 점이다. '사건중심의 완형 서사체' 형식의 야담에서 전개부는 도입부에서 이미 제시된 예비상황에 근거해서 사건이 서술된다. 이 때 서술자가 사건의 전개 과정에서 서술자 주관에 의한 직접 개입의 여지기 거의 없는 것은, 사건이 제시된 인물의 성격과 사건의 정황에 의해서 자동적으로 발전되기 때문이다. 야담(野談)의 서술자는 이야기되어지는 것을 자동기술하게 되어 어떤 의미에서 이런 작품은 서술자와 무관하게 존재하게 된다. 그러므로 야담 전개부의 서술은 요약 제시의 보고적 서술(Telling)보다는 장면제시의 묘사적 서술(Showing)로 이

---

33) 『太極學報』第6號, 1907. 1. p.45 ~6.

루어지기 마련이다. 야담이 사건 전개과정에서 등장인물 간의 대화 방식을 자주 쓰는 것도 바로 이 묘사적 서술을 위한 것이라 할 수 있다.34) 이러한 관점에 근거해 보면, 「多情多恨」의 서사 분절 단락, ③ ~ ⑧에 편재된 대화체의 사용과 그것에 의한 사건 전개 방식은 '사건중심의 완형 서사체' 야담에서 선취한 서술 방식을 수용한 것으로 보아야 한다. 더욱이 서사 단락 ④ ~ ⑥에서 직조된 구조, 곧 '귀신, 신당 숭배 등의 풍속적 인정물태'가 단순히 소재의 나열에 그치는 것이 아니라 소설적 전개의 동선(動線)이 되고 있다는 점에서, 그리고 현실의 논리를 앞서가는 이상 개화의 한계 등이 구체적 사건과 인물 간의 갈등 구조를 통해서 계기화되고 있다는 점에서도 이 작품은 근대단편로도 손색이 없다. 이렇게 '이러저러하게 얽히고, 그 얽힌 과정을 통해서 올바른 것이건 패덕(悖德)한 것이건 그 현실태(現實態)를 거짓 없이 드러내야 한다는 의식', 곧 '인정물태'에 대한 인식이 「多情多恨」 에서 농밀하게 드러나고 있다는 점에서 이 작품은 근대계몽기 '야담계(野談系) 서사체'의 한 전형이 된다.

---

34) 金均泰, 「朝鮮後期 人物傳의 野談趣向性 硏究」, 『韓國漢文學硏究』第12輯, 韓國漢文學會, 1989, p.50.

Ⅳ. 전후 전통논의의 형성과 그 양상

1. 전통 논의의 형성 배경

　근대계몽기 이후 전통문제가 본격적으로 다시 거론된 것은 1920년대 중반 이후 프로문학과의 논쟁을 통해 형성된 민족주의 진영의 문학론에서라고 할 수 있다. 이는 주로 시조부흥운동(時調復興運動)과 관계되는데, 그 최초의 논문은 최남선의 「朝鮮國民文學으로서의 時調」(『조선문단』16호, 1926. 5.)였다. 그 뒤를 이어 이병기(李秉岐), 염상섭(廉想涉), 조운(曺雲) 등이 시조부흥론에 참여했는데, 주로 조선적인 시가 양식(時歌樣式)이 무엇인가에 초점을 맞춤으로써 다분히 심정적 차원을 넘어서지 못한 감이 있다. 그 다음으로 전통에 대한 관심이 높아진 것은 1930년대 중반이다.[1] 이 당시의

---

1) 1935년에 접어들어 朝鮮日報, 朝鮮中央日報, 東亞日報 등 이른바 3대 신문은 일제히 조선문학 및 문화의 특집을 마련하여 古典遺産 계승을 통해 民族情神을 발견하려는 염원을 나타내었다. 이때 조선일보의 특집은 金晋燮, 「古典文學의 歷史性」, 1935. 1. 22~26; 金台俊, 「古典研究熱은 어디로」, 1935. 1. 26~27; 文一平, 「史上에 나타난 藝術家의 群像」, 1935. 1. 29; 崔載瑞, 「古典復興의 歷史的 必然性」, 1935. 2. 1~5; 洪起文, 「歷史와 言語의 關係」, 1935. 2. 1~5; 咸大勳, 「朝鮮文學의 現實性」, 1935. 2. 5~17 등이다. 東亞日報에는 天台山人, 「春香傳의 現代的 解釋」, 1935. 1. 1~2; 天台山人, 「우리文學의 回顧」, 1935. 1. 1~2; 鄭寅普, 「五千年間 朝鮮의 얼」, 1935. 1. 3; 朴士漸, 「朝鮮의 文化 遺産과 그 傳承의 方法」, 1935. 1. 6 등이다. (成耆兆, 『한국문학과 傳統論議』, 신원문화사, 1989, p. 16 참조)

전통논의 역시 단선적(單線的)이고 당위적인 차원에서 크게 벗어나는 것이 아니었다. 그리하여 이 때의 논의는 결국 상고주의적(尙古主義的) 경향으로, 또는 大東亞協同體論으로 나아가게 되었던 것이다. 식민지 시대의 전통논의 는 1950년대에 들어 다시 재개되기 시작한다.2) 이미 1920년대 국민문학파의

---

2)이 당시의 논의는 주로 『문예』, 『자유문학』, 『현대문학』, 『문학예술』, 『사상계』, 『
　자유세계』, 『지성』, 『시연구』 등의 잡지를 통해 집중 논의 되는데, 이 때의 논의
　의 대표적인 예들로는 다음과 같은 것을 들 수 있다.

趙芝薰, 「現代文學의 古典的 意義」, 『문예』, 1950, 4.
-----, 「現代詩의 문제」, 『시연구』 제1집, 1955.
趙潤濟, 「古典文學과 現代文學」, 『문예』, 1953, 2.
-----, 「現代文學의 傳統論」, 『자유문학』, 1958, 5.
韓喬石, 「傳統과 文學」, 『사상계』, 1955, 7.
-----, 「傳統과 英文學」, 『자유문학』, 1956, 12.
崔一秀, 「우리文學에 있어서 新人의 位置」, 『문학예술』, 1956, 2.
-----, 「현대시의 순수 감각 비판」, 『문학예술』, 1956, 4.
-----, 「노래하는 시와 생각하는 시」, 『현대문학』, 1956, 4.
-----, 「우리文學의 現代的 方向」, 『자유문학』, 1956, 12.
-----, 「現代文學의 根本特質(上)」, 『현대문학』, 1957, 1.
-----, 「現代文學의 根本特質(下)」, 『현대문학』, 1957, 1.
-----, 「文學의 世界性과 民族性 ①」, 『현대문학』, 1957, 12.
-----, 「文學의 世界性과 民族性 ②」, 『현대문학』, 1958, 2.
-----, 「文學의 世界性과 民族性 ③」, 『현대문학』, 1958, 2.
-----, 「新人의 輩出과 文學的 狀況」, 『자유세계』, 1958, 4.
이어령, 「화전민 지역」, 『경향신문』, 1957, 1.11.
李奉來, 「韓國의 모던이즘(上)」, 『현대문학』, 1956, 4.
-----, 「韓國의 모던이즘(下)」, 『현대문학』, 1956, 5.
-----, 「傳統의 正體」, 『문학예술』, 1956, 8.
鄭炳昱, 「古典과 現代文學의 諸課題」, 『자유문학』, 1956, 12.
-----, 「古典의 現代化 論議」, 『사상계』, 1957, 6.
-----, 「우리 文學의 傳統과 因襲」, 『사상계』, 1958, 10.
全光鏞, 「遺産繼承과 創作의 方向」, 『자유문학』, 1956, 12.
李泰極, 「古典文學과 戰爭」, 『자유문학』, 1956, 12.
金宗文, 「T. S. 엘리오트의 전통精神」, 『문학예술』, 1957, 6.
白 鐵, 「古傳復活과 現代文學」, 『현대문학』, 1957, 1.
洪曉民, 「文學傳統과 小說傳統」, 『현대문학』, 1957, 8.
趙演鉉, 「民族的 特性과 人類的 普遍性」, 『문학예술』, 1957, 8.
金宇鍾, 「傳統繼承論의 盲點」, 『한국일보』, 1957, 6. 14.

시조부흥운동과 더불어 30년대 후반기에도 카프의 해체와 객관적 상황의
악화에 따른 고전 부흥의 논의가 있었는데, 여기서도 그 기본적인 인식의
출발점은 전형기를 문학적인 배경으로 하고 있다는 점이다. 즉 "역사의 재창
조나 고전 부흥 운동은 언제 어디서나 제기될 수 있는 것임에도 불구하고
이를 특별히 문제시할 경우에는 그 사회 시대의 정신적 질서가 전형기 혹은
위기에 처해 있음을 의미"3)하는 것이다. 이러한 관점에서 볼 때, 50년대의
전통 논의도 여기서 크게 벗어나지 않는 것이 사실이다.4) 때문에 50년대의
전통 논의의 발생론적 기반은 무엇보다도 한국 전쟁이 될 수밖에 없다. 전쟁
의 폭력적 작용은 모든 것을 파괴하고 휩쓸어, 뒤죽박죽으로 뒤섞어 버렸다.
현실은 거대한 혼란 덩어리로 작가들 앞에 놓였다. 더욱이 전체의 파악이
차단되었을 때 현실내 제반 관계망을 꼼꼼히 살펴 밝히려는 탐구정신이
위축되는 것은 당연하다. 현실의 한 부분에 고착되거나 선행관념의 틀로
현실을 재단하려는 경향이 이에 뚜렷해진다.5) 거대한 혼란 덩어리로서의
전후 현실과 대면하게 된 작가들은 위축된 상태에서나마 끊임없이 한국문학
의 정체성 찾기에 몰입하기 시작한다. 이 탐색의 과정 속에서 전후의 작가들

-----, 「囚人의 抗辯」, 『현대문학』, 1958, 8.
-----, 「服從과 反抗」, 『현대문학』, 1959, 1.
朴鍾和, 「民族文學의 基本姿態」, 1958, 2.
金容權, 「傳統―그 定義를 爲하여」, 『지성』창간호, 1958, 6.
金良洙, 「民族文學 確立의 課題」, 『현대문학』, 1957, 12.
-----, 「韓國現代文學의 志向點」, 『현대문학』, 1958, 1.
-----, 「새로운 世代의 文學精神」, 『현대문학』, 1958, 3.
尹柄魯, 「傳統의 問題點」, 『사유문학』, 1959, 3.
文德守, 「批評觀의 問題」, 『현대문학』, 1958, 8.
-----, 「傳統과 現實」, 『현대문학』, 1959, 4.
-----, 「傳統과 自我」, 『현대문학』, 1959, 6.
김현룡, 「한국현대문학 진로의 전통문제」, 『국어국문학』, 1960, 3.
유종호, 「우리문학 전통의 확립」, 『세계』, 1960, 3.
3) 김윤식, 『한국근대문예비평사연구』, 일지사, 1983, p 329.
4) 송기한, 『한국전후시와 시간의식』, 태학사, 1996, pp. 74~75.
5) 김윤식. 정호웅 공저, 『韓國小說史』, 예하, 1995, p. 316.

은 자아의 확립과 전통의 현대화라는 논리 속에서 새로운 한국문학의 정체성을 찾아내기 시작한다. 그러나 자아의 확립과 전통의 현대화에 대한 감각은 새로운 한국문학의 정체성 찾기라기보다는 전후적 현실이라는 전형기에 흔히 나타나는 '선행관념의 틀'에 지나지 않았던 것이다. 즉, 이 때의 자아의 확립과 전통의 현대화 논의는 비단 이 시기에서만 특징적으로 나타난 문제의식은 아니었다. 전술한 바대로, 이미 1920년대 중반 이후의 시조부흥론과 1930년대의 전통논의의 맥락 속에서 그 맹아적 단초가 배태되어 있었다. 바로 그 맹아적 단초가 전후 현실이라는 거대한 소용돌이 과정에서 자아의 확립과 전통의 현대화라는 문제로 구체화되기 시작한 것이었다.

> 우리의 現代文學은 우리의 古典文學이 累積된 地點에서 西歐의 近代文學을 받아드려 정을 붙인 合成文學이다. 그러나 現代文學의 出發이 古典文學의 繼承이 아니오 도리어 그 反抗이었기 때문에 現代에서 古典文學을 이루려는 現代文學이 먼저 西歐의 近代古典을 攝取하고 解釋하고 批評해야 할 것이 當然한듯 하지만 古典文學이 民族的 傳統을 떠나서 설 수 없는 以上 古典文學에서 現代性을 再生시키는 것이 現代文學이 古典性의 一翼을 探求하는 捷徑이 되지 않을 수 없는 것이다. 왜 그러냐하면 文學에 있어서 自我의 發見과 主體의 確立과 傳統의 現代化라는 命題가 民族文學에 賦與된 첫 使命이기 때문이다. 이를 위해서는 첫째 作家에 依하여 處理된 한卷의 國文學史가 있어야 할 뿐아니라 神話. 傳說. 巫歌. 民謠. 史談. 古小說等 民族文化學 諸分野의 蒐集과 研究의 補助가 있어야 되겠다. 그러나 이러한 蒐集과 研究(解釋)가 그 方面 專門家에 依해서 만이 아니라 作家에 依해서 遂行되어야 된다는 點을 잊어서는 안된다.6)

위에서 알 수 있는 것처럼 조지훈은 자아의 발견과 주체의 확립과 고전의 현대화 문제를 민족 문학에 부여된 첫 사명으로 인식한다. 사실 고전 문학에서 현대 문학의 현대성을 재생시켜 민족 문학의 전통을 확립시켜야 한다는

---

6) 조지훈, 「현대문학의 고전적 의의」, 『문예』, 1950, 4. p. 128.

관점은 그 이전의 전통 논의에서 뿐만 아니라, 해방 공간의 문단에서 백철[7]과 조연현[8] 에게서 이미 제기된 문제였다. 백철은 '新轉形期에 있어 文學은 그것의 具體인 表現과 形式問題에 愼重해야 한다'며, 새 문학의 형식문제를 구체화시킨다. 백철은 이러한 형식 문제를 확립하는 방법론 속에 일정 부분 존재하는 '우리 文化의 過去에 대한 鄕愁的 憧憬' 과 같은 상고주의적 경향의 일단을 수용한다.

그러나 復古는 단순히 過去로 돌아가는 것이 아니오 過去의 資産目錄 중에서 今日에 대한 遺産이 될만한 것을 繼承하는 點에서 그것은 有限的이요 選擇인 것을 意味한다. 今日에 있어 우리民族文化의 主流를 發見하고 開拓하고 大河를 이루기 위하여 努力하는 데 그 源泉을 過去에 求하는 것이다. 그럼으로 今日 復古的인 것이 우리文化 建立에 必要하다면 그 境遇의 過去는 過去인 동시에 現代의 우리 民族生活에 그대로 生命이 되고 繼續되고 있는 部分을 意味한다. 그 점에서 傳統은 今日의 民族生活의 推進力이 되는 生命的인 部分이요 결코 그 過居 全部가 아닌 것이다. (...) 우리文學의 새로운 形式을 위하여 그 傳統的인 것을 過去에 차츨 때에도 그것이 곧 새로운 文學 創造의 基質이 되는 새 時代의 生活內容과 遊離되여 實行될 수 없을 것은 물론이다. 만일 그 形式이 創造的인 것과 無關係하게 無批判的으로 그것을 옮겨온다면 그것은 無氣力한 하나의 折衷主義에 떠러저 버리고 말 것이다. 그러나 이와같이 文化의 形式을 그런 折衷主義에 迎合시킨 例는 모든 것이 批判的으로 繼承되고 있다.[9]

백철은 우리 문학의 새로운 형식을 '過去의 資産目錄' 중에서 찾고 있다. 이섯은 소시훈이 傳統의 現代化를 위해시 '고진문학에서 헌대문학의 헌대성을 재생시켜야 한다'는 논리와 맥을 같이하는 것이다. 조지훈이 이를 위하여 '신화. 전설. 무가. 민요. 사담. 고소설' 등 민속문화학 제분야에 대한 연구가

---

7) 백철, 「過渡期와 文學建設의 方向」, 『開闢』(복간호), 1946, 1.
8) 조연현, 「文學과 傳統」, 『문예』, 1949, 10.
9) 백철, 앞의 글, 『開闢』(복간호), 1946, 1.

선행되어야 한다는 구체적인 논리를 편 반면에, 백철은 '과거인 동시에 현대의 우리 민족생활에 그대로 생명이 되고 계속되고 있는 부분'이라는 다소 추상적인 방법론을 제시한다. 이것은 백철이 신전형기라는 과도기적 상황에서 문학건설의 방향을 너무 형식문제에만 집착한 결과였다. 또한, 백철은 '過去의 資産目錄' 중에서 새로운 문학창조의 기질이 되는 것만을 새로운 '형식'으로 간주한다. 그리고 이 형식이 창조적인 것과 무관한 형식으로 귀착된 것을 '절충주의'로 인식한다. 백철은, 이것을 내용에 있어서의 '프로레타리아적'인, 형식에 있어서는 '민족적인 예술'이라는 명제를 기계적으로 이해하고 해석한 절충주의로 인식하고 있는 것이다. 사실 이 절충주의 문제는 이미 1926~7년대에 와서 논의되기 시작한 문제였다. 이 당시에 한국문학사에서는 소위 절충파·중간파라는 것이 등장하기 시작한다. 그것은 프로문학의 등장과 함께 계급론과 민족론이 대립하게 되자 그 두 주장의 절충론을 들고 등장한 사람들이었다.10) 이들 중 양주동은 "현단계의 정세에 있어서, 민족관념과 계급정신을 서로 배치한다고 보는 것은 그야말로 현실과 이상에 대하여 아울러 색맹이다. 더구나 무산문학파에서 민족관념을 의식적으로

---

10) 白鐵, 『新文學思潮史』, 新丘文化社, 1986, p. 368.

절충파의 주요한 인물은 廉想涉. 梁柱東. 鄭蘆風 등이었다. 그 중 廉想涉. 梁柱東 두 사람은 1926년의 국민문학파에 속했던 이론가들이었으며, 그 뒤에 국민문학파의 행방이 불분명해진 사실과 관련하여 생각하면 결국 그 국민문학파는 이 절충파가 계승한 것으로 간주할 수 있다. 염상섭은 민족주의 문학과 프로레타리아 문학의 경향을 '자민족의 개성에 중심을 둔 문화로서 국민문학의 수립을 기도하는' 민족주의 문학과 '전통적 관념의 파기 및 개조에 분망한' 프로 문학으로 구별하고, 두 문학이 피압박민족의 실제 행동이라는 조건 하에서 제휴가능한 것으로 인식한다. (염상섭, 「反動傳統文學의 關係」, 『朝鮮日報』, 1927. 1. 15.) 양주동도 진정한 국민문학 건설이라는 이상의 실현을 위해서는 프로문학의 역할 역시 중요한 것이라는 견해를 표명한다. 즉 그는 프로문학가들의 주장처럼 오로지 프로문학만이 이 시대의 유일한 문학방식이라고는 생각하지 않으나, 그 문학의 근본정신만은 존중할 가치가 있는 것이라고 보며, 아울러 조선사회에서 프로문학의 발생 역시 필연적임을 이야기한다. (김영민, 『한국문학비평논쟁사』, 한길사, 1994, p. 262.)

포기하고 무시하고 심지어 배격코저하는 경향은 무던히 착각적 이론에 속하
는 것이다. 현정세에 있어서는 민족을 초월한 계급정신도 없고 계급에서
유리(琉璃)한 민족관념도 있을 수 없다."11) 라는 논리로 민족관념과 계급정
신이 서로 배치될 수 없다는 절충주의적 입장을 취한다. 이어 양주동은 다시
형식주의적 절충론을 펴기 시작한다. 예술론상의 원칙으로 보아서는 제일의
조건이 형식인 것은 분명하나, 실제예술에 있어서는 형식과 내용 어느 것으
로 편중되는가 하는 문제는 시대에 따라 달라질 수 있으며, 타락한 예술은
형식이나 내용 어느 한가지에 편중하지만 완전한 예술은 이 둘의 조화에
의해 가능해진다는 것이다.12) 이렇게 양주동은 계급론과 민족론에서만 절충
주의적 입장을 취했던 것이 아니라, 당시 프로문학 진영에서 논의된 문학의
내용과 형식 문제에 있어서도 절충주의적 입장을 취하고 있었다. 양주동의
이와같은 절충주의적 입장은 당시 프로문학 진영의 이론가들이었던 김기
진 · 윤기정 · 임화 · 박영희 등에 의해서 비판의 표적이 된다. 특히 양주동에
의해 비판의 표적이 되었던 박영희가 「부란(腐爛)의 와중에서」라는 글로
양주동의 형식주의적 절충론에 대하여 신랄한 비판을 가한다. 이 글에는
'특히 단편적으로 양(梁)군에게'라는 부제가 달려 있다. 박영희는, 이미 3∼4
년 전의 지나간 논의인 문학의 형식과 내용에 관한 논의를 양주동이『문예공
론』지를 통해 계속 언급하는 저의에 대해 의문을 표시한다. 그것은 단순히
문학의 내용과 형식의 관계에 대한 이론적 관심의 발로가 아니라 조소를
목적으로 한 행위라는 것이 박영희의 주장이다. 박영희는 그동안 내용과
형식에 관한 양주동의 논의를 비판하면서, 그가 '타락한 예술은 내용과 형식
어느 한 가지에 편중한다'라거나 '완전한 예술은 오직 양자의 조화로만 가능
하다'라고 주장한 사실들의 혼란함에 대해 비판한다. 박영희에 의하면 양주
동이 예술에서 형식의 중요함을 주장하다가 이러한 절충 종합적 논의를

---

11) 양주동, 「문예공론」, 『문예공론』(창간호), 1929, 5.
12) 양주동, 「문예상의 내용과 형식문제」, 『문예공론』제2호, 1929, 6.

펴는 것은 매우 이율배반적인 것이며, 이것이야말로 혼란한 변증법의 가장 극명한 범속화 현상 중의 하나라는 것이다. 계속해서 그는 양주동의 민족문학이니 국민문학이니 하는 주장들이 형식을 갖고 하는 말인지 내용을 갖고 하는 말인지 알기어렵다고 비판한다. 그리하여 결국 양주동의 주장의 본질이 무엇인지 전혀 알기 어렵다는 것이 박영희의 결론이었다.13) 그러자 양주동은 이러한 프로문학 진영의 비판에 대해 「問題의 所在와 異同」이라는 글로 응수한다.

> 八峰은 <朝鮮心>의 정체를 얄궂게도 추구한다. 설마 八峰이기로 조선이란 땅과 환경과 기후 · 생활 · 풍습 이 모든 가운데에서 필연적으로 생긴 전통과 정서 및 同族愛 같은 것을 망각하는지는 않았으리라고 생각한다. <朝鮮心>이란 결코 관념론적으로 공중에 매달린 유령적 현상이 아니오, 보수적 협소한 의미의 애국심을 말하는 것도 아니오, 조선이라는 땅과 민족의 생활관계 중에서 그야말로 諸氏가 흔히 말하는 唯物論的 사회적 관계로 필연적으로 산출된 意識이다.14)

위 글에서 알 수 있는 것처럼 양주동은 프로문학 진영의 비판을 '환경전통문학론(環境傳統文學論)'적 논리로 대응한다. 양주동은 '朝鮮心'을 땅과 환경과 기후, 생활, 풍습에서 필연적으로 생긴 '전통'과 '정서'와 '동족애'로 규정한다. 또한, 양주동은 '朝鮮心'을 관념론적으로 공중에 매달린 유령적 현상이 아닌, 유물론적 사회적 관계에서 필연적으로 산출된 의식의 결과로 인식한다. 그러나 김기진은, 양주동과는 현실의 계급적 관점에서 '필연적으로 산출된 의식'을 인식하고 파악하는 근본적 입각지가 다르다. 결국, 김기진은 "현단계 조선의 운동에 대한 분석과 비판없이 무조건 민족문학과 무산문학의 합치를 주장하는 그의 이론은 관념적 · 유령적일 수밖에 없다"15)며

---

13) 김영민, 앞의 책., p. 269.
14) 梁柱東, 「問題의 所在와 異同」, 『朝鮮日報』, 1929, 8. 15.
15) 김영민, 앞의 책, p. 272.

양주동의 견해를 비판한다.

위에서 살펴본 것처럼 프로문학 진영과 절충파 사이에서 논쟁적 형태로
치달았던 절충주의 문제의 핵심은 문학건설의 방향정립 문제와 무관하지
않았다. 바로 이 절충주의 문제가 해방공간이라는 전환기적 상황에서 새로운
문학건설의 방향정립 문제와 관련하여 다시 백철에게서 제기되기에 이르렀
다. 그러나 백철이 제기한 '新樣式의 決定內容과 形式의 關係, 形式의 大衆
化 問題와 관련된 機械論的 折衷論의 止揚' 문제는 위에서 살펴본 프로문학
진영과 절충파 사이에서 논의되었던 문제의 수준에서 크게 진전된 것으로
볼 수는 없다. 결국, 백철의 논리는 해방공간이라는 전환기적 상황에서 다시
프로문학 진영의 논리를 재판한 것에 불과한 것이다. 여기에서 백철의 다음
과 같은 진술은 하나의 중요한 시사점을 제시한다.

> 이것은 나 一個人의 私見인지 모르나 文學 藝術上에 있어 그 統一은
> 그 思想 政治인 것의 基準에 依하는 것이 있는 밖에 그것만으로의 不足을
> 補充하고 다시 그 우에 훨씬 文學的인 衣裳을 입히기 위하여 여기에 이
> 過渡期가 發散하고 있는 그 情熱的인 것 憧憬的인 것 우에서 나의 로맨티
> 시즘을 主潮로 設定하고 그것을 今日 文學을 음즉히는 중요한 媒介體의
> 役割을 마껴보는 것이 可能할 것 한다.16)

말할 것도 업시 백철이 말하는 '文學的인 衣裳'은 다름이 아니라 전형기에
서의 '문학적 형식'인데, 백철은 이 새로운 문학적 형식을, '情熱的인 것과
憧憬的인 것'을 바탕으로 한 로맨티시즘에서 찾고 있다. 즉 백철은 전형기의
새로운 문학적 형식을 '로맨티시즘'으로 규성하고 있는 것이다. 여기에서
'정열적인 것과 동경적인 것'이란, 전술한 '過去의 資産目錄' 중에서 새로운
문학 창조의 기질이 되는 유한적이고 선별적인 과거, 즉 '傳統'인 것이다.
다시 말하면 백철에게 있어서 전형기의 새로운 문학형식이란 '전통을 바탕으

---

16) 白鐵, 「過渡期와 文學建設의 方向」, 『開闢』(복간호), 1946, 1.

로 한 로맨티시즘 문학'이다. 그런데 이 '전통을 바탕으로한 로맨티시즘 문학'이라는 주장에서의 '전통'과 '로맨티시즘' 의 개념은 일반적으로 상치(相馳)되는 개념쌍이다. 일반적으로 로맨티시즘은 전통과 이성중심의 고전주의와는 대척되는 개념이다. 고전주의가 질서와 통제를 문학의 원리로 삼아 균형과 조화의 '이상적 美'의 추구와 함께 '서정성, 상상력, 감성의 절제'를 추구하는 고전적 정신과 태도라면, 로맨티시즘은 무질서와 역동성을 문학의 중심 원리로 삼아 '감정과 자연'에 대한 사고의 내적 과정을 상상력에 의존하는 창조적 정신이다. 이에 근거해 보면, 백철은 '전통'과 '로맨티시즘'의 개념을 잘못 이해하고 있었거나, 상치되는 두 대립쌍을 무리하게 절충시킨 또 다른 의미의 절충론에 떨어질 수밖에 없었다. 백철의 말대로 절충주의는 전형기의 새로운 문학 형식이 될 수 없다. 그럼에도 결국, 백철은 그가 경계한 절충주의에 스스로가 빠져든 자가당착적인 논리모순을 범하고 말았다. 백철의 이러한 논리는 전후의 고전부활론(古典復活論)에서도 지속적으로 드러난다.

過去를 再現하기 위한 것이 아니다. 그 過去가 現在에 대한 脚光이 될 수 있는 限, 그것이 必要한 것이다. 그래서 大小의 여러 가지 境遇에서 必要한 것에는 어떤 中點基準에서 選擇이오 抽象이다. 그것이 典型的인 것, 그것의 本質的인 것이 무엇인가. 그것이 現代的인 데서 生命을 가질 수 있는 있는가. 그 全體의 形式인가 그 一部分인가 등을 判斷하여 攝取하는 것이 어려운 가운데 기어이 必要한 濾過作業인 것이다. (...) 즉 一九二六年 丙寅年을 期하여, 그때 프로레타리아 文學의 大勢와 對抗키 위하여 主로 民族主義的인 立場에 선 文學者들, 李光洙. 崔南善. 孫晋泰. 李秉岐 氏等이 主動이 되어 國民文學論을 提唱하고 國民文學의 代表的인 形式으로서 時調形式을 復興試用할 것을 提唱한 일이 있다. 결국 이 復興論이 結實을 갖지 못하고 行方未明으로 되고 말았는데 그때의 無成果는 물론 日帝政治下의 環境關係도 있지만 역시 그 主原因은 그 時調形式을 機械的으로 復興시키려는 無理가 아니었던가 생각되는데 近來 李泰極氏를 中心

한 時調復興論에 있어서도 내가 딴 글에서 言及한 바와 같이 前期의 例와
同一한 過誤를 反復하고 있는 傾向에 대해서 全的으로 贊意를 表하기 어
려운 것이다. 그리고 나는 그런 古傳復活의 形式 그 自體에 어떤 方法的인
轉倒의 機械性을 느끼는 것이다. 그러면 現代文學의 어떤 具體的인 面에
서 古典文學을 向하고 그것과 連結을 하게 되는 것인가. 우선 題材와 그
表現에서이다. (...) 또는 現代와 같이 腐敗 墮落한 주위의 現實을 그리는데
있어서 그것을 西歐的인 知的인 手法을, 가령 諷刺 冷嘲 批判의 手段만으
로 할 것인가. 비슷한 時代的인 材料를 다루는데 있어서 우리 古代作家들
은 어떤 테크닉을 썼느냐. 그것은 우리의 獨特한 것이면서 같이 혹은 以上
의 效果를 나타낼 수 있다면 그 西歐的인 것을 우리 諧謔으로 除하고 綜合
한 어떤 現代的인 新手法을 體得할 수 있을 것이다. 現代文學의 新手法으
로서「意識의 흐름」이란 것이 盛行하지만 여기 對해서도 우리의 古典作家
들이 心理를 運搬한 手法이 있다면 그것을 먼저 土臺로 해서 그것을 받아
들이는 順序가 선행되어야 할 것이다. 17)

백철이 해방공간의 전환기적 상황에서부터 전후에 이르기까지 지속적으
로 주장했던 바는 문학 형식에서의 기계론적 절충주의를 지양하는 것이었다.
백철의 논리는 과거를 '새로운 文學 創造의 基質'이나 '現在에 대한 脚光'이
될만한 것으로 선택 수용하자는 것이었다. 물론 여기에서 '과거'란 유한적이
고 선택적인 '傳統'을 의미한다. 백철에 의하면 1920년대의 국민문학파의
시조부흥론(時調復興論)이나 전후 이태극 중심의 시조부흥론(時調復興論)
은, 형식 자체의 방법적인 기계성으로 인해 현재에 대한 각광이 되지 못하고
'全體의 形式이 아닌, 一部分의 形式'으로 전락하고 말았다는 것이다. 여기
에서 백철이 말하는 '전체의 형식'이란 전환기적 상황에서 새로운 문학의
전통이 될 수 있는 '문학적 형식'을 일컫는 것이다. 이러한 백철의 논리는
해방공간에서부터 지속적으로 주장된 것이었다. 그런데, 백철은 이러한 논리
에다 '題材의 表現'과 '現代文學의 手法' 문제를 서구 근대문학에만 의존하

---

17) 白鐵,「古典復活과 現代文學」,『현대문학』, 1957, 1, p. 59.

는 매너리즘에서 탈피하여 우리의 고전문학의 전통에서 찾아보자는 비교적 구체적인 방법론을 제시한다. 백철은 제재의 표현에 있어서 '가령 現代作家가 農村과 農民을 取材할 때, 西歐의 近代文學 手法으로 人物의 創定이나 描寫를 함'으로서 일종의 매너리즘에 떨어졌음을 지적한다. 백철은 이러한 서구문학 추수적인 방법에서 벗어나 우리 고전소설의 농촌농민에 대한 태도와 수법을 대질(對質)하고 실험하여 반성적인 입장에 설 것을 주장한다. 그러나 우리의 고전소설 중에서 농촌농민에 대한 태도와 수법이 예술적으로 잘 형상화되어 전범이 될 만한 작품에는 어떤 것들이 있는가에 대한 구체적인 언급 없이, 막연히 고전소설에서 찾아보자는 식의 논리는 구체적 대안으로는 미달일 수밖에 없는 논리이다. 또한 백철은 현대의 부패한 현실을 그리는데 있어서 서구의 풍자(諷刺), 냉조(冷嘲), 비판(批判)의 지적인 수법을 차용하는 종래의 매너리즘적 관습에서 탈피하여 고대작가들의 테크닉인 '諧謔의 手法'을 사용하여 '현대적인 신수법(新手法)'을 체득하자는 논리를 편다. 그러나 부패한 현실이라는 시대적 재료를 형상화하는 작업에 고대작가들의 '諧謔의 테크닉'을 통해서 현대적인 신수법을 체득해야 된다는 주장은 결국 이론적 정합성이 결여된 논리로 귀착될 수밖에 없었다. 즉, 현대적인 신수법은 시대적 재료의 성격과 내용에 의해 결정되는 것이지, 우선 서구의 풍자, 냉조, 비판 같은 수법을 지양하자는 형식논리에 의해서 조출되는 것이 아니기 때문이다. 이것은 전후의 족출하는 전통논의의 일단을 염두해둔 측면이 없지않은 논리이다. 결국 백철은 해방공간의 전환기적 상황에서부터 전후에 이르기까지 문학 형식의 갱신을 통해 새로운 민족문학의 논리를 전통의 기계적 절충에서 찾으려 했던 것이다.

반면에 조연현의 전통에 대한 시각은 기본적으로 전통단절론적 인식이 바탕이 된다. 백철이 전통을 '새로운 文學 創造의 基質'이 될만한 것으로 선택 수용하자는 논리를 고전문학과의 연결을 통해 탐색하려 했던 반면에, 조연현은 우리 문학전통이 빈곤하다는 인식에서부터 시작한다.

　　다같이 女子의 한 一生을 作品化해 본 「푸로별」의 「보봐리부인」과 春園의 「그 女子의 一生」을 對照해 볼때 前者에는 한 女性의 산 運命이 形象化되어 있고 後者는 한 女性과 聯關되는 通俗的인 事件의 連結많이 取扱되어 있는 것도 「푸로별」과 春園의 文學的 才能이나 人間的인 誠實性의 差異보다도 數世紀의 傳統을 갖인 佛蘭西의 近代小說과 겨우 始作해본데 不過한 朝鮮小說과의 文學傳統의 差異에 起因된 것이라고도 바라볼 수 있을 것이다. 일찍이 「괴-테」「시루렐」「헤루다-링」 等을 갖었던 民族이나 「쎅스피어」를 자랑할 수 있는 文學遺産을 갖인 國家나 「뜨스뜨옆스키」나 「고-골리」나 「톨스토이」를 갖인 風土나 「램보」「보-드레-르」「발작」 等의 巨匠을 갖인 社會에 비하여 몇사람의 文學的 練習生을 가진데 不過한 朝鮮 文學이 벼란간 偉大한 作品을 生産할 수는 到低히 없는 것이다. 오늘의 우리 文學이 아무리 低級하고 幼稚하고 拙劣해도 그것은 우리의 貧弱하고 貧困했던 文學傳統의 必然的인 表現 以上의 것은 아닌 것이다.18)

　　위 글에서 읽어낼 수 있는 것처럼 우리 문학은 전통의 빈곤 그 자체이다. 이러한 전통단절론적 인식은 기본적으로 임화의 이식문학사론을 계승한 것이다. 이러한 인식은 우리 문학에 계승할 만한 문학전통이 빈곤하다고 주장하는 전통단절론자들의 논리적 기반이 되는 것으로서, 전후의 전통 논의에서 가장 먼저 부각되는 명제이다. 그런데 이와 같은 전통단절론은 전후적 현실에서는 물론이거니와 조현연의 위 글에서도 알 수 있듯이 해방공간과 같은 새로운 문화 창조의 방향을 탐색하는 시기에도 항상 대두되는 문제였다. 이 시기의 전통단절론적 인식은 서구의 근대문학／한국문학, 서구 근대문학의 보편성／한국문학의 특수성이라는 대립적 인식틀이 요제가 되어 신행된다. 조연현도 이러한 대립적 인식틀을 그대로 가지고 신전형기적 상황에 처한 한국문학의 방향정립을 모색한다. 위 글에서 조연현은 플로베르의 소설과 이광수의 소설을 '운명의 형상화'와 '운명의 통속화'로 대별한다. 조연현

---

18) 趙演鉉, 「文學과 典統」, 『문예』, 1949, 10,　pp. 192~193.

이 플로베르와 이광수의 소설을 운명의 형상화와 운명의 통속화로 대별한 근거가 '전통'이었다는 점은 그의 전통에 대한 인식의 일단이 잘 드러나는 것으로 볼 수 있을 것이다. 즉, 서구의 문학을 전통의 축적이 바탕이 된 근대문학으로 인식하고 있는 반면, 한국문학을 전통의 축적이 빈약한 문학으로 인식한다는 점에서 우리문학에 대한 조연현의 전통인식은 부정적이다. 그렇다면 조연현이 인식한 전통의 개념을 살펴볼 필요가 있다. 조연현은 우선 전통의 개념을 "어떤 고정된 내용이나 세계가 아니라 새로운 현실과 함께 부절히 변용되고 발전될 수 있는 현실이나 역사의 기본적인 생명"[19]으로 인식한다. 조연현의 이러한 인식은 '전통은 불변한다'라는 정태적 전통관을 극복할 수 있는 논리적 근거를 마련해 준다. 즉, 전통이란 그 형식이 규정하듯 초시간적(超時間的)인 연속성을 내포하고 있는 것이되 그 구체적인 내용은 시대나 상황의 변화에 따라 끊임없이 변경, 조정, 또는 재창조될 수 있는 구성성(constitutive character)을 지닌다는 점이다.[20] 이렇게 가변성과 재창조성 개념을 해방공간이라는 전환기적 상황에 적용시켜 이해했다는 점에서 조연현의 전통개념은 그 자체로의 합리성이 인정된다. 그러나 문제는 전통의 개념을 적절하게 '적용했느냐 못했느냐'의 문제가 아니라, 조연현이 '운명의 통속화'로 평가한 이광수의 「그 女子의 一生」이 과연 우리 문학에서 '전통으로서의 경험적 타당성을 지니느냐'의 문제이다. 조연현은 이광수의 「그 女子의 一生」이라는 한국문학에서의 개별적 특수성을 한국문학의 일반적 보편성으로 치환하는 독단적 논리에 빠지고 만다. 때문에 비평가로서 조연현이 주장하는 "民族的 特性과 人類的 普遍性! 이 두 개의 要素는 얼른 보기에는 서로 別個의 特性인 것 같이 보인다. 그렇게 보이는 것은 當然하다. 왜냐하면 이 두 개의 要素는 그 槪念부터가 이미 同一한 것이 아니기 때문이다. 그러나 이 두 개의 槪念的 差異에도 不拘하고 이 둘은

---

19) 趙演鉉, 앞의 글, p. 194.
20) 金文朝, 「傳統과 社會變動」,『韓國社會의 發展과 文化』(林熺燮 編), 나남, 1987, pp. 56~58.

別個의 世界가 아니다. 同一한 하나의 世界이다"21)라는 논리는 설득력이 없다. 즉 문학전통의 존재여부와 무관하게 민족적 특성을 인정하고 그에 따른 문학의 특수성을 인정한다면, 그것은 세계문학의 보편성과 대별되는 문학이 될 수 없다. 따라서 조연현의 이와 같은 논리는 전후 문협 정통파의 대표적 이론가로서, 이어령 등과 같은 신진 비평가들의 새로운 형태의 전통 부정론과 치열한 논쟁을 야기시킬 수밖에 없었다.

결국 전후의 전통논의는 해방공간이라는 전환기적 사회에서 흔히 일어날 수 있는 기대상승의 열망 속에서 새로운 문학창조의 탐색과정의 하나로 논의되었던 것이었다.

2. 전통 논의의 전개 양상

1) 모방문학론과 전통

전환기적 사회에서는 흔히 기대 상승의 혁명(revolution of rising expectation)이 일어날 수 있다. 이러한 기대 상승의 열망 속에서는 이른바 사회적 동원(social mobilization)도 가능하게 된다. 즉 사회 성원들이 전통적 가치와 규범으로부터 벗어나 새로운 가치와 규범에 관여하는 퍼스낼리티의 변화가 가능하게 되는 것이다.22) 전후의 문학적 상황 속에서는 바로 이러한 전통적 가치와 규범의 계승을 주장하는 '전통 부활론'과 새로운 가치와 규범의 모색을 주장하는 '전통 단절론'이 본격적으로 전개된다. 이와 같은 전통론은 전쟁이 마무리되고 전쟁의 참화와 절체 절명의 빈궁에서 얼마쯤 벗어나 상대적인 안정 국면이 찾아 온 1955년 무렵부터 본격적으로 논의되기 시작한

---

21) 趙演鉉, 「民族的 特性과 人類的 普遍性」, 『문학예술』, 1957, 8, p. 178.

22) Deutsch, K. W, 『Social Mobilization and political Development』, in American Political Science Rview, Vol. 55(september, 1961). 林熺燮 編, 앞의 책, p. 21. 재인용

다. 그만큼 전후 비평사에서 전통 논의는 가장 초미의 관심사였다고 할 만하다. 논의는 일단 전통 부정론에서 출발한다.

한교석(韓橋石)은 당시 전통 논의의 이론적 바탕이 된 T. S. 엘리엇의 전통론을 소개하면서 서구에 비해 동양, 특히 한국은 전통에 너무 무의식적으로 순종한다고 개탄한다. 또한, 전후 모더니즘의 출발점인 『후반기』의 동인이기도 한 이봉래(李奉來) 역시 진실한 의미에서의 전통이란 과거에서 현재에 통하는 가치가 아니라, 오히려 미래에서 현재에, 현재로부터 과거에 통하는 영속적인 가치임을 주장하면서 민속 문화나 토속 취미가 전통이 될 수 없고 이른바 문화적 유물을 전통이라고 할 수 없기에 한국 문학에는 전통이 없다고 단언한다.23) 이봉래는 이어 우리들이 전통으로 인식해 왔던 그간의 전통 개념을 "어떤 특정 유파가 임의로 설정한 類似傳統"24)의 개념으로 규정한다. 그에 의하면 그 유사 전통이란 전연 기원을 달리하는 문화에 원천을 두고 있는 것으로서, 구라파 문화에 원천을 두고 있는 '歐羅巴的 類似傳統'과 중국을 거쳐 오랜 역사적 변천 과정을 통해 한국적인 것으로 동화된 '韓國的 類似傳統'으로 분류된다는 것이다. 그런데 바로 이 유사 전통이 한국 문학을 무전통적 성격의 문학이 되게 한 중요한 계기로 작용하였다는 것이다. 이봉래의 전통 부정론적 인식은 이어서 '근대'의 문제로 귀결된다. 이봉래는 한국 문학을 "준열한 근대정신을 꺾지 못하고 수동적으로 현대에 도달"25) 하게 된 '왜곡된 근대문학'이거나, 극단적으로는 '근대 부재의 문학'으로 인식한다. 결국 이봉래는 '근대'의 문제를 '전통'의 문제와 결부시켜, 한국에 진정한 의미에서의 근대가 존재하지 않았던 것처럼 진정한 의미에서의 전통도 존재하지 않는다는 논리를 편다. 그는 또한 우리의 고전 문학에서 추출한 '끈기'와 '멋'이 한국 문학의 전통이 될 수 있다는 관점에 대해서

---

23) 辛斗遠, 「전후 비평에서의 전통논의에 대한 시론」, 『민족문학사연구』 제9호, 민족문학사연구소, 1996, p.261.
24) 李奉來, 「傳統의 正體」, 『문학예술』, 1956, 8, p. 153.
25) 李奉來, 「韓國의 모던이즘(上)」, 『현대문학』, 1956, 4, p. 89.

다음과 같은 논리를 통해서 자신의 입장을 드러낸다. 즉, "「끈기」를 連綿性이라고 하고 「멋」을 풍류라고 해석하고 있지만, 구체적인 면에 들어가서 고전에 있어서의 어떤 것이 「끈기」이며 어떤 것이 「멋」을 의미하는 것인가 하는 점에 대해서 매우 막연하다고 볼 수밖에 없다"[26]는 주장을 통해서 「끈기」와 「멋」이 우리의 전통이 될 수 없다는 논리를 편다. 이와 아울러 「끈기」의 표현 양상과 특성에 대한 해석이 부재한다는 점과 「멋」이 풍류 감각 또는 풍류 감정을 떠나서 성립될 수 없는 개념이고, 동시에 풍류는 초시간적 초세속적인 고절된 반속 정신(反俗精神)의 변형이기도 한데도 불구하고, 이것에 대한 철학적 해석이 희박하기 때문에 「끈기」와 「멋」은 전통이 될 수 없다는 견해를 제시한다.

반면에 정병욱은 주체성의 구체적인 표현 결과로서 「멋」을 한국 문학의 전통으로 간주하고, "「멋」은 데포르마씨옹(deformation)의 미의식에서 그 본질이 설명될 수 있다"[27] 라는 논리를 편다.

> 무릇 이 「멋」이란 槪念은 대개 다음에 드는 두 가지의 경우에서 파악된다. 즉, 하나는 여러 가지의 異質的인 要素들이 한데 엉키어 새로운 調和를 이루었을 때에 우리는 그것을 '멋있다'고 한다. 그리고 다른 하나의 正常的인 상태에서 벗어져 나가 약간의 歪曲이 형성되어 전체적인 調和를 손상시키지 않을 때에 우리는 또한 '멋지다'고 감탄한다. 이같이 「멋」은 調和를 기저로 하면서 原常이 약간 데포름 되었을 때에 느껴지는 일종의 美意識을 뜻함이다. 바꾸어 말하면 「멋」이란 결코 평범하고 正常的인 상태에서 느껴지는 것이 아니라 정상적인 상태에서 약간 벗어나되 그것이 전체적인 調和를 해하지 않을 때에 느껴지는 것이고 그것이 극치의 경지에 이르렀을 때에 우리는 그런 상태를 일컬어 '깜찍하다'고 한다. 따라서 이 '깜찍함'은 곧 「멋」의 극치를 이른다 할 것이다. 그런데 이 '깜찍하다'는 뜻은 小規模의 것이 大規模의 것을 교묘하게 재현시켰을 때에 이루어지는 개념이다.[28]

---

26) 李奉來, 「傳統의 正體」, 『문학예술』, 1956, 8, p. 151.
27) 鄭炳昱, 「우리 文學의 傳統과 因襲」, 『사상계』, 1958, 10, p. 56.

위에서 알 수 있는 것처럼 정병욱은 한국 문학의 전통으로 자리잡은 「멋」을 원상의 변형(deformation)과정을 통해서 획득한 미의식으로 간주한다. 여기에서 변형이란 소규모의 것이 대규모의 것을 교묘하게 재현하기 위한 하나의 방법론이다. 바꾸어 말하면 끊임없이 흘러들어 오는 외래 문화를 주체적으로 수용해서 우리의 전통 문화에 조화시키기 위하여 「멋」을 부리지 않을 수 없었다는 것이다. 그 「멋」부림을 통해서 우리는 외래 문화를 '깜찍하게' 새겨낼 수 있었다는 것이 정병욱의 주장이다. 그러기 때문에 정병욱은 "儒敎나 佛敎, 또는 朱子學이나 實事求是學을 그 발상지의 형태대로 받아들여서 육성 발전시키지 않고 우리의 주체성 아래 '데포름'시켜 발전시킨"29) 것으로 이해한다. 그러나 한국 문학이 항상 중국 문학이나 서구 문학의 원형을 변형(deformation)시켜 수용했다는 관점은 한국 문학의 후진성을 증명하는 사실이 될 수도 있다.

이러한 사정을 다른 말로 바꾸어 표현한다면, 한국 문학은 항상 선진 외래 문학을 「데포름」하였기 때문에 우리의 문학은 언제나 창조적일 수 없다는 논리로 귀결될 수도 있는 것이다. 특히, 데포름의 과정에서 그 변형의 농도가 희박하거나 또는 그 열도가 미온적이었을 때에는 필연적으로 모방의 테두리에서 맴돌지 않을 수 없게 된다. 때문에 한국 문학의 전통성은 항상 '모방성'의 위험을 내포하고 있는 것이다. 그러나 정병욱은 이것을 단순한 '인습의 부작용'으로 이해한다. 결국, 정병욱은 한국 문학의 인습을 '不建全性'과 '模倣性'에서 찾고 있는 셈이다. 여기에서 정병욱은 한국 문학의 이 모방성과 불건전성을 극복하기 위한 전제로서 "「현대」의 특성인 「세계성」에의 참여와 「한국적인 전통」, 즉 우리의 주체의식과 「멋」"30)의 확립을 주장한다. 곧, 정병욱에게 한국 문학의 전통 확립은 한국 문학의 인습인 모방성의 극복 전제인 동시에, 그것은 또한 세계성에 참여하는 하나의 전제도 되는 셈이다.

---

28) 鄭炳昱, 앞의 글, p. 56.
29) 같은 글, p. 57.
30) 같은 글, p. 61.

전통을 인식하는 관점은 조윤제도 정병욱의 관점과 크게 다를 바가 없다. 조윤제는 고전 문학과 현대 문학을 '역사성'과 '시대성'의 맥락에서 파악한다. 조윤제는 특히 국문학 건설과 관련하여 현대 문학은 고전 문학의 역사성에 토대를 두어함을 강조한다. 더 나아가 조윤제는 "고전문학을 운위하지 않고도 세계적인 현대문학이 건설되리라고 생각될 지도 모른다. 그러나 세계의 문학이라 할지라도 역시 그 붙어온 바의 고전적인 기초가 있었을 것"31)라며 현대 문학의 고전 문학 탐구는 세계 문학의 일환으로서의 국문학 건설과 관련이 있음을 주장한다.

> 國文學은 그 形成됨이 벌써 外國文學의 影響이었고, 그 後라 하드라도 줄곳 外國文學의 影響을 입어서만 發達하여 왔음을 알수 있겠거니와, 이것은 우리에게 무엇을 말하는 것인가 하니 過去의 우리文學은 恒常 固陋하질 않고 世界를 向해 門戶를 開放하여 國文學의 世界化를 企圖하여 왔다는 것을 意味하는 것이 될 것이다. 꾀-테는 民族文學은 民族의 뿌리를 단단히 박고 널리 世界의 空氣를 充分히 吸收하지 않고는 生生한 發達을 할 수 없다고 말하였으나, 事實上 國文學은 民族에 뿌리를 단단히 박았는지 어떤지는 아직 몰라도 時代的으로 노침 없이 外國文學이라는 外氣를 吸收하여 왔던 것만은 틀림이 없었으니 여기에 國文學은 于先 正常的인 發達을 하여 왔다고 하여야 되겠다. 다만 問題는 꾀-테가 말한 바와 같이 民族에 뿌리를 단단히 박았느냐 어떠냐 하는 것인데, 이 點은 結局 우리文學이 外國文學의 影響을 크게 받았었지마는 그대로 外國文學에 征服되어 버리지 않고 自主性을 維持하였느냐 하는 것이 되기도하여 여기에 國文學의 傳統問題가 생기게 되는 것이다. 즉 歷代의 國文學은 外國文學의 影響을 입었지마는 果然 傳統이 살어서 外國의 어느 文學도 아니고 國文學이라는 獨特한 文學으로서 生生한 發達을하여 왔던 것인가 하는 것이 問題된다.32)

조윤제는 국문학이 형성기에 일단 외국 문학의 영향을 받았다는 사실을

---

31) 趙潤濟, 「古典文學과 現代文學」, 『문예』, 1953, 2, p. 14.
32) 趙潤濟, 「現代文學의 傳統論」, 『자유문학』, 1958, 5, p. 207.

인정한다. 이것은 조윤제도 한국 문학이 외국 문학의 영향에 의해서 형성된 모방 문학적인 측면이 있음을 인정하는 논리이다. 그런데 역으로 조윤제는 한국 문학의 이와 같은 성격이 바로 한국 문학의 세계성과 개방성을 의미하는 것이라는 논리를 편다. 그리고 한국 문학의 이러한 개방성과 세계성은 국문학의 정상적인 발달을 촉진하는 계기로 작용했다는 것이다. 문제는 괴테의 말을 빌어 표현한 것처럼 과연 국문학이 민족의 뿌리를 단단히 딛고 형성된 문학이냐 아니냐의 문제라는 것이다. 여기에서 발생하는 문제가 한국 문학의 자주성과 관련된 전통 문제라는 인식은 앞에서 살펴본 정병욱의 논리와 일치하는 점이다. 정병욱이 한국 문학이 외국 문학의 영향 속에서도 '변형(deformation)의 멋'을 통해 주체적 전통을 이어왔다는 논리를 편 반면에, 조윤제는 국문학이 「은근과 끈기, 애처럼과 가냘픔, 두어라 노새」 등을 통해 국문학의 독자적 전통을 유지할 수 있었다는 논리를 편다. 조윤제는 이와 같은 관점에서 현대 문학이 우리의 전통을 계승해야 된다는 당위론을 펼친다. 조윤제는 여기에서 전통의 당위적 가치와 현대 문학에 구체적으로 적용될 수 있는 고전 문학의 전통으로 「은근과 끈기」, 「애처럼과 가냘픔」, 「두어라 노새」 등을 제시한다. 그러나 조윤제의 이와 같은 논리는 현대 문학에 이것을 삼투시킬 구체적인 방법론을 제시하지 못하고 있다는 점에서 나름의 한계를 드러내고 만다. 그럼에도 불구하고 정병욱과 조윤제 모두 전통을 모방성 극복의 전제로서 인식했다는 점과 함께 전후의 정태적 전통관을 극복하고 전통의 생산적 성격, 즉 "전통을 간시제적(間時制的) 반복이나 일치가 아니라 간시제적 재생(filiation)"[33]의 의미로 그 지평을 확장시켰다는 점에서 공통적이다.

---

33) 金文朝, 「傳統과 社會變動」, 『韓國社會의 發展과 文化』(林熺燮 編), 나남, 1987, p. 58.

2) 민족문학론과 전통

전후의 민족 문학이 맞이한 우선의 과제는 현대 의식과 전통 계승의 문제였다. 최일수는 전후 문학의 본질을 극단적인 외래 문학의 모방과 강력한 민족적 저항력에 근거한 민족 지향적 전통이 대척하는 이율 배반적 문학으로 규정한다. 물론, 이 시기의 가장 핵심적 과제는 서구의 현대 문학을 어떻게 하면 주체적인 입장에서 이를 정리하여 받아들일 수 있는가 하는 것이었다. 또한 서구의 현대 문학을 수용할 수 있다면 그것에 대한 비판적인 섭취의 기준은 세웠는가에 대한 문제도 중요한 쟁점의 하나였다. 결국, 이러저러한 문제들은 주체성 확립의 문제로 귀결되었다. 최일수가 바로 이 주체성 확립의 전제로 제시한 것이 전통 계승의 문제였다. 또한, 그 전통의 올바른 계승을 위해서 국문학을 편협된 시각에서 인식하는 경향으로부터 탈피하여 민족성의 세계적 연관이 토대가 된 민족 문학의 확립이 전제되어야 한다는 것이 그의 논리이기도 했다.

여기에서 무엇보다도 問題되어야 할 것은 우리文學의 本質에 흐르는 傳統이 무엇인가를 찾아냄으로써 在來의 定義를 批判해야 하는 點이다. 傳統의 올바른 繼承을 爲한 그 本質의 分析方法으로서 在來의 몇 가지 定義를 批判해보면 첫째 李丙燾氏의 持論(조선일보 一九五五年 六月十六日附「우리 文化와 將來」의 座談會에서의 發言中에서)대로 鄕歌時節부터 흘러오는 歌舞好飮의 그러한 風流的인「멋」과「맛」속에 있는 것인가. 그렇지 않으면 崔致遠의「桂苑筆耕集」에서와 같이 唐詩의 純粹模倣에 있는 것인가. 또는 李退溪의 道文一致의 儒敎文學에 있는가. 또는 이와 正反對로 이러한 模倣性과 折衷에 反抗하고 人間의 平等을 謳歌한「春香傳」등의 口碑文學(說話) 속에 있는가를 本質的으로 分析하지 않으면 않되리라고 본다.[34]

---

34) 崔一秀,「우리文學의 現代的 方向」,『자유문학』, 1956, 12, p. 180.

최일수는 이들 중 우리 문학의 진정한 전통을 「멋」과「맛」이나 또는 모방이나 '道文一致'에 있는 것이 아니라, 우리 민족의 고유성 위에서 자라난 「춘향전」 등의 평민 문학의 역사적 특질에서 찾아야 한다는 논리를 편다. 즉, 최일수는 위의 네 가지 전통 중에서 「춘향전」 등의 구비 문학 속에서 구현된 전통만 인정하고 다음과 같은 논리로 세 가지의 전통을 비판한다. 첫째, 이병도씨의 「멋」과 「맛」론은 풍류나 정서를 관조적으로 완미하는 민속적인 감각이고 해석이지 우리 민족 속에 영원히 흐르는 생활의 창조 원천일 수는 없다는 것이다. 다시 말해서 향가 속에서 찾아볼 수 있는 전통성이란 「멋」과 「맛」이라는 풍속 서정에 있는 것이 아니라, 비록 절충적이기는 하지만 외래 문학을 표음화하며 우리 나라의 독특한 古諺慣例敎訓 등의 평등적인 「모랄」을 통해서 중국 시가와 구별할 수 있는 민족적인 독자성을 간직하고 있었다는 점에서 찾아야 한다는 것이다. 둘째, 최치원의 '唐詩 模倣論'은 전통이 모방에서 오는 것이 아니라는 논리를 통해서 비판한다. 즉, 모방은 전통을 부정하게 되는 결과의 형태로서 오히려 그 나라 문학의 독자성을 말살하는 결과를 초래한다는 것이다. 셋째, 최일수는 이퇴계의 '道文一致'의 문학은 본질적으로 元의 주자학적 문학 이론을 모방한 것으로 일체의 다른 문학은 그 존재를 인정하지 않는 문학으로서 우리 민족의 고유성을 창현해낼 수 없다고 주장한다. 이퇴계의 문장이 오늘날까지 우리 문장의 정통으로 간주되어 왔지만, 문장의 정통은 문학의 전통과는 다르다며 문장은 하나의 표현 형식의 문제이지 문학이 가져야 할 창조적 내용은 아니라는 것이다. 즉, 문학의 전통은 이와 같은 문장의 정통이나 표현 형식에 있는 것이 아니라 역사적으로 옳은 유산의 토대 위에 성립하면서 발전해 나가는 기본정신을 통해 구현된다는 것이다.

결국, 최일수는 우리의 전통을 「춘향전」과 같은 평민 문학의 저항 정신에서 찾는다. 즉, 민족 문학을 현대화시키는 그 근본 정신의 문제는 우리 문학의 내면에 흐르고 있는 저항 정신을 토대로 하여 분열된 자아 통일에 대한 확고한 신념을 민족 전통과의 결부 속에서 창현시키는 데 있다는 것이다. 여기에서 최일수는 자아 분열을 전후의 현실에서 기인한 프로이트적인 무의식의 세계에 작가들이 일방적으로 내향함으로써 일어난 것으로 진단한다. 그리고 이렇게 분열된 자아에 대한 해결책을 우리 내면에 면면히 흐르고 있는 저항 정신과의 관계 속에서 조망한다. 이렇게 1950년대 전통 논의는 '저항 정신과 전통', '파편화된 자아의 통일과 민족문학론의 확립'이라는 문제들이 서로 복잡하게 길항하며 전개된다. 또한 '민족 문학의 확립이란 현대란 무엇인가'라는 본질적인 물음들과 의미연관을 이루는 문제였다.

> 當代로서의 現代라는 이 在來의 定義가 지니는 抽象的인 時間上의 槪念을 批判하고 진정 近代의 繼承者로서의 現代라는 定義를 확입하기 위해서는 現代가 近代와 差質되는 近本的인 歷史的 性格과 그 基調精神等이 무엇보다도 먼저 論議되어야 함에도 불구하고 그것을 捨象해 버렸기 때문인 것이다. 따라서 歷史的 特質의 內容이 捨象되어 버린 이 繼承論은 過去와 現在에 대한 歷史的 繼起過程을 一般的인 時間持續의 槪念으로 平面化시켜 버리고 만 것이다. 要는 近代의 繼承者로서의 現代라는 一般的인 定義에 그쳐버릴 것이 아니라 주어진 歷史的 段階의 特殊性을 먼저 差質하고 그 基底力이 되는 文學的 精2神이 形成되지 않으면 않될 것이다. 만일에 그렇지 않는다면 近代에서 무엇을 이어받으며 또 어떠한 位置에서 近代를 繼承해야 할 것인가에 대한 가장 根本的인 規準들이 捨象되어지고 그야말로 無意味와 無內容의 現代가 되고 단순히 現代를 近代와 時代的 念으로만 갈라놓자는 抽象的인 定義밖에는 아무것도 안될 것이다.[35]

위 글에서도 알 수 있듯이 최일수는 현대의 개념을 당대로서의 현대라는 단순한 연대기적 개념으로 인식하지 않는다. 그에 의하면 현대가 추상적인 시간상의 개념에서 벗어나서 현대의 역사적 성격과 내용이 사상되지 않은 질적 범주로 인식될 때, 그것은 민족 문학의 확립이라는 긴요한 과제에 대한

---

35) 崔一秀, 「現代文學의 根本特質(上)」, 『현대문학 』, 1957, 1, p. 192.

성찰적인 접근 기제가 될 수 있다는 것이다. 최일수는 이와 같이 현대의 개념을 단순한 시간 지속의 연대기적 개념이 아니라 실제적인 변화의 내용을 구체적으로 확인할 수 있는 '질적 범주'로 인식한다. 이와 같은 '현대'에 대한 개념에 근거해서 최일수는 이봉래와 조지훈의 '현대' 개념을 다음과 같이 비판한다. 첫째, 이봉래의 현대 개념은 "단순히 현대를 근대와 구별을 지어 놓았을 뿐이지 현대의 역사적 내용인 그 특질에 대해서는 아무런 추구함이 없이 단순히 현재적 시간의 평면적인 흐름에다 현대라는 사칭과 근대라는 사칭을 갈라놓고 단순히 이를 계승이라는 이름아래 연결지어 놓은데 그쳤을 뿐"36)이라는 것이다. 요컨대, 근대의 계승으로서의 현대라는 일반적인 정의에 그쳐버릴 것이 아니라 주어진 역사적 단계의 특수성을 먼저 변별했어야 했다는 것이다. 그러나 이봉래의 '계승론'은 현대의 역사적 특질의 내용이 사상되었을 뿐만 아니라, 현대가 어떠한 위치에서 근대를 계승해야 할 것인가에 대한 가장 근본적인 규준들 또한 사상되었다는 것이다. 때문에 이봉래의 '계승론'은 현대의 "근본적 요소인 저항정신에 기초한 역사적인 내용과 행동성으로 표현되는 주체적 형식을 사상 또는 간과하면서 현대는 황무지"37)라는 엉뚱한 결론을 내려버렸다는 것이다. 둘째, 조지훈의 현대 개념을 "현대가 근대의 단순한 평면적인 연장이라면 오히려 「휴매니즘」의 고조기라는 것보다는 씨가 근대를 규정한 바 그 과학정신의 고조기라고 보는 것이 더 옳지 않겠는가"38)라며 현대를 휴매니즘의 고조기로 보는 조지훈의 현대 개념을 비판한다. 즉, 최일수는 조지훈이 현대라는 역사적 단계의 특질을 근대적인 위치에서 관조한 나머지 개념적으로만 규정하고 이를 단순히 고조기로 치환해 역사를 평면화시켰다는 것이다. 최일수에 의하면 현대에 있어서의 휴매니즘과 근대에 있어서의 휴매니즘이 왜 다르냐 하는 문제는 곧 그것이 단순한 고조기가 아니라 근본적으로 다른 질적 차이성을 내포하고 있는

---

36) 崔一秀, 앞의 글, p. 191.
37) 같은 글, p. 196.
38) 崔一秀, 「現代文學의 根本特質(下)」, 『현대문학』, 1957, 1, p. 70.

역사적 정신이 그 내면에 저류하고 있다는 것이다. 즉 현대에 있어서 휴매니즘은 "과거 루넷상스의 인문주의처럼 고전적 교양에 의해서 자기의 인간성을 회복하려 했던 그러한 귀족주의적 휴매니즘이 아니라 모든 질곡으로로부터 인간을 해방하고 또 근대의 문화주의적 요소에서 벗어나 대중을 기초로하면서 단순한 해방에 그치지 아니하고 새로운 인간을 옹호하며 형성해야 하고 또 그러하기 위해서는 새로운 사회건설이 행동적으로 요구되는 이러한 반드시 있어야 할 리얼리티가 휴머니티 자체내에서 요구되고 있는 역사정신"39)으로 변화하였다는 논리를 편다. 최일수는 현대에 와서 휴매니즘은 하나의 '이즘'으로서가 아니라 '휴매니티'라는 역사적 유산으로서 현대 정신 속에 지향되고 전통화되어 계승될 뿐이지 '이즘'이라는 하나의 사상적 근본 내용으로 고조된 것이 아니라는 것이다. 최일수는 현대의 근본 정신이란 "참으로 반드시 있어야 할 새로운 것을 형성하고자 이를 저해하는 일절의 낡은 인습이나 보수적인 제요소들에 대한 저항정신의 행동적인 발현"40)에 있다는 것이다. 결국 최일수는 현대를 이 저항 정신에서 싹트고 또 거기서 출발된 것으로 인식한다. 또한 현대를 이 정신 속에서 새로운 것을 형성하고 창현하는 것으로도 인식된다. 최일수의 '현대'에 대한 이와 같은 규정은 그대로 민족 문학의 성격과 개념 규정에도 적용된다. 즉, 민족 문학은 현대의 성격이 온전히 담보될 때만이 민족 문학의 확립이 가능하다는 것이다. 여기에서 이 민족 문학의 확립 문제와 관련된 전통 문제 이외에 또 하나의 문제로 제기된 것이 '민족 문학의 세계성' 논의이다. 최일수는 민족 문학이 세계 문학과 합일될 수 있는 가장 올바른 방법은 무엇인가 하는 문제에 있어서 다음과 같은 입장에 서서 '민족 문학의 세계성'에 대한 논의를 전개해 나간다.

> 東洋의 諸文學이 비록 그 水準에 있어 뒤떨어져 있을지라도 現代로 指
> 向하기 위한 主體的이며 批判的인 角度에서 文學의 世界性과 民族性을

39) 崔一秀, 앞의 책, p. 71.
40) 앞의 책, p. 72.

究明하고 특히 後進된 東洋의 民族文學들의 內面에 흐르는 世界的인 一貫
性을 文學史的으로 分析하고 批判하면서 西歐文學과 對比하여 後半期 現
代라는 特定한 歷史的 時代에 있어서 우리와 같은 停滯된 民族文學이 어
떻게 하면 그 自體內에 世界性을 보다 풍부하게 지닐 수 있는가에 대한
獨創的인 方法論을 創現해보려는 것이다. 그러기 위해서는 무엇보다도 「
괴테」나 「몰톤」 「슈트릿히」들이 主張한 超民族 超時代的인 絶對價値로서
의 普遍的인 人間性(純粹人間)의 世界를 批判하지 않으면 안되리라 믿는
다.41)

최일수에 의하면 어떤 나라의 문학 작품이든 간에 제각기 자기 민족에만
공통되는 언어, 풍습, 종교 등의 소재와 형식을 토대로 해서 형상화된 작품이
존재할 수밖에 없다는 것이다. 때문에 민족문학의 세계성 논의는 "서구문학
의 「코스」를 그대로만 따를 수 없는 환경"42)이라는 것이 최일수의 기본적인
인식이다. 그러나 문학에 있어서 세계성이란 개개인의 문학의 상호 작용과
민족 상호 간의 교류를 통해서 형성된 그 내용의 총화성(總和性)이기 때문에
세계 문학과 접합 가능하다는 것이 또한 최일수의 기본 입장이기도 했다.
따라서 세계 문학은 "민족문학적 고유성을 초월해 버리고 독자적으로 존립
할 수 없으며, 또한 그것은 가공적으로 초월된 것이 아니라 민족의 개개의
문학에 있어서 공통적으로 흐르는 객관적인 내용"43)의 세계적인 총화인
것이다. 그런데 이러한 세계 문학은 서로 교류하고 영향 관계를 형성하면서
그 개개의 문학이 문학으로서의 독자성을 보다 풍부히 지닐 수 있게 되었으며
또한 비약적인 발전을 할 수 있었다는 것이다. 최일수는 이러한 자신의 논리
의 근거로 라이프니쯔의 '단자론(單子論)'을 인용한다. 무제한의 우주는 각
기 독자적인 세계를 가지고 더 이상 분할할 수 없는 단자들의 총화로 구성되
어 있으며, 이 총화는 곧 단자와 단자간의 상호 작용과 상호 교류의 운동에

---

41) 崔一秀, 「文學의 世界性과 民族性①」, 『현대문학』, 1957, 12, p. 217.
42) 최일수, 앞의 글, p. 216.
43) 崔一秀, 「文學의 世界性과 民族性②」, 『현대문학』, 1958, 2, p.209.

의해 이루어진다는 것이 단자론의 중심 논리이다. 이와 같은 무제한의 우주
와 같이 세계 문학 역시 개별적인 민족 문화의 총화라는 것이다. 그러나
이때 민족 문화의 총화란 단순한 합집합의 개념이 아니라 개별적 민족 문학이
민족 문학으로서의 특수성과 더불어 세계 문학으로서의 보편성을 함께 지닐
때라야만이 가능하다는 것이 기존의 논리들과 다른 점이며, 동시에 그때의
보편성은 역사발전의 단계에 대응하는 정신 활동의 객관성으로 발현되어야
한다는 점이 특이한 논리이다.44) 이처럼 최일수의 민족 문학론은 세계주의,
보편주의가 일반화된 당시로서는 드물게 민족 문학과 세계 문학의 관계
규정에 있어서 균형 감각을 잃지 않고 있는 논리이다.45) 이와 같이 최일수의
민족 문학론이 보편주의의 비판적 수용으로 귀결되는 논리인 반면에, 전후
민족 문학론의 상이한 한 축을 형성한 김양수의 민족 문학론은 전통의 재구성
을 통한 보편적 세계주의에로의 지향으로 귀결된다.

> 民族의 歷史는 傳統을 再構成하게 되는 것이다. 한 民族의 傳統이 하루
> 아침에 이루어지는 것이 아닌 반면에 한 民族의 傳統은 한결같은 習性만
> 固執하는 것만도 아닌 것이다. 그것은 한 民族의 歷史가 한결같은 習性만
> 을 傳統으로 이어온 것이 아닌 까닭에서이며 또한 한결같은 習性을 固守하
> 는 것은 傳統의 屍體를 固守하는 것에 지나지 않는 理由에서인 것이다.
> 한결같은 習性에의 執着이나 固執은 새로운 創造를 爲한 前進이나 發展을
> 意慾하고 志向하려는 것이 아니고 過去의 安易 속에 自身의 平安을 依賴
> 하고 自身의 平安으로써 스스로의 無能과 懶怠를 慰勞하고 스스로의 努力
> 과 鬪爭心을 廻避함으로써 줄기찬 歷史創造의 代價를 공으로 누리고 報答
> 히지 않으려는 非生活的 精神에서 움어나온 것이다. 感傷的인 過去에의
> 鄕愁나 漠然한 지나간 傳統에의 固執은 한 民族의 民族精神의 停滯를 紹
> 來하는 것이다. 그러나 眞正한 意味의 傳統의 界承은 傳統의 屍體에의
> 妥協이나 感傷이 아니고 그 屍體안에 오늘의 呼吸을 불어넣는 것이다. (...)

---

44) 한수영, 「최일수 연구」, 『민족문학사연구』제10호, 민족문학사연구소, 1997, p.157.
45) 朴憲虎, 「50년대 비평의 성격과 민족문학론으로서의 도정」, 『한국 전후문학 연구
    』(조건상 편), 성대출판부, 1993, p. 243.

오늘 現在의 時間에서 오늘 現在의 視力으로 바라본 過去안의 現在性을
必要로 하는 同時에 오늘 現在의 視力을 造成하는 그 民族의 精神的 視力
의 確保인 것이다. 오늘의 全世界의 精神的 視力의 焦點은 民族과 民族과
의 聯立 및 聯合體를 構成하는데 있으며 이는 世界的인 視力과 國際的인
視點을 志向하는데 있는 것이다. 오늘의 全世界의 生活理念은 洋의 東과
西를 對比하는 消極的인 相互理解에의 志向이나 民族과 民族과를 認定
및 區別하는 民族自決에의 「푸로세쓰」를 지나서 全人類의 共通된 活路를
同一한 時間觀念과 空間意識으로서 추구하는데 있는 것이다.46)

김양수의 역사 인식은 전통의 재구성을 통한 보편적 세계주의에로의 지향
으로 귀착된다. 김양수는 전진하는 역사의 참다운 의미는 "傳統의 破壞와
再整理 再構成에 있는 까닭"47)에 전통을 재구성한다는 논리가 모순이나
역설이 아니라는 논리를 편다. 김양수에 의하면 한 민족의 역사가 전진한다
는 것은 그 민족의 전통이 전진하는 동시에 민족 정신의 실체가 전진하는
것이므로, 모순은 오히려 전통에서 이루어진 역사가 전통을 재구성하지 못할
때 발생한다는 것이다. 때문에 감상적인 과거에의 향수나 막연히 지나간
전통에의 고집은 민족 정신의 정체를 초래한다는 것이다. 요컨대, 진정한
의미의 전통의 계승은 전통의 시체와의 타협이나 감상에 있는 것이 아니라,
바로 그 전통에 '오늘의 호흡'을 불어넣는 것에서부터 출발한다는 것이다.
여기에서 오늘의 호흡이란 바로 '전진하는 역사의 호흡'이다. 이 전진하는
역사의 호흡을 통해서 전통은 그 민족의 정신적 시력을 확보하고 참다운
의미의 전통으로 재구성된다는 것이 김양수의 기본 입각지이다. 때문에 김양
수에게 '오늘의 호흡'이란 명제의 내포는 50년대 전통 논의의 기본적 입론이
었던 '전통의 현대화'의 맥락에서 이해되는 것이라기보다는, '민족과 민족의
연립이나 연립체 구성'과 교집할 수 있는 세계적 보편성을 담지해 낼 수
있는 세계주의의 자장 안에서 이해될 수 있는 것이다. 이러한 논리에 기반하

---

46) 金良洙, 「民族文學確立의 課題」, 『현대문학』, 1957, 12, p.193.
47) 金良洙, 앞의 글, p. 197.

기 때문에 김양수의 전통의 재구성은 "한 民族의 精神이 形成 發展하기 爲해서 全世界의 影響이 不可分의 것이되고 全世界의 向上과 發展을 爲해서 民族마다의 새로운 意慾과 意志가 擡頭되어야 했다. 그것은 民族마다의 意慾과 意志가 世界的인 普遍性을 띠울 때 이미 그것은 民族的인 것이 되는 한便 世界的이 되는 까닭"48)이라는 논리로 귀착된다. 김양수의 이러한 논리는 고스란히 민족 문학의 확립 문제로 이동한다. 김양수는 민족 문학도 결국 그 문학 정신의 자기 부정에서부터 형성되는 것으로 인식한다. 이와 같은 인식의 전환이 선행될 때라야 "오늘의 世界를 批評하고 自己의 民族을 批評하고 自己 스스로를 또한 批評하는 것이야말로 民族文學이 確立되는 길이며 精神과 實際로서 人類 및 世界의 一體化를 爲하여 現在의 不合理 및 不條理와 對決하는 길"49)이 열릴 수 있다는 것이 김양수의 논리이다. 말하자면 자기부정이 선행될 때에라야 이데올로기에 의한 세계의 분할을 뛰어넘고 아울러 서구의 물질 만능에 의한 모순과 동양의 정체성을 한꺼번에 극복할 수 있는 세계주의를 민족 문학과 접합시킬 수 있다는 것이다. 그러나 세계를 하나의 단위로 설정하고 그 안의 모든 문제들을 해결할 수 있는 관념의 희망봉을 설정하는 것이 50년대 우리 문학이 요구하는 민족 문학의 핵심일 수는 없다. 이러한 논리는 오히려 주체의 회복이 절실했던 50년대의 문학과는 유리될 수밖에 없는 것이었다. 김양수에 의하면 한국뿐 아니라 아시아의 정체성의 원인은 '세계정신'의 결여에서 기인한다는 것이다. 이처럼 역사 발전의 원동력을 단지 세계정신의 논리에서만 파악하는 관념적인 사고는, 결국 현재를 '전인류정신에 입각한 세계주의 형성의 단계'로 보고, 우리 문학의 지향점도 이에 부응하는 '세계적 보편화의 길' 혹은 '인간 탐구 의 대결자세'를 취하는 것이어야 한다는 논리로 귀일시킨다.

　이러한 논리에 의해 도달한 민족 문학의 정체가 '직관'에 의해 파악된

---

48) 같은 글, p. 211.
49) 같은 글, p. 213.

생명제일주의 문학이라는 사실은, 그의 민족 문학론이 얼마나 관념적인가를 여일하게 드러내주는 것이라 하겠다. 요컨대 그의 민족문학론은 현단계가 인류의 연합체를 요구하는 시점이라고 전제한 속에서 민족의 구별과 특정한 사조의 경계를 뛰어넘는 생명 정신의 구현에 있다고 보는 것이다. 이 논의는 당시의 지식인에게 만연되어 있던 보편주의, 세계주의에의 지향을 전형적으로 보여준다는 점에 있어서 의의가 있다.[50] 때문에 그의 다음과 같은, "그러므로 어떠한 인류의 일체화나 일반화의 주장도 인간 각자의 개성과 민족마다의 민족적 특성을 고려하지 않은 이론으로서는 공론일밖에 없는 것이며 이는 또한 이론의 나쁜 면인 이론의 공허한 개념만을 나열하는 것에 지나지 않는 것으로서 이러한 추상성만으로 이루어진 이론의 실천은 인간의 비극을 초래하는 원인"[51]이라는 주장은 설득력이 없는 자가 당착적 논리로 귀결될 수밖에 없었다.

3) 세대론과 전통

해방 직후 청년문학가협회를 결성하여 우익 문학인의 전위로서 좌익의 조선문학가동맹과 맞섰던 김동리(金東里), 조연현, 서정주(徐廷柱) 등이 한국문학가협회의 중심 세력을 형성했음은 널리 알려져 있다. 이들을 '문협 정통파'라 칭하거니와, 이들의 전통론으로 제출된 것이 조연현의 「민족적 특성과 인류적 보편성」(『문학예술』1957.8)이다. 이글은 당시 전통론의 전개 과정에서 새로운 전기를 마련하게 된다.[52] 조연현의 이 글을 계기로 문협 정통파의 전통 계승론적 입장이 본격화되며 전후의 전통 논의가 논쟁적 형태를 갖추기 시작한다. 사실 문협 정통파의 대표적 이론가였던 조연현은 그동안의 전통 논의에는 참여하지 않는 입장에 서 있었다. 그러다가 이어령

---

50) 朴憲虎, 앞의 글, p. 242.
51) 金良洙, 「韓國現代文學의 志向點」, 『현대문학』, 1958, 1, p. 189.
52) 辛斗遠, 앞의 글, p. 264.

을 비롯한 신세대 문학인들에게 문협파를 비롯 구세대 문학인들이 집중적인 비판의 표적이되자 이에 본격대응을 하기 시작한다.

> 우리는 傳統의 動搖에서 오는 現代의 不安이 民族的인 特性의 正當한 發育에 눈을 뜨지못한데에서 오는 것임을 알 수 있게 된다. 그리고 함부로 傳統的인 것을 無視하는 機械主義的인 進步主義者들이 事實은 얼마나 우리의 世界的인 進出을 막고 있는 것인가도 알 수 있게 된다. 우리는 中世紀에 抗拒한 루넷상스 運動이 中世紀를 拒否했다고 해서 그것이 傳統復活 運動이 아니고 盲目的인 進步主義 運動이라고 解釋해서는 안된다. 루넷상스는 中世를 否定한 點에 있어서는 反傳統的인 運動일 수도 있었지만 그것이 古代를 復活한다는 點에 있어서는 傳統復歸 運動이었던 것이다. 傳統이란 위에서도 言及한 것과 같이 連續的인 傳承이 아니고, 價値의 判斷에 의한 不連續的인 傳承임을 잊지 말아야 한다. 또한 傳統은 그것이 過去의 再生이나 復活이기는 하지만 그것이 그대로 過去의 再生이나 復活이 아니라 變容的인 再生이나 復活인 것도 알아야 한다.[53]

전후의 전통 논의에서 그동안 한발짝 물러나 있었던 조연현이 신세대의 반전통적 경향을 '전통적인 것을 무시하는 기계주의적인 진보주의자'로 규정하며 공격하고 나선 가장 근본적인 연유는 무엇보다도 신세대에 대한 대타의식에서 비롯되었다. 즉, 신세대와 구세대라는 세대의식이 '전통의 단절이냐 계승이냐'의 문제로 귀착되면서 본격적인 논쟁이 시작된다. 물론, 이와 같은 세대논쟁은 30년대 후반기 이후 40년대 초의 신세대 논쟁 시기부터 이미 본격화된 것이었다. 이 시기 논쟁의 초점은 주로 "근대성에 대한 심각한 회의와 비판"[54]이 전통에 대한 문제와 긴밀히 연관된 것이있다. 이후 세대 논쟁은 전후 현실이라는 새로운 문학적 상황에 직면하면서 다시 문협 정통파로 규정되는 구세대와 신세대 사이에서 재개된다. 이 시기에 조연현은

---

53) 趙演鉉, 「民族的 特性과 人類的 普遍性」, 『문학예술』, 1957, 8, p.186.
54) 강진호, 「1930年代 後半期 新世代 作家 硏究」, 고려대 대학원 박사학위논문, 1994, 12, p. 15

현대를 "전통의 동요 혹은 전통의 위기"[55)로는 규정하지만, 이러한 전통의
위기가 반드시 전통에 대한 부정이나 불신과 혼동되어서는 안된다는 논리에
기반한다. 또한 위 글에서도 알 수 있듯이 조연현은 전통을 단순히 과거의
재생이나 부활이 아닌 변용적인 재생이나 부활로 인식한다. 사실 '전통'과
'현대'에 대한 조연현의 이와 같은 논리는 해방 공간의 전형기적 상황에서
보여주었던 전통 부정론적 시각과는 상치되는 것이다. 그렇다면 자신의 전통
에 대한 시각까지 교정해가며 그동안 논의에 참여하지 않고 있던 문협 정통파
의 이론가 조연현이 1957년 들어 이처럼 위압적인 자세로 전통 부정론에
대처하게 된 것은 무슨 까닭일까. 여기에서 무엇보다도 그 얼마 전에 문협
정통파의 김동리를 필두로 하여 구세대 문인들을 시대 착오자라 규정하고
신세대 문학인들에게 이들 우상을 파괴하라고 외친 이어령의 쎈세이셔널한
전통 부정론이 제출되었다는 사실을 떠올릴 수 있다. 「우상의 파괴」(『한국일
보』 1956. 5. 5), 「화전민 지역」(『경향신문』 1957. 1), 「신화 없는 민족」(『경
향신문』 1957. 3) 등을 통해 이어령은 극단적인 세대간의 대결을 선동하였다.
구세대의 문학을 송두리째 부정하는 일련의 발언은 다음과 같은 전통부정론
을 동반하고 있다.[56)

> 우리가 이대로 敗北하기엔 너무나 많은 내일이 남아 있다. 천치와 같은
> 침묵을 깨치고 퇴색한 獄衣를 벗어던지지 않고는 견딜 수 없는 誘惑이
> 있다. 그것은 이 황야 위에 불을 지르고 기름지게 밭을 갈아야 하는 野生의
> 作業이다. 한 손으로 불어오는 바람을 막고 또 한 손으로는 모래의 沙汰를
> 멎게 하는 눈물의 투쟁이다. 그리하여 우리는 火田民이다. 우리들의 어린
> 穀物의 싹을 위하여 雜草와 不純物을 除去하는 그러한 불의 作業으로써
> 출발하는 火田民이다. 새 세대의 문학인이 항거해야 할 精神이 바로 여기에
> 있다. 항거는 불의 작업이며 불의 작업은 신개지를 개간하는 창조의 魂이
> 다. 저 잡초더미를 도리어 풍양한 땅의 자양으로 바꾸는 마술이, 성실한

---

55) 趙演鉉, 앞의 글, p. 175.
56) 辛斗遠, 앞의 글, p. 264.

　　반역과 힘과 땀의 노동이 이 世代 文學人의 운명적인 출발이다.57)

　　초토화된 전후의 현실에서 다 같이 의지하고 다 같이 느낄 수 있는 정신적
지주가 전통이 아니라 화전민 의식이라는 이어령의 선언은 신세대의 전통에
대한 인식을 명료하게 드러내는 것이다. 즉, 獄衣로 규정되는 전통을 부정하
고 화전을 일구어 어린 곡물의 싹을 생산해야 한다는 야생의 작업은 "그
자체 즉물적이자 현실적인 성격의 것"58)이기는 하지만, 전통에 대한 그의
인식이 얼마나 부정적인가를 단적으로 증거하는 논리이다. 그가 위의 글에서
표면적으로는 항거해야 할 정신과 창조의 혼 그리고 힘과 땀의 노동을 강조하
고는 있지만, 논리의 초점은 '잡초더미를 풍양한 땅의 자양으로 바꾸는 마술
이나 모래의 사태를 멎게 하는 눈물의 투쟁'에 있다. 문제는 마술이나 눈물이
란, 항거해야 할 정신의 토대가 미약한 현실 인식을 화려한 수사로 분장시키
는 용어에 불과하다는 것이다. 이어령이 「神話 없는 民族」이란 글에서 "가는
세대와 오는 세대간에 아무런 유산도 주지 못하고 아무런 대화도 없이 사라지
는 비극, 전통이란 정신적 표준어가 없는 이상 우리의 문화가 앞으로 있을
한국의 문화가 언제나 사이비적 문화의 妖花를 피울 것을 우리는 안다"고
언명할 때 그가 선언한 화전민이란 창조적 혼의 소유자가 아니라 황무지를
더욱 황량하게 만드는 일회적 마술의 경작자임에 불과한 것임을 또한 우리는
알게 된다. 물론 우리는 그의 글에서 세대와 세대의 단절감에 대한 인식이나
황무지를 풍양한 땅으로 바꾸어야 한다는 당위적 의식을 엿볼 수는 있다.
그러나, 성실한 반역과 힘과 땀의 노동이라는 표현이 수사적인 차원을 벗어
나지 못하고 있다는 점을 무인하기는 어렵다.59) 이에 대해 조연현의 대응은
위의 글에서 드러나듯이 이어령등을 위시한 신세대 문학인들을 '함부로 전통
적인 것을 무시하는 기계주의적인 진보주의자'들로 규정한다. 조연현은 전통

---

57) 이어령, 「화전민 지역」, 『경향신문』, 1957, 1, 11.
58) 김윤식. 정호웅 공저, 앞의 책, p. 344.
59) 崔東鎬, 『불확정 시대의 文學』, 文學과 知性社, 1987, p. 347.

을 "옛날 것인 동시에 현재에도 작용하고 있는 어떤 힘이다. 옛날 것이 현재에도 작용되고 있다는 것은 현재를 지배하는 행위의 주체성을 말하는 것으로서 이러한 행위의 주체성은 현재의 주체자가 의식적이든 무의식적이든, 혹은 적극적인 의지에서든, 무의지적인 타성에서든 이것을 수용함으로써 형성된 것이기 때문에 유물과 같은 객관적인 전승이 아니라 주관적인 전승이라고 보지않을 수 없는 것이다."[60]로 규정하며 유물과는 변별하는 전통의 개념을 확정한다. 그러나 이 글의 궁극적인 중심은 전통에 대한 이론적인 규명에 있지 않으며, 부제에서도 드러나듯이 서정주와 김동리 등의 문학에 나타난 전통성을 증시(證示)하는 데 있다. 괴테의 '가장 민족적인 것이 가장 세계적이다'는 명제에 기대어 민족적 특성과 인류적 보편성이 별개의 것이 아니라 동일한 하나의 세계라고 주장하면서 조연현은 보편적·반전통적 세계에서 전통적. 자연적 세계로 전이한 서정주 시세계의 변모와, 반대로 민족적·전통적 세계에서 보편적 세계로 변화한 김동리 소설의 변모가 둘 다 정당할 뿐 아니라 궁극적으로 동일한 노선 위에 서 있다는 판단을 내리고 있다. 이와 같이 문협 정통파의 대표적 이론가였던 조연현의 전통론은 전통 그 자체에 대한 순수한 인식에 기인된 것이라기보다는 문협 정통파의 창작 논리를 자파 중심으로 통합하여 기존 문단에서의 기득권을 공고히 하는 논리로 활용되었다는 점에서 그 특색이 있는 것이다.[61] 때문에 해방 공간이라는 전환기적 상황에서 그의 전통 부정론적 인식은 불가피하게 수정되지 않을 수밖에 없었던 것이다.

이러한 문협 정통파의 논리에 이어령은 즉각적으로 대처한다. 「토인과 생맥주」(『연합신문』1958. 1)는 바로 조연현의 전통론에 대한 집중적인 비판으로 시종하고 있다. 비판의 모멘트는 조연현이 서정주와 김동리의 작품세계의 변화를 무리하게 동일시한 데서 찾아지고, 그래서 이어령은 조연현의

---

60) 趙演鉉, 앞의 글, p. 176.
61) 辛斗遠, 앞의 글, p. 266.

전통론은 결국 향토성이나 풍속성, 지방주의에 지나지 않는다고 공격한다. 곧 조연현의 전통론은 진정한 전통론이 아니라는 것인데, 왜냐하면 전통이란 엘리엇의 말대로 몰개성적인 것이며 문학적 작품의 가치를 초시간적·초공간적으로 규정하는 것이기 때문이다. 그리하여 이어령은 문학에 있어서 전통이 문제되는 것은 작가 개인이 이 확고한 가치 의식, 객관적 가치 규준에 의존하여 자기의 문학 정신을 편파적인 지방색이나 시대 감정으로부터 해방시키는데 있다고 단언한다.62) 다시 말해서 이어령은 전후라는 황폐한 현실을 체험한 사람들에게 김동리와 서정주가 보여주는 '무속의 세계'나 '동양적 자연으로의 회귀'는 당면한 시대와 문화를 비판하고 균제하는 전통이 될 수 없다는 것이다. 그러나 이들의 논쟁에서, 이봉래나 최일수에 의해서 제기된 초기의 논의 수준을 넘어서는 이론적 진전이 이루어진 것은 결코 아니다. 이들에게서 새로운 점이 있다면, 논의 방식의 변화가 있을 뿐이다. 상대에 대한 한층 극단적인 부정의 방식으로 논의가 전개됨으로써 논쟁으로까지 비화하였다는 점이 새로운 점인 바, 이는 이 논쟁이 전통에 대한 이론적 해석 차원의 논의라기보다 전통에 대한 해석을 기초로한 문단의 헤게모니 다툼의 성격을 지닌 것임을 드러내준다. 곧 논쟁의 심층에는 세대론이 가로놓여 있는 것이다. 이론적인 측면에서 보자면 이 논쟁은 오히려 양자의 논리적 파탄을 동시에 더욱 분명하게 드러내는 결과를 빚음으로써 논의를 한걸음 후퇴시켰다는 평가를 내릴 수 있을 것이다. 민족적 특수성과 인류적 보편성을 아무 매개 없이 등치한 조연현의 논리나, 자신의 전통 부정론을 손바닥 뒤집듯이 뒤집은 이어령의 논리는 초기의 논의의 수준에도 미치지 못하는 것이었다. 그러나 역설적이게도 전통 논의가 빠질 수 있는 어떤 한계점을 극명하게 보여주었다는 점에서 이 논쟁의 의의는 적지 않다. 곧 전통론이란 기본적으로 문학권에서의 헤게모니적 압력을 행사하는 구실이 될 수 있다는 점, 나아가 현재의 문학 방향을 둘러싼 이념적 논의로 나아가지 않는 한

---

62) 같은 글, p. 267.

이론적 진전을 보기 어렵다는 점 등이 이 논쟁을 통해 간접적으로, 그러나 분명히 드러나는 것이다.[63]

4) 자아 확립과 전통

문덕수는 전통에 대한 자아의 주체적 태도의 문제는 아직 한 번도 논의된 적이 없다는 점을 전제한 후, 전통 문제는 자기의 생의 문제로 귀착되어야 한다는 입장을 견지한다. 그는 엘리어트의 전통론에 기대어 전통은 자아와의 자각적 긴장 관계에서만이 위력을 발휘할 것이며, 그런 관계 속에서만 전통은 역사적 현재성을 띠게 된다고 본다. 그의 견해는 인간은 불안하다는 흄 (T.E. Hulme)의 논리와 엘리어트의 전통론이 결부되어 나온 것인데, 전통은 개인보다 완전하고, 우월하며, 초월적인 성격을 가진다는 점에서 불안한 인간이 자아의 인격적 통일을 위해서는 그런 전통에 기대어야 한다는 것이다.[64] 문덕수에 의하면 전통에 있어서 주체적 태도의 문제는 전통에 대한 원론 분야로서 대단히 중요하고 시급한 문제였음에도 불구하고 전후의 전통 논의가 이 문제를 소홀히 하여 논의의 근본적인 결함을 드러내고 말았다는 것이다. 이러한 논리 기반에 입각하여 문덕수는 전통에 대한 원론적 개념을 '세계관'의 관점에서 일반화시킨다. 그에 의하면 전통이 학문의 대상이 아닌 세계관이라는 가치판단의 관점에서 인식될 때, 전통은 계승과 창조의 반복작용을 통해서 생의 문제로 귀착될 수 있다는 것이다. 이렇게 전통이 세계관의 관점에서 인식되지 아니하고 전후에 일반화 되었던 '객관적 유기체'적 관점에서 인식될 때, 전통은 생의 현실에서 유리되어 자아와의 자각적 긴장관계를 맺지못한다는 논리이다. 이어 이러한 문덕수의 전통론은 전통과 자아의 자각적인 긴장관계가 "주객의 상호작용"[65] 이라는 논리로 비약된다. 문덕수

---

63) 같은 글, p. 268.
64) 송기한, 앞의 책, pp. 77~78.
65) 文德守, 「傳統과 自我」, 『현대문학』, 1959, 5, p. 208.

에 의하면, '객관'으로서의 전통이 객관 그 자체로 고착화될 때 전통은 전통으로서의 힘을 상실하고 한갓 대상적 물체로 타락한다는 것이다. 문덕수는 이것을 전통의 풍화작용으로 규정한다. 그리고 이와 같은 현상은 자아의 주체적 작용에 의해서만이 방지될 수 있다는 것이 문덕수의 전통 논리이다.

문덕수가 전통 문제를 자아와의 자각적 긴장 관계로 귀착시켜 전통의 의미를 모색했다면, 김우종은 전통 문제를 '복종'과 '반항'의 패러다임으로 귀결시킨다. 김우종은 "서구사회가 반항의 정신을 인간의 근본적인 존재형식으로 전통화시켰음에 비해, 동양 특히 한국사회의 전통 속에는 이러한 존재형식을 모색해온 흔적이 없다"66)는 것이다. 이와 같은 극단적 패러다임으로 서구 사회와 한국 사회의 전통을 재단하는 인식론도 문제적이지만, 이 두 가지 패러다임을 절충하자는 주장은 더욱 설득력이 결여된 논리로 볼 수 있다.

> 隨時로 過去의 낡은 未完成된 狀態를 否定하고 새것을 創造해가는 努力이 必要한 것이다. 이러한 創造的인 役割을 擔當할 수 있는 精神이 바로 西歐人들의 反抗의 精神이다. 그러나 보다 完成된 것을 創造하려는 精神은 어느 限度에 가서는 沈默을 지켜야만 할 것이다.67)

위 글에서도 알 수 있듯이 김우종은 과거의 낡은 것을 새것으로 창조하는 힘의 원천을 반항의 정신으로 인식한다. 그런데 이 반항의 정신에 의해 생성된 전통을 '침묵'이라는 복종의 정신으로 이어가자는 논리는 그가 복종의 정신이란 "아무것도 새로운 것을 창조해내지 못한다. 그것은 타율적인 노력이 가해지지 않는 한은 언제나 구질서를 그대로 영원히 이어갈 것"68)으로 규정한 것과는 완전히 상반되는 논리이다. 또한 김우종은 전후의 전통 논의에서 중요한 것은 전통의 계승이 아니라 전승되어 오고 있는 전통이 무엇인가

---

66) 金宇鍾, 「服從과 反抗」, 『현대문학』, 1959, 1, pp. 294~295.
67) 金宇鍾, 같은 글, p. 300.
68) 같은 글, p. 299.

를 탐지해내는 것이 시급하다는 논리적 기반 하에서, 우리의 국문학에 반영된 주류적인 전통을 '무저항성'과 '모방성'으로 규정한다. 그리고 이러한 국문학 전통의 생성연원을 우리 민족사의 "패전의 법칙화"[69]에서 찾는다. 이것은 그가 주장한 한국 사회의 전통인 복종의 정신과의 의미 연관을 인정한다고 하더라도 이미 설득력을 얻기 어려운 논리로 보인다.

3. 전후 전통 논의의 의의

우리 근대 문학사에서 제기되었던 1920년대 중반의 국민 문학파의 전통론이나 1930년대 중반 이후 문장파의 전통론, 이어 전후의 전통 논의는 결국 전형기라는 위기적 현실에서 내발하는 것이었다. 특히, 1950년대에 전개된 전통 논의는 한국 전쟁과 그것을 계기로 하여 분단이 고착화되는 시기에 다양한 형태로 족출한 것이었다. 따라서 그 성격이야 어떠하든 간에, 전후의 전통 논의는 전쟁이 야기한 모든 형태의 황폐한 현실 체험이 저류하고 있었다. 또한 전후의 전통 논의는 당시의 실존주의와 니힐리즘, 모더니즘 등의 다양한 스펙트럼의 분화 과정 속에서 함께 내발한 것으로도 이해할 수 있다. 따라서 전후의 전통 논의는 50년대 모더니즘과 실존주의 내용에서 발견되는 서구 추수적인 문학적 경향에 길항하는 일련의 '토착화'의 내적 논리로 설명할 수도 있을 듯하다. 그럼에도 불구하고 전후의 전통 논의는 전후 문학이 가지고 있는 보편적 세계주의의 본질이란 무엇인가 하는 성격 규명의 문제에 가려 그동안 상당 부분 화석화되어 온 것 또한 사실이다. 그러므로 전후의 전통 논의는 전후 문학의 성격을 교집해내는 하나의 접맥 상수로서 고려될 만한 가치가 있는 생산적인 논의 가운데 하나인 셈이다. 특히, 민족 문학의 방향 정립 문제와도 결부되어 있던 이 시기의 전통 논의는 결국, 해방 이전과 이후의 문학적 특질을 규명하는 데에도 중요한 한 요소이기에 충분한 것이다.

---

69) 金宇鍾, 「傳統繼承論의 盲點」, 『한국일보』, 1957, 6, 14.

제2부

전통과 작품

Ⅰ. 전통지향적 가족주의의 예술적 승화 - <김동리>론

1. 서론

김동리 문학에 대한 언급은 일찍이 김남천이 "회고적 낭만미"1)로 규정한 이후 최근에 이르기까지 다양한 방법론이 동원된 방대한 양의 성과물들이 쏟아져 나왔다. 그간의 김동리문학에 대한 평가는 대체로 조연현의 "한국적인 작가이면서도 세계적인 보편성을 지닌 작가"2)나 김윤식의 "구경적 삶의 형식"3) 등의 긍정적 평가와 김병욱의 "반역사적 영원회귀의 문학"4)이나 김우종의 "역사부재의 도피문학"5) 등의 부정적 평가로 양분되어 왔다. 조연현6)은 김동리의 초기작의 특성을 지극히 '허무적'이고 '신비적'인 것으로 전제한 후, 해방을 거치며 그의 작품이 '인간성의 추구와 그 옹호'에로의 변모 과정을 통해 그의 문학적 토대가 확대되고 있음을 밝힌다. 또한 조연현은 「金東里와 成佛의 美學」(현대문학, 1966. 11)에서 김동리가 '인생의 근원에 대한 추구'를 통해 절실한 삶의 모습을 구현하는 작가라는 평을 함으로서

---

1) 김남천, 「신진작가의 작품세계」, 『인문평론』, 1939, 2.
2) 趙演鉉, 『현대한국작가론』, 문명사, p. 57.
3) 김윤식, 「구경적 생의 형식」, 『한국현대문학사』, 태극출판사, 1976, p. 151.
4) 김병욱, 「영원회귀의 문학」, 『동리문학연구』, 서라벌예대, 1973, p. 149.
5) 金宇種, 『한국현대소설사』, 성문각, 1982, p. 279.
6) 조연현, 「舞臺의 擴大와 思想의 深化」, 『현대문학』, 1958, 6.

'허무에의 의지'와 '인간의 구원'이라는 김동리 소설의 양축을 적출해낸다. 이와 같은 조연현의 평가는 이후 많은 연구 성과의 전기를 마련하는 중요한 계기가 된다. 천이두7)는 김동리를 '한국적 고유성'을 집요하게 천착해온 당대 제일의 작가로 평가한다. 이어 천이두는, "한국적 고유성과 근대소설로서의 입체적 짜임새가 동시에 성취되는 문학적 공간"8)을 성취해낸 대표적인 작가로 김동리를 지목한다. 때문에 김동리의 소설은 늘 구조적 이원성이 그의 모든 작품에 일관하는 기본적 패턴이 되었다는 것이다. 즉, '낡은 조선'에 대하여 강렬한 집착을 반영하면서도 '현대적'이어야 한다는 숙명적인 양면성이 그의 소설을 관류하는 기본항이라는 것이다. 이 밖에도 송백헌9)은 김동리를 운명을 좌우하는 어떤 힘 앞에 복종할 수밖에 없는 인간, 즉 한국의 원형적인 인간(原色的 人間)과 원형적인 미학(土俗神의 美學)을 누구보다도 본격적으로 추구해온 작가로 평가한다. 또한, 최원식10)은 김동리의 소설이 매우 다양한 역사의 지층을 통과했음에 주목하여 그의 소설을 '상상으로서 체험한 역사(신성사)'와 '현실적으로 체험한 역사(세속사)'라는 두 층으로 나누고, 이를 다시 '시간표 없는 역사'와 '황금시대의 시간표', 그리고 '개인적 현실의 시간표'와 '집단적 현실의 시간표'라는 네 지층으로 가른다. 최원식은 김동리의 소설은 "신성사의 지층에서는 작가로 하여금 감상적인 신비주의에 익사케 함으로써 풍속과의 긴장에서 도피하여 역사와의 밀회를 꿈꾸고 있으며, 세속사의 지층에서는 집단적 현실로 돌아온 작가의 내면이 긴장의 가능성을 보이지만 역사에 대한 지적구조의 허약성 때문에 이 긴장 관계가 파괴되어"11) 결국 그의 소설에서도 전통의 양극화 현상이 해소되고 있지 못하고 있음을 지적한다. 강성천12)은 김동리가 이 샤아머니즘의 세계를 詩的

---

7) 천이두, 「허구와 현실- 김동리론」, 『현대문학』, 1978, 9.
8) 천이두, 같은 글, p. 245.
9) 宋百憲, 「土俗神의 美學과 原色的 人間像」, 『현대문학』, 1967, 3.』
10) 崔元植, 「神聖史와 世俗史의 갈등」, 『신동아』, 1972, 4.
11) 崔元植, 앞의 글, p. 385.
12) 姜成千, 「샤아머니즘의 文學的 受容」, 『월간문학』, 1979, 4.

이고 象徵的인 방법으로 문학 속에 수용하여 문학적 성취를 이루어낸 대표적인 작가로 평가한다.

위에 제시한 연구적 성과들이 대체로 김동리 문학에 대한 긍정적 평가에 기반한 것들이라면, 이와 대척되는 지점에 서 있는 김병욱[13)]의 연구 성과 또한 주목할 만하다. 김병욱은 김동리가 대부분 문학의 소재를 신화 · 제의 · 민속에서 구하고 있음에 주목하여 이것을 신화비평의 방법론으로 분석한다. 그 결과 신화에 반영된 인간의 지향이 영원회귀적인 것처럼 김동리의 문학에 있어서도 그의 '인간의 구경추구', '한 있는 인간의 한 없는 자연에의 귀화 합일'이라는 명제는 '영원회귀의 지향'이라는 것이 밝혀진다. 김병욱은 또한 김동리가 영원회귀의 문학을 통해 그동안 역사의 질곡에서 신음하던 한국현대문학에 새로운 휴머니즘의 시원을 개척했다는 평가를 내린다. 그럼에도 불구하고 김동리 문학은 결국, 스스로 자기모순에 떨어지고 말아 반역사적 영원회귀의 문학이라는 결과를 초래할 수밖에 없었다는 것이 김병욱의 평가이다. 또한, 김병욱의 이러한 평가와는 다른 지점에 서 있는 서종택[14)]의 연구 성과 역시 주목할 만하다. 서종택은, 김동리 소설의 서사구조가 미적 양식과 사회적 양식의 상호 동족성 내지 보족적 관계의 반영이라는 새로운 논리를 통해 김동리 소설이 반역사적인 영원회귀의 문학이라는 기존평가에 반대한다. 송하춘[15)]은 김동리 소설의 핵을 샤만의 세계와 노장(老莊)의 세계로 압축한다. 그는 이러한 결론을 인물의 크기, 시간의 압축형태, 물과 불의 이미지가 환기하는 상징성, 자연으로의 귀의 등이 내포하는 의미의 종합적인 탐색을 통해서 밝혀낸다.

김동리 소설의 문학사적 의의를 근대성의 관점에서 고찰한 김윤식은 최근에 김동리 연구 전집 3권[16)]을 완간해 김동리 연구의 대미를 장식한다. 이

---

13) 金炳旭, 「영원회귀의 문학 」, 『동리문학연구』, 서라벌예대, 1973.
14) 서종택, 『한국 근대소설의 구조』, 시문학사, 1982.
15) 송하춘, 「김동리의 인간과 자연과 신」, 『탐구로서의 소설독법』, 고려대 출판부, 1996.

역작을 통해 김윤식은 김동리 소설을 근대성의 논리를 '무화(無化)시키는 늪'으로 인식한다. 김윤식은 이 3부작에 앞서 문협 정통파인 김동리와 조연현과 서정주에 초점을 맞춰 그들이 내세운 거대하고 견고한 문학사상인 '구경적 삶의 형식'이란 무엇인가를 다각적으로 분석한 『한국근대문학사상연구2』[17)를 내놓는다. 이 저술에서 김윤식은 '구경적 삶의 형식'이 한국근대문학사상 전체에 놓이는 위치를 점검하고 그 형성과정을 추적하여 그것의 철학적이고 미학적인 근거를 해명한다. 또한 '구경적 삶의 형식'이 해방공간과 6. 25로 이어지는 전형기적 현실에 어떻게 대응하고 또 초극해 갔는가를 구체적인 작품 분석-<을화>-을 통해 밝혀내고 있다. 그런데 김윤식의 이와 같은 관점은 사실 1970년대에 이미 「傳統志向性의 限界」[18)라는 글에서 제기된 것이었다. 이 글에서 김윤식은 전후문학이 모더니티 지향의 일방적 大血化가 無國籍性格을 노정했을 때 김동리의 존재는 보다 확실, 견고해 보였다는 것이 그의 주장이다. 즉, 김동리 문학은 모더니티 지향의 파행성이 극단화 된 전후의 한국문학사를 전통지향성이라는 견고한 보통명사로 갱신한다는 것이다.

이와 같은 연구사적 큰 흐름을 관류해 볼 때, 김동리 문학의 중핵적 특질을 규명하기 위해서는 전후 문학의 자장 안에서 그의 작품을 분석할 필요가 있는 것이다. 이러한 관점에 근거하여 김동리 문학의 전후 문학적 위상을 검토하는 것이 이 논문의 주된 목적이다.

---

16) 김윤식, 『김동리와 그의 시대』, 민음사, 1995.
　　------, 『해방공간 문단의 내면풍경 』, 민음사, 1996.
　　------, 『사반과의 대화』, 민음사, 1997
17) 김윤식, 『한국근대문학사상연구2—문협 정통파의 사상구조』, 아세아문화사, 1994.
18) 김윤식, 「傳統志向性의 限界」, 『한국근대작가론고』, 일지사, 1974.

2. 가족의 해체와 재생 - '연'(緣)의 파괴와 '연'(緣)에의 순응

한국의 "전통사회"[19]는 마을 공동체와 친족 공동체를 일상 생활의 기본단위로 삼는 사회였다. 이러한 사회에 있어서의 사회적 상호작용의 범위와 대상은 대부분 혈연과 지연으로 맺어진 동질적인 사람들이었다. 그러므로 전통적 사회에 있어서의 사회관계는 대부분 '연'(緣)을 기초로 한 '정적(情的)인 관계'의 틀에 의존하는 것이었다.

한국인들의 연의식은 또한 모든 연의 관계를 가족적인 연대(連帶)의 연장으로 인식하려는 가족주의(familism)에 의해서도 특징지어진다. 한국인의 가족주의는 모든 인간관계를 부자 또는 형제관계의 연장으로 규정한다. '군사부일체(君師父一體)'라는 말에서 보듯이 군신(君臣), 사제(師弟)의 공식적 관계도 기본적으로는 부자(父子)의 가족적 관계로 인식하였다. 이처럼 모든 상하의 인간관계를 부자관계의 연장으로 규정하듯이, 다른 모든 수평적 인간관계도 형제관계의 연장으로 규정하려 하였다. 이러한 전통적 가족주의는 물론 유교적 가족주의와 성리학적 우주관의 영향에 의한 것이었다. 즉 모든 사물의 관계를 환대적(歡待的) 구조로 인지하려는 전통문화의 문법 속에 부자와 형제의 관계를 설정한 데서 유래하는 것이었다.[20] 이와 같이

---

19) Edward Shils에 의하면 전통사회의 특징은 대개 다음과 같은 것을 내포한다고 한다. 즉 경제에 있어서 농업과 어업의 우세, 직업의 차이가 비교적 없는 것, 기계적 기술이 없는 것, 시장에 의한 생산개념이 비교적 적은 것, 고도의 문맹 읽고 쓰기의 제한된 능력, 개인의 행동보다 자치단체의 의견이 공공연히 지배적인 것, 신앙의 광범위한 일치, 권위의 광범위한 수긍, 지위에 대해서도 압도적으로 귀인(歸因)하는 결단력, 생리적 혈통을 통해서 개인의 동일성을 찾는 특징, 관료적 존대, 마술적이고 종교적인 신앙의 보급, 자원과 보상의 분배를 수정할 것을 별로 요구하지 않는 것, 높아진 수입과 신분에 대한 활발한 요구도 별로 없고 현존하는 수입이나 신분에 대한 뚜렷한 불만이 없는 것, 그리고 변화를 가져오려는 의도적인 전망이 비교적 존재하지 않는 사회를 전통사회로 규정한다. (Edward Shils, 앞의 책, p. 382. 참조)

20) 姜信杓, 『韓國文化 研究』, 玄岩社, 1985. p. 28.

연(緣)에 의해 규정되는 모든 인간관계는 따라서 가족적인 '정을 나누는' 관계이기도 하다. 전통사회의 한국인들은 일상 생활에서 만나는 모든 사람들이 친(親), 의(義), 연(緣) 등으로 맺어진 사람들이기 때문에 그들은 서로 '정(情)'을 나누어야 할 대상이며 따라서 모두가 한 '누리'이고 한 '겨레'였던 것이다.21)

김동리의 전후소설은 이와 같은 한국문화의 근간인 '연의식'이 파괴된 가운데서 출발한다. 그런데 이러한 연의식의 파괴는 말할 것도 없이 6. 25라는 동족상잔의 비극에서 기인된 것이었다. 전쟁은 모든 가치의 체계를 뒤흔들고 파괴시켰다. 그 중에서도 특히 가족의 파괴는 더욱 두드러진다. 그의 전후소설 중에서 「姉妹」와 「진달래」는 바로 전쟁으로 인한 가족의 파괴가 잘 형상화된 작품이다. 이 중에서 「자매」는 가족의 해체와 형성이 한국전통문화의 문법에서 벗어난 기형적 형태라는 점에서 주목할 만하다.

> 금순이를 화장에 부치고 돌아온 날부터는 영수와 옥순이가 둘이서만 그 방에서 잤다. 나는 혼자 속으로 저것들이 또 어떻게 되나 하고 지켜보았더니, 옥순이도 이번에는 의외로 영수를 미워한다거나 욕질을 한다거나 하지 않고 조용하게 지냈다. 뿐만 아니라 옥순이는 마누라에게 와서, 영수가 돈도 잘 벌고, 마음씨도 여간 얌전하지 않다고 도리어 자랑질을 한다는 것이다. 그렇게 두 달 쯤 지난 뒤였다. 옥순이는 마누라를 찾아와서, 영수가 자기와 결혼을 하자고 하는데 어째야 좋으냐고 의논을 하더라는 것이다.
> 「그래 뭐랬소」
> 하고 내가 물으니까 마누라는 또 힛죽 웃으며,
> 「뭐라긴 뭐라겠소? 살라고 했지.」22)

관찰자인 '나'가 '···Ⅳ후퇴' 때 함흥에서 피난온 '금순과 옥순'이라는 자매의 고단한 삶을 관찰하는 형식인 「姉妹」는 전쟁에 의해 파괴된 가족이

---

21) 林焞燮, 「轉換期社會의 文化와 文化變動」, 『韓國社會의 發展과 문화』, 나남, p. 1987, 22.

22) 김동리, 「姉妹」, 『等身佛』, 정음사, 1963, p. 65.

다시 조합되는 과정을 그림으로써 김동리의 전통지향적 가족주의에 대한 인식이 잘 드러난 작품이다. 원래 금순과 옥순은 서울에서의 피난살이 시절에서부터 계모였던 어머니의 '바람'으로 인하여 일차적으로 가족이 결딴난 상태였다. 그 두 자매가 다시 가족의 형태를 찾아가기 시작하는 것은 계모의 집을 나와 관찰자인 '나'의 집에 방 하나를 붙여살면서부터 였다. 그러던 것이 장사를 하다가 거리에서 금순이와 눈이 맞은 영수가 금순과 동거에 들어가면서 이들 자매 사이에 새로운 변화가 생기기 시작한다. 즉 동생인 옥순이가 언니인 금순과 영수에 대해 노골적인 반감을 가지기 시작한 것이다. 옥순이 이제 형부가 되어 새 가족의 구성원이 된 영수에 대해 '썩어졌으면 좋을 망할 새끼'로 인정하려 든 것이다. 더욱이 언니 금순에 대해서도 반감을 가지기 시작하면서부터 이들 사이의 혈연적 유대에까지 금이 가기 시작한다. 여기에서 혈연적 유대의 해체란 가족의 해체에 다름 아니다. 이제 금순과 옥순 사이에서 '도구상자(tool kit)'와 같은 기능을 하던 가족의 의미는 정체성의 위기를 맞게 된 것이다. 가족주의 문화가 행위의 전범이 되는 전통사회에서 가족의 구성원들은 가족으로부터 필요한 행위양식들을 선택하고, 바로 그 선택한 행위양식을 통해서 자신들의 일상생활을 영위하기 마련이다. 그런데 이들 행위의 전범이 되는 가족이라는 도구상자 안에서 이들을 하나로 묶을 수 있는 가족적인 연대의식을 끌어낼 수 없게 되면서부터 이들 사이의 '정적(情的)인 관계'의 틀은 와해되기 시작한다. 이어 금순과 영수와의 사이에서 아이가 생기면서부터 가족의 정적인 관계의 틀은 더욱 깊은 수렁으로 빠져들어 간다. 이제 옥순에게 영수는 '정(情)'을 나누어야 할 대상이 아니라 증오의 대상이 되어버린다. 특히 언니인 금순이 자궁외 임신으로 사경을 헤메는 지경에 이르러서도 적절한 합리적 조치를 하지 않고 점쟁이의 괘상(卦象)에 의존하려는 영수에 대한 옥순의 증오는 극에 달한다. 영수가 지어온 약첩을 집어던지며 "썩어질 놈의 새끼, 병원이나 갈 생각이나 하지 않고...″23)

---

23) 김동리, 같은 책, p. 62.

라는 욕질을 퍼붓는 옥순의 말을 통해 이들의 가족적인 연대의식은 완전히 결딴이 나고 만다. 영수가 옥순의 이와 같은 증오에도 불구하고 끝내 금순의 자궁외 임신 문제를 점쟁이의 괘상에 의존하여 해결하려 했다는 점은 이 소설을 이해하는 하나의 중요한 관건이 된다. 김동리의 전후소설이 전후의 황폐한 삶의 현실을 묘사하는 문제에 고심하지 않는다는 점은 그의 소설적 특징이 전후에도 여전히 일관되고 있다는 증거이다. 즉 소설이란 "세상도 보이고 사람도 보이는 것이 대부분 소설의 얼굴이지만, 작품에 따라 세상이 두드러져 보이기도 하고, 인물이 커 보이기도 하는데, 김동리 소설은 유난히 인물이 커 보인다"24)라는 진술은 김동리 소설의 특징을 잘 집약한다. 그러기 에 김동리는 처음부터 「姉妹」의 서사단층을 두 자매의 고단한 삶의 문제에 두지않았을 것이다. 김동리에게는 전후의 열악한 삶의 조건을 금순과 옥순이 어떻게 헤쳐나가고 또 어떻게 세상을 인식하는가가 문제가 아니라, 시대가 변해도 변하지 않는 그 무엇이 어떤 것이냐가 문제이다. 이 변하지 않는 그 무엇을 김동리는 '가족의 얼굴'에서 찾는다. 문제는 이 가족의 구성원인 영수와 금순 자매 사이의 가족적인 연대가 와해되고 있다는 점이다. 결국 김동리는 파괴된 가족의 얼굴을 금순의 죽음에서 찾음으로써 가족 구성원간 의 정적인 연대의식을 고양시키려 한다. 가족간의 갈등을 가족 구성원의 죽음에 의해서 해결하려는 도식은 전통지향적인 가족주의 문화를 떠받치고 있는 가장 보편적인 인식구조이다. 옥순은 언니인 금순의 죽음을 계기로 해서 노골적인 반감의 대상이었던 영수에 대해 '돈도 잘 벌고, 마음까지도 얌전하다'는 등의 자랑질까지 서슴지 않는다. 그런데 옥순의 이러한 변화의 근저가 '옥이 금을 먹는다'라는 주술적 믿음이라는 사실에서 전후 김동리 소설의 전통지향적 가족주의는 확연해진다. 여기에서 '옥'은 말할 것도 없이 동생인 옥순이고, '금'은 언니인 금순이 된다. 그러니까 옥순이 죽은 언니의

---

24) 송하춘, 「김동리의 인간과 자연과 신」, 『탐구로서의 소설독법』, 고려대 출판부, 1996, p. 188.

남편인 영수와 결합하는 방식을 통하여 새로운 가족이 또 구축되는 것이다. 이렇게 형부와 처제가 다시 결혼이라는 방식을 통해서 구축되는 가족이란, 그것이 전통으로서의 적합성은 상실되는 것임에 틀림없다. 전통이란 그것이 사회 구성원들에게 경험적 타당성을 부여해줄 수 있을 때 비로서 그것이 전통으로서의 권위를 지니게 된다. 전술한 바와 같이 한국사회의 가족주의적 전통은 유교적 가족주의와 성리학적 우주관에 의한 것이었다. 이러한 전통에 입각해 볼 때, 형부와 처제가 결혼을 하는 것이 과연 전통일 수 있겠느냐 이다. 일반적으로 진실로 존재하지 않는 제도와 관행은 전통이 될 수 없다. 또 어떻게 그리고 얼마나 오랜 동안 우리의 삶의 일부이어 왔는가가 전통임을 판단하는 척도가 된다는 점에 비추어 볼 때, 분명 형부와 처제가 결혼하는 제도는 전통으로서의 적합성은 없다. 그러나 다음과 같은 사실에 의거한다면 전통이란 "본래부터 있는 사실을 진실이라고 증명해내는 것이라기보다는 새롭게 이해에 의해서 창조되어지는 것이기 때문에 전통을 이해하는 데 진실성이라는 것은 너무 자명(self-evident)해버리던가 또는 별 의미가 없 다"25)라는 측면이 있음을 환기할 필요가 있다. 전통의 이런 논리가 '옥이 금을 먹는다'라는 주술적 믿음에 의해 수용되어 형부와 처제의 결혼을 정당 화시키고 있는 작품이 바로 「姉妹」라는 사실은 전통에 대한 김동리의 인식을 잘 드러내고 있다는 점에서 의의가 있다. 즉 주술적 믿음에 근거한 가족의 재형성은 그가 「역마」에서 지향했던 '운명에의 순응'을 전통지향적 가족주 의로 한층 고양시킨 것으로 이해될 수 있다. 이런 점에서 전후소설에서 김동 리가 보여주는 전통인식은 그의 초기작에서부터 완강한 내적 논리로 일관되 는 주술적 세계인식의 문제와 잇닿아 있는 것으로 볼 수 있다.

　이러한 '연(緣)' 의식의 해체와 고양은 「진달래」에 와서 더욱 완강한 내적 윤리로 귀결된다. 「진달래」는 부도암(浮屠庵)을 지키고 있는 노승과 관련된

---

25) 金鍾瑞, 「傳統思想의 槪念」, 『傳統思想의 現代的 意味』(金鍾瑞 外), 韓國精神文化 研究院, 1990, p. 16.

‘운명적 혈연 관계’가 파국으로 귀착되는 과정을 그린 작품이다.

> 노승의 나이 아직 열 일곱 살밖에 나지 않던 소년시절, 저보다 두 살이나
> 손위인 이복(異腹) 누이로 하여금 무서운 운명의 씨를 가지게 했던 일은
> 지금도 잊혀진 것이 아니었다. 그 길로 그는 머리를 깎고 절간으로 들어와
> 중이 되었고, 누이는 이웃 마을 술집의 소살이 되었었다. 그와 동시에 핏덩
> 이(계집애)는 남을 주어 기른 다고만 어렴풋이 들어왔던 것이, 그대로 자라
> 서 시집을 가고, 성혜를 낳고 끝내는 도로 이 아비(노승)란 것을 찾아와
> 운명의 씨(성혜)를 돌려 주곤 돌아갔던 것이다.26)

김동리 소설의 인물구성 단위는 가족이다. 가족관계 안에서 사건이 벌어지
고, 가족을 중심으로 이야기가 진행된다. 그 중에서도 특히 ‘모-자’ 설화는
김동리 소설의 중심축을 이룬다. 「무녀도」의 ‘모화-욱이-낭이’, 「동구앞길」
의 ‘순녀-영준, 기준, 성준’, 「바위」의 ‘여인-술이’, 「산화」의 ‘뒷실댁-한쇠,
작은쇠, 죽은 아이’ 등은 ‘모-자’관계를 떠나서는 불가능한 이야기들이다.27)
「진달래」도 결국은 ‘노승의 딸-성혜’의 ‘모-자’관계에 초점이 모아진다. 그런
데 이 모자관계는 노승이고, 상좌 아이의 외할아버지가 십칠 세 때 이복
누이와의 관계에서 생긴 패륜의 씨에 의해서 생긴 관계이다. 상좌인 성혜의
어머니가 패륜의 잉태물이기에 성혜 또한 그 패륜에서 자유로울 수 없다.
어머니의 어머니가 패륜 때문에 술집의 소실이 되었듯이, 어머니 또한 성혜
가 여섯 살 때 ‘아배, 나도 절간으로 갈람더’라는 말과 함께 속세와의 인연을
끊는다. 그러니까 외할아버지와 어머니와 손자가 모두 중이고, 또 중이 될
수밖에 없었던 기구살스러운 운명을 타고난 인물들이 「진달래」의 인물들이
다. 한마디로 ‘세상과는 아무런 관련도 없다는 듯이 나직히 앉아 있는 부도암’
처럼 그들은 세상의 관심밖에 외따로 놓인 존재들이다. 때문에 노승이 할
수 있는 행위라야 예불, 그것밖에 없다. 외손인 성혜가 할 수 있는 행위는

---

26) 김동리, 「진달래」, 『實存舞』, 인간사, 1958, p. 103.
27) 송하춘, 앞의 책, p. 204.

그 마저 없다. 오직 진달래가 가관인 봄이 오면 그 붉은 꽃을 따 먹는 일, 그것이 전부이다. 사실 그 소년은 하는 일이 있었다. 어머니가 떠난 삼년 동안, 천자문을 떼었고, 아홉이 되는 봄까지 초발심자경문(初發心自警文)도 배우는 중이었다. 거기에다 소년의 필재(筆才)는 놀라운 편이어서 부도암의 큰절에서는 그를 신동이라 불렀다. 그러던 그 소년이 아홉이 되는 봄부터는 경전공부와 글공부를 작파한다. 그리고 암자 뒷편의 검은 바위 아래에서 혼자 앉아서 무엇을 생각하고 앉아 있기를 시작한다. 그 생각의 가운데에 외손의 어머니가 있기 때문에 노승은 그 어떤 질책도 내릴 수 없게 된다. 무엇보다도 노승은 그런 외손을 볼 때마다 가족의 결손이 자신에게서 기인된 것이라는 사실을 부도암 뒷산에서 우짖고 있는 새소리처럼 들을 수 있기 때문이었다. 그러기에 노승은 '외손의 입술이 새까맣고, 똥에 진달래꽃이 섞여 나오는 것'을 보고도 '늬, 이거 묵으면 큰 일 난대애' 외에 달리 할 말이 없었다. 진달래 그 붉은 꽃잎을 따 먹는 일, "그것은 소년의 독한 운명을 상징한다"28). 결국 소년은 그 독한 운명을 견디지 못하고 진달래 꽃내와 함께 묻히고 만다. 소년이 따 먹은 진달래꽃은 독한 운명의 상징임과 동시에 어머니와의 '혈연적 유대'를 가능케 하는 상징적 존재이기도 하다.

이와 같이 '혈연적 유대'와 '정(情)의 문화'가 전통의 이념형으로 제시된 김동리의 전후소설에는 「姉妹」와 「진달래」이외에도 「蜜茶苑時代」, 「實存舞」, 「興南撤收」, 「한내마을의 傳說」, 「故友」 등을 들 수 있다. 이들은 모두 연의식 또는 모든 연(緣)의 관계를 가족적인 연대의 연장으로 인식하려한다는 점에서 전통지향적인 가족주의를 반영하고 있는 작품들이다.

우선 「밀다원시대」를 주의 깊게 읽어 보면 두 가지가 특히 중요한 요소로 부각된다. 그 첫째는 주인공 이중구를 끊임없이 괴롭히는 것이 바로 서울에 늙은 어머니를 버려두고 왔다는 데서 오는 죄책감이라는 사실이요, 그 둘째 는 문단인들의 사회가 갖는 가족적인 분위기의 그 따뜻함이야말로 생명보다

---

28) 같은 책, p. 211.

소중한 것이라는 의식을 이중구가 갖고 있다는 사실이다. 중구는 바로 그런 의식 때문에 언제 부산이 공산군에게 함락될지 모른다는 두려움에 시달리면서도 자기에게 주어진 제주도행의 기회를 포기한다.

이러한 두 가지 요소는 모두 동양적인 가족주의를 반영하며, 서구적인 합리주의 혹은 개인주의와 대립되는 자리에 놓인다는 점에서 공통성을 가진다.29) 즉 주인공 이중구의 갈등의 원인이 전통적인 가족주의에 있고, 바로 그 갈등의 해결책 또한 전통적인 가족주의의 회복에 있다는 사실의 제시는 김동리의 전통지향적 가족주의가 그의 전후소설을 지탱하는 완강한 서사단층임을 잘 증거하는 예이다.

> 그것은 섬광처럼 빨랐다. 순간에 그는 곁에 누워 있는 윤을 의식하고 K통신사의 지국 사무실을 의식하고, 테이블 위를 의식하게 되었다. 그뿐 아니라 거의 같은 순간에 서울 원서동 막바지 조그만 고가(古家) 속의 냉돌방에 홀로 버려두고 온 천만(喘滿)으로 지금도 기침을 쿨룩거리고 있을 늙은 어머니와, 충청도 논산인가 하는 데에 그 친정붙이를 의탁하여 어린 것까지 이끌고 찾아 내려간 아내의 얼굴이 한꺼번에 확 불켜지듯 했다. 이틀이나 끼니를 놓았을 어머니는 지금쯤 벌써 목에 해소를 끓이며 죽을 시간을 기다리고 늘어져 누워 있을 것이다. 어린 딸년은 그 복잡하고 살벌한 차 속에서 사람들에게 밝히고 짐에 치이고 하다 굴러 떨어져 죽은 것이나 아닐까, 중구가 지금까지 부산을 '끝의 끝', '막다른 끝'이라고 생각해 온 것이, 지금 누워 있는 K통신사 지국 사무실의 잠자리가 춥고 불편하다는 뜻이 아님을 깨달았다.30)

위글에서 알 수 있듯이 「蜜茶苑時代」의 공간은 피난지인 부산이고, 그것은 일단 주인공 이중구의 말처럼 '막다른 끝'이고, 그 '끝의 끝'인 셈이다. 그러니까 모든 삶의 논리가 무력해질 수밖에 없는 완전한 절망의 공간 그

---

29) 李東夏, 「韓國文學의 傳統志向的 保守主義 研究」, 서울대 대학원 박사학위논문, 1989, p. 89.
30) 김동리, 「蜜茶苑時代」, 『韓國現代文學全集14』, 삼성출판사, 1978, p. 249.

자체이다. 그러나 이와 같은 절망 논리는 '섬광'처럼 다가온 노모와 아내와
딸에 대한 생각에 이르러 인류의 문제로 전이되기 시작한다. 이중구는 천만
으로 기침을 쿨룩거리고 있을 노모를 '냉돌방에 홀로 버려두고 온' 일이
줄곧 마음에 걸린다. 게다가 별로 살갑게 지내오지 않은 친정으로 아내와
딸을 보낸 일까지 겹쳐져 마음이 더욱 결리게 된다. 그러기에 「蜜茶苑時代」
에서 인류의 문제란, 곧 '가족의 문제'와 동궤가 되는 셈이다. 그렇지만 이
가족의 문제를 해결하는 길은 요원하다. 이것은 전쟁의 매듭이 풀릴 때에야
가능한 일이다. 그러나 전쟁의 매듭은 풀릴 기미조차 보이지 않는다. 오히려
전쟁 상황은 더욱 악화되어 또 다른 '끝의 끝'을 찾아봐야 할 형편이다.
그런데 밀다원 다방에 모여든 사람들은 벌통 속의 꿀벌떼처럼 왕왕거리며
밀다원 다방을 떠나지 못한다. 그들은 그 '끝의 끝'을 "꿀벌의 운명처럼
자기들끼리 모여 살아야지, 그곳을 떠나거나 흩어지면 죽는다"31)라는 생각
을 한다. 어느새 밀다원 다방에 벌떼처럼 왕왕거리며 모여든 사람들은 문인
예술가라는 끈끈한 '정적(情的)인 관계'의 틀에 의존하는 가족이 된다. 그들
은 모두 밀다원 다방이라는 가족의 테두리 안에 있을 때만이 서로간의 일체감
을 공유할 수 있고 즐거워질 수 있게 된다. 바다에 빠져 죽어야 한다고 두
눈에서 불을 흘리는 송화백이나, 처외삼촌에 설움을 당하고 목이 메인 안정
호나, 거센 물결에 애인을 뺏기고 넋이 빠져 앉아 있는 박시인이나, 늙고
병든 어머니를 죽음에 맡기고 혼자 달아나온 이중구 자신이나 밀다원 다방
안에서는 다같이 즐겁다. 말하자면 혈연적 유대로 뭉쳐진 공동운명체의 가족
이 된 셈이다.
　「蜜茶苑時代」에서 나타난 김동리의 전통지향적 가족주의가 서구적인 합
리주의 혹은 개인주의와 길항하며 한층 강화된 논리로 형상화된 작품이
「實存舞」이다. 고은의 평가32)처럼 김동리는 가장 민주주의와 맞지 않는

---

31) 송하춘, 「김동리의 인간과 자연과 신」, 『탐구로서의 소설독법』, 고려대 출판부,
　　1996, p. 209.
32) 고은, 「室內作家論②」, 『월간문학』, 1969, 4, p. 258.

작가이다. 이 경우 '민주주의'란 말할 것도 없이 서구적인 합리주의와 개인주
의의 대타적 이념형임에 틀림없다. 즉 김동리 문학을 "과학주의·합리주
의·실증주의·유물주의 등으로 요약되는 근대성의 결정적 파멸을 목도한
후"33)에 근대의 초극 논리로 전제된 문학으로 인식할 때, 그의 전후소설을
전통지향적 가족주의로 규정하는 시각의 설정은 나름의 설득력이 담지된
논리로 볼 수 있을 것이다. 이러한 김동리의 완강한 전통지향적 가족주의는
「實存舞」의 '이영구'라는 인물에 대한 신랄한 비판에서 극명하게 드러난다.
우선 이영구에 대한 비판은 그의 외모에 대한 묘사에서 시작된다. 이영구는
"양 쪽 눈알이 붉거져 나오고 입술이 얇아서 어딘지 재기(才氣)에 날리우는
듯한, 소위 경박재자(輕薄才子)를 연상시키는 얼굴"34)을 한 경박한 신문기
자로 묘사된다. 김동리의 비판은 사실 실존주의 자체에 있었다기 보다는
실존주의를 가장 진보된 사상이라고 규정하고 현학적인 말장난이나 늘어놓
고 다니는 이영구 같은 맹목적 서구 추수주의자들에게 가 있었다. 그러기에
이영구에 대한 비판은 그의 친구인 진억을 통해 "실존주의는 무스거 말라
빠진 실존주의야, 생의 목적이 없다면 한껏해야 니힐리즘이나, 페시미즘이겠
는데 그 따우는 누구나 중학 시절에 한 번씩 다 치르는 거"35)로 나타날
수밖에 없었다. 즉 이영구와 같은 경박재자한 인물을 내세워 전후의 맹목적
서구 추수주의에 대한 비판을 가하는데, 김동리의 이러한 비판의식은 북한에
남았던 진억의 본처가 갑자기 나타나며, 계숙과 새 가족을 형성했던 진억의
가족관계가 파괴될 위험에 직면한 현실을 인식하는 이영구의 대응방식에서
더욱 두드러진다.

　「됐어! 됐어! 부라뽀야, 부라뽀오! 실존주의가 무엇인지 이제는 아는 거
　야! 됐어, 됐어! 부라뽀오! 부라뽀오!」

---

33) 김윤식, 「근대성 또는 주인과 노예의 변증법」, 『현대문학』, 1991, 11, p. 90.
34) 김동리, 「實存舞」, 『한국현대문학전집』14, p. 269.
35) 김동리, 앞의 글, p. 286.

　영구는 기쁨에 못 이긴 듯이 어느덧 자리에서 일어나 혼자 엉덩이를
　흔들며 춤추는 시늉을 내었다.36)

　「實存舞」의 제목을 암시받을 수 있는 이 마지막 장면에서 김동리의 맹목
적 서구 추수주의에 대한 비판은 극명하게 드러난다. 계숙과 진역 사이에서
새로이 형성되었던 가족관계의 파괴에서 실존주의를 인식하려는 이영구의
논리는 가족관계의 파괴를 가장 비극적인 것으로 인식하고 있는 김동리에게
는 수용될 수 없는 논리이다. 여기에서 「實存舞」를 떠받치고 있는 갈등의
두 양상, 즉 ‘가족주의’의 옹호와 ‘가족주의’의 해체라는 두 양상 중에서
김동리의 비판은 후자인 가족주의의 해체에 집중된다. 김동리는 가족의 해체
를 실존주의로 인식하려는 이영구의 태도를 찰라주의로 규정한다. 찰라주의
가 ‘순간적인 향락을 추구하는 사상’이라면, 실존주의는 ‘인간의 존재를 기준
으로 해서 우리 인간의 의지와 판단과 행동 그 자체에 절대적인 의미’를
둔다. 그러나 그 찰라주의와 실존주의는 현실적인 삶의 논리와 맞아 떨어지
지 않는다는 것이다. 실존이 찰라이고, 찰라가 실존이다. 그래서 진역과 계숙
이 결혼하여 아이를 낳고, 그러자 전쟁으로 헤어져야 했던 아이들이 다시
나타나곤 하는 일들은 엄숙한 실존이다. 그런가 하면 영구가 자기 아내와
이혼하고, 허락하지도 않는 계숙과의 사랑을 갈구하는 행위 또한 찰라주의지
만 엄숙한 실존이다. 영구와 진역과 계숙의 관계가 현실적인 삶의 논리라면,
진역과 헤어진 아내와 자녀들과의 관계는 인륜의 문제이다. 「실존무」는 그
현실적인 삶의 논리를 통해서 인륜의 문제를 주목한다는 점이 특징이다.37)
때문에 「實存舞」는 전생이라는 사회적 비극에 주목하여 현실의 비극적 구조
에 관심을 보인 소설이라기보다는 보다 근원적인 인륜의 문제에 주목하는
소설이다. 그러기에 이 인륜의 문제는 단순히 실존의 화법으로만 규정될
문제가 아니었다. 이러한 김동리의 인륜의 문제는 그의 또다른 소설인 「興南

---

36) 같은 글, p. 297.
37) 송하춘, 앞의 책, p. 209.

撤收」에 와서 더욱 구체화된다. 이 작품에서 드러나는 인륜에 대한 인식은 그의 초기작 「역마」에서부터 일관되던 것이어니와, 전후의 「實存舞」와 「興南撤收」에 와서 더욱 심화되고 있음을 보여준다. 특히 「興南撤收」는 역사적으로 이름난 흥남철수 작전을 배경으로 하고 있으며 바로 그러한 배경을 잘 활용하여 상당히 박진감 있는 이야기를 전개시키고 있다. 그런데 이 소설의 경우에도 아버지가 바다에 빠지는 것을 보고 본능적으로 달려갔다가 결국 승선의 기회를 놓친 채 마찬가지로 바다에 빠지는 시정의 모습을 통해 가족적 유대의 운명적 절대성이 다시 한 번 인상적으로 부각된다.38) 때문에 시정이 월남의 기회를 포기하고 아버지에게 달려간다는 사실은 전통사회의 혈연적 유대의식이 가장 극명하게 증거되는 것이라 이해될 수 있는 것이다. 부모를 공경해야 한다는 사실은 합리적으로 설명될 수 있는 사실이 아니다. 모름지기 자식은 부모를 공경하고 사랑해야 된다는 이 존엄한 윤리는 혈연적 유대가 완강한 전통지향적 가족주의에 기반하는 가장 핵심적 덕목이다. 때문에 「興南撤收」도 「實存舞」와 마찬가지로 전후의 현실에만 초점이 모아지는 것이 아니다. 그것은 부모와 자식 간의 혈연적 유대의식이 전후라는 현실을 통해서 가장 예각화된 인륜의 문제로 고양되는 소설로 볼 수 있을 것이다.

3. 초월적 세계에로의 회귀 - 설화의 재구성과 고대 동양에 대한 관심

김동리의 전후소설에서 나타나는 특징적인 양상의 하나는 설화의 재구성과 고대 동양에 대한 관심을 들 수 있다. 이것은 전통지향적 가족주의와 함께 그의 전후소설을 규정하는 기본항이다. 김동리가 이처럼 고대의 동양세계에로까지 관심을 뻗친 것은 전통지향적 보수주의자로서 자기정체 유지의 과제를 수행하고자 하는 그의 노력이 전보다 일층 더 심화되고 확대된 징표로 이해할 수 있다. 또한 그는 이러한 세계의 탐구를 통하여 자신의 입장을

---

38) 이동하, 앞의 책, p. 91.

더욱 공고히 하는 성과를 기대했던 것처럼 보이기도 한다.39) 김동리가 이처럼 설화의 재구성과 고대 동양의 세계로 관심을 기울여 그의 전통지향적 경향을 드러냈다는 점은 그의 전후소설을 이해하는 데 중요한 시사점이 될 수 있다. 즉 그가 상정한 설화의 공간과 고대 동양의 공간은 무엇보다도 전후라는 황폐한 현실과 대비되는 규범과 질서가 살아 있어 모든 행위양식의 관계가 환대적(歡待的) 구조로 인지될 수 있는 전통문화의 문법이 그 접합성을 지닐 수 있는 공간이다. 때문에 이러한 공간에서 전통은 모든 행위자들에게 수많은 상징과 의식을 통해 집단에의 소속감과 성원들 간의 일체감을 공급할 수 있는 행위양식의 도구상자(tool kit)와 같은 기능을 할 수 있게 된다. 김동리가 그의 전통지향을 설화 공간과 고대 동양을 통해 드러내고자 했다는 점은 그의 초기작 「화랑의 후예」나 「무녀도」그리고 「황토기」등에서 보이는 설화적 시공간의 설정과는 다른 양상을 보인다. 즉 초기작의 경우는 그것의 이야기 공간이 현재적 시간이 아닌 만큼 삶의 공간일 수도 없다. 그것은 설화적인 시간 속으로 멀어져서 자칫 신화의 세계, 신비로운 이야기가 되고 만다.40) 그러나 김동리의 전후소설은 똑같이 삶의 이야기라기보다는 신화에 가까운 이야기이고, 서술자의 임의적 시간이 설정되어 있는 경우에도 그것이 작중인물에 의해 사건의 인과 관계가 풀려간다는 점에서 초기작의 경우와 비교된다. 이것은 김동리의 전후소설이 지향하는 세계가 전통지향이라는 문제와 밀접한 관계가 있는 것으로 이해될 수 있다. 즉 전통의 지향이라는 분명한 이념형의 제시는 작가와 서술자가 밀착된 특별한 서술자의 시간을 통해 소설의 시간을 거슬러 올라갈 필요는 있는 것이겠지만, 초기작의 경우처럼 서술자가 소설의 결론을 압축하여 제시할 필요는 없다. 서술자가 소설의 결말을 압축하여 제시할 경우에는 오히려 전통지향이라는 이념형은 약화될 수밖에 없다. 결말은 작중인물을 통해서 제시될 때 더욱 설득력을 얻게

---

39) 같은 책, p. 102.
40) 송하춘, 앞의 책, p. 196.

된다는 논리가 김동리의 전후소설의 논리이기 때문이다.

　김동리의 전후소설 가운데 「旅愁」는 이와 같은 사실을 잘 보여주는 작품이다. 이 작품 역시 서술자의 공간과 작중인물의 공간이 분리되어 있다. 서술자인 '나'는 지금으로부터 스물 다섯 해 전 해인사에 머물 무렵 백련암(白蓮庵)에 들렀다가 청뢰선사(淸籟禪師)에게 뜻밖에도 孤雲 崔致遠의 '쌍녀분후지(雙女墳後志)'라는 진귀한 책을 얻게 된다. 그런데 이 책은 말년의 고운이 세상을 떠나기 한 달 전에 겨우 끝을 맺어 제자 혜석(慧石)에게 세상에 드러내지 말라는 유언과 함께 비전(秘傳)되어 오던 것이었다. 그러던 것이 불행하게도 내가 일제 경찰에 검거되는 바람에 분실되고, 서술자 '나'는 스물 다섯 해 전에 읽었던 기억에 의존해 '쌍녀분후지'를 공개하는 형식으로 「旅愁」를 짓게 된다는 것이다. 이어 소설은 서술자 '나'의 액자에서 작중인물의 공간인 '고운'의 액자로 들어간다. 작중인물의 공간에서의 '나(고운)'는 열 두 살에 당나라로 건너가 등과하여 현위로 임명된 이듬 해 '쌍녀분'을 구경하면서부터 무언지 '뭉클한 것이 울결이 된 채 풀리지 않기' 시작한다. 그런 중 '나'는 시우(詩友) 진덕과 그의 집에서 피로연을 갖게 된다. 그날 이후 '나'는 진덕의 누이 동생인 수랑(鮹娘)과 사랑에 빠지게 된다. 그러나 나와 수랑 사이에는 사랑이 이루어질 수 없는 비극이 가로놓여 있었다.

　　그날 밤 수랑이 나에게 하는 이야기를 유랑이 곁방에서 다 들었다는 것이다. 거기서 유랑은 수랑이 나에게 뜻이 있지만 자기와의 정의를 끊지 못하여 혼인할 수 없다는 뜻으로 들었다는 것이다. 이에 유랑은 자기가 죽어 버리면 수랑이 나(고운)와 새로운 인연을 맺을 수 있으리라 믿고, 수랑을 위하여 스스로 목을 매어 죽었다는 것이다. (유랑은 이 뜻을 유서로서 남겼던 것이다.) 그러나 수랑은 언제든지 동생이 죽는 날 함께 죽기로 되어 있었기 때문에 자기도 그 뒤를 따라 또한 목을 매어 죽었다는 것이다.[41]

---

41) 김동리, 『實存舞』, 人間社, 1958, p. 189.

　「旅愁」에서 나와 수랑의 사랑이 비극으로 귀결된다는 결말은 이 작품을
이해하는 관건이 된다. 원래 수랑과 유랑은 쌍둥이 자매였다. 사람들은 수랑
자매를 쌍둥이 미인이라 해서 쌍교(雙喬)라 부르기도 했지만, 사람들은 이상
스럽게도 늘 동생인 유랑의 미모만 높이 칭송하곤 했다. 그 말이 골수에
사무치도록 견딜 수 없었던 언니 수랑은 동생 유랑이 잠든 사이에 끓는
물을 동생의 눈에 떨어뜨리고 만다. 그후 눈을 잃고서도 동생인 유랑은 조금
도 언니인 수랑에게 원망의 빛을 보이지 않고 오히려 종전보다 수랑을 더
따르게 된다. 수랑이 영원히 동생과 생사를 같이 하겠다고 결심한 것은 그때
부터였다. 그러기에 수랑은 ‘나’의 사랑을 받아들일 수 없는 존재였다. 수랑
이 ‘나’의 사랑을 받아들인다는 것은 자기와의 약속을 파기하는 것임과 동시
에 동생에 대한 부채의식에서 영원히 벗어날 수 없는 지경으로 떨어지는
것이기도 했다. 그것은 또한 동생과의 ‘정의’를 끊는 것이기도 했다. 동생과
의 ‘정의’ 관계를 끊는다는 것은 ‘연(緣)’에 의해 규정되는 모든 인간관계를
단절한다는 것이기도 하다. 이는 곧 모든 연의 관계를 가족적인 연대의 연장
으로 인식하려는 가족주의의 파괴이기도 하다. 일반적으로 가족주의는 가장
원시적인 제도이기는 하지만, 가족주의는 어떠한 신앙공동체에 들어가기
위한 출발점이 된다. 때문에 사회에 편만해 있는 전통의 좀더 많은 유형들
중에서 가족주의는 전통이라는 화면 중에 제일 중심에 있는 화면이다. 여기
에서 동생 유랑의 자살은 표면적으로는 화면의 중심을 깨뜨리는 가족 해체의
상징으로 해석될 수도 있다. 그러나 유랑의 자살이 자신(유랑)이 언니의
사랑에 걸림돌이 된다는 것에서 기인된 것이었다는 점을 생각한다면, 그녀의
자살은 단순히 가족 해체의 상징으로만 해석될 수는 없는 문제다. 때문에
유랑의 자살은 연에 기초한 ‘정의 문화’로 특징지어지는 가족주의적 전통에
서 가장 숭고한 희생적 죽음을 통하여 실현한 ‘사랑의 윤리’를 상징하는
것으로 볼 수 있을 것이다. 그러기에 동생 유랑과 생사의 길을 같이 하겠다는
혈연적 유대의식을 지녔던 수랑이 ‘나’의 사랑을 비극적인 형태로 받아들일

수밖 없었던 것은 당연한 귀결이었다. 그런데 이와 같은 결말의 처리방식이 김동리의 초기작에서 드러났던 것처럼 서술자 '나'의 액자에서 완성되지 않고, 작중인물인 '나'의 액자에서 처리된다는 사실은 그의 전후소설의 한 특징을 잘 드러내고 있는 것이라 하겠다. 김동리의 이러한 특징은 「樂聖」과 「願往生歌」에 와서 더욱 두드러진다.

「樂聖」은 설화의 공간이 고대 동양에서 신라로 넘어온다. 그렇다면 김동리가 상정한 신라라는 공간은 그에게 어떤 의미를 부여하는가. 무엇보다도 신라는 그가 이제껏 추구해 온 '구경적 생의 형식'에 정체성을 부여하는 이상향의 공간 그 자체이다. 특히 그가 상정한 신라의 세계가 풍류를 기조로 한 예술의 공간이라는 점은 「樂聖」을 이해하는 데 하나의 실마리가 된다는 점에서 중요하다.

그런데 보통 우리는 신라라고 하면 무엇보다도 먼저 불교를 떠올리게 된다. 그리고 중국의 경우에도 불교가 한대에 처음 전래된 이후 꾸준한 성장을 거듭하였고 수. 당 시대에는 극성을 이루었다는 사실을 우리는 알고 있다. 그렇다면 고대 동양에 초점을 맞춘 김동리의 작품들 중에서도 특히 신라나 당나라를 배경으로 한 소설이라면 불교적인 색채를 짙게 드러내는 것이 당연할 터이다.42) 그러나 「樂聖」은 신라라는 불교적인 색채를 지향한 소설이 아니다. 이것은 김동리가 신라를 종교적 이상향으로 인식한 것이라기보다는 그가 지향하는 '구경적 생의 형식'을 완성하는 예술적 공간으로 인식한 것으로 이해될 수 있을 것이다. 김동리가 일관되게 추구한 이 '구경적 생의 형식'이 「樂聖」에 오면 운명적인 사랑에 순응하는 형식을 통해 발현되고 있다는 점에서 우리는 이 작품을 주목할 필요가 있다. 이 작품이 '운명적인 사랑에 순응하는 형식'이라는 점은 우륵과 염정의 관계가 사촌이라는 혈연적 관계로 맺어진 사이라는 점이다. 우륵과 염정은 「驛馬」의 주인공 성기와 계연의 관계처럼 모두 사랑의 좌절과 고통을 고스란히 감수하고 수용해야

---

42) 이동하, 앞의 책, p. 103.

하는 사람들이다. 그것이 규범과 질서가 엄연히 살아 있고, 또 그것에 의해 사람들의 삶이 안정을 획득할 수 있는 세계이다. 그런데 김동리의 전후소설에 오면 이와 같은 세계가 붕괴되기 시작한다. 우선 앞에서 살펴본 「姉妹」의 세계가 그렇다. 형부와 처제가 결혼한다는 혼인 풍습은 우리의 전통에서 용인될 수 있는 것이 아니다. 표면적으로 그것은 전통에 대한 거부이다. 그러나 소설은 표면적 진실 너머의 세계를 주목한다는 점에서 의의가 있는 것이다. 「姉妹」는 앞에서도 살펴본 바와 같이 처제가 형부와 결혼한다는 점에서는 전통문화의 문법을 거부하는 소설이다. 그러나 이것은 소설에 나타난 표면적 진술일 뿐이다. 이와 같은 사실 너머에 그의 전통지향적 가족주의가 얼마나 완강한 내적 논리인가를 우리는 알아야 한다. 즉 김동리는 어떠한 식으로라도 가족의 해체를 용인하는 작가였다. 그것이 '구경적 생의 형식'의 탐구라는 그의 운명적 아포리아에 순응하는 길이다. 「樂聖」은 바로 김동리의 전통지향적 사고가 '운명적인 사랑에 순응하는 형식'으로 드러난 그의 대표적인 전후소설로 볼 수 있다. 즉 외사촌 누이 염정과의 사랑이 비극의 패턴을 밟지 않고 사랑의 완성으로 형상화되고 있다는 점에서 이 소설은 「驛馬」와 비교해볼 때, 한층 더 그의 '구경적 생의 형식'에 다가서 있다고 보아야 할 것이다.

한편 「願往生歌」의 경우를 보면 무엇보다도 작가가 「삼국유사」에 실려 있는 원래의 내용을 고쳐서 광덕과 그 아내 사이에 아이가 하나 있도록 만든 데에서 이런 판단이 가능해진다. 김동리가 이런 손질을 감행한 이유가 무엇이냐에 관해서는 여러 가지 해석이 가능하거니와 그 중의 하나로 우리는 유교나 무교에서 강조하는 가족주의적 사고가 여기에 혹시 개입되지 않았을까라는 생각을 해 볼 수 있는 것이다. 불교 본연의 입장에 따른다면 해탈이 중요할 뿐 다른 것은 문제될 수 없는 터이로되, 유교나 무교의 입장에서 보면 해탈도 좋으나 그래도 역시 자식은 남겨야 한다는 반론이 제기될 수 있다. 「願往生歌」에서 작가가 광덕의 부부에게 아이가 있도록 한 것은 바로

이런 반론의 가능성과 유관하지 않을까라는 추리를 해 볼 수 있는 것이다.[43]
김동리는 결국 불교사상을 표면에 내세운 작품들에서도 전통지향적 가족주
의를 강하게 드러낸다. 바로 이점이 그의 전후소설을 바로보는 입각지가
되는 것이다.

4. 마무리

김동리는 전통지향 의식의 근간을 혈연적 연대의식이 완강한 내적 윤리로
고양된 가족주의에 둔다. 김동리의 이와 같은 가족주의는 김동리의 전후소설
을 저류하는 하나의 큰 흐름이다. 또 다른 하나는 설화의 재구성과 고대
동양에 대한 관심을 들 수 있다. 이것은 전통지향적 가족주의와 함께 그의
전후소설을 규정하는 기본항이다. 김동리가 이처럼 고대의 동양세계에로까
지 관심을 뻗친 것은 전통지향적 보수주의자로서 자기정체 유지의 과제를
수행하고자 하는 그의 노력이 전보다 일층 더 심화되고 확대된 징표로 이해할
수 있다. 또한 그는 이러한 세계의 탐구를 통하여 자신의 입장을 더욱 공고히
하는 성과를 기대했던 것처럼 보이기도 한다. 김동리가 이처럼 설화의 재구
성과 고대 동양의 세계로 관심을 기울여 그의 전통지향적 경향을 드러냈다는
점은 그의 전후소설을 이해하는 데 중요한 시사점이 될 수 있다. 즉 그가
상정한 설화의 공간과 고대 동양의 공간은 무엇보다도 전후라는 황폐한
현실과 대비되는 규범과 질서가 살아 있어 모든 행위양식의 관계가 환대적
(歡待的) 구조로 인지될 수 있는 전통문화의 문법이 그 접합성을 지닐 수
있는 공간이다. 때문에 이러한 공간에서 전통은 모든 행위자들에게 수많은
상징과 의식을 통해 집단에의 소속감과 성원들 간의 일체감을 공급할 수
있는 행위양식의 도구상자(tool kit)와 같은 기능을 할 수 있게 된다. 김동리가
그의 전통지향을 설화 공간과 고대 동양을 통해 드러내고자 했다는 점은

---

43) 같은 책, p. 104.

그의 초기작 「화랑의 후예」나 「무녀도」 그리고 「황토기」 등에서 보이는 설화
적 시공간의 설정과는 다른 양상을 보인다. 즉 초기작의 경우는 그것의 이야
기 공간이 현재적 시간이 아닌 만큼 삶의 공간일 수도 없다. 그것은 설화적인
시간 속으로 멀어져서 자칫 신화의 세계, 신비로운 이야기가 되고 만다.
그러나 김동리의 전후소설은 똑같이 삶의 이야기라기보다는 신화에 가까운
이야기이고, 서술자의 임의적 시간이 설정되어 있는 경우에도 그것이 작중인
물에 의해 사건의 인과 관계가 풀려간다는 점에서 초기작의 경우와 비교된다.
이것은 김동리의 전후소설이 지향하는 세계가 전통지향이라는 문제와 밀접
한 관계가 있는 것으로 이해될 수 있다. 즉 전통의 지향이라는 분명한 이념형
의 제시는 작가와 서술자가 밀착된 특별한 서술자의 시간을 통해 소설의
시간을 거슬러 올라갈 필요는 있는 것이겠지만, 초기작의 경우처럼 서술자가
소설의 결론을 압축하여 제시할 필요는 없다. 서술자가 소설의 결말을 압축
하여 제시할 경우에는 오히려 전통지향이라는 이념형은 약화될 수밖에 없다.
결말은 작중인물을 통해서 제시될 때 더욱 설득력을 얻게 된다는 논리가
김동리의 전후소설의 논리이기 때문이다.

Ⅱ. 역사감각과 고완미(古琓美)의 예술적 승화 –
<정한숙>론

1. 서론

전후소설의 전통지향성이 전후의 파행화된 모더니티와 길항하는 대타의
식에서 비롯된 문학적 경향이라면, 그것의 한 축은 정한숙의 작품에서 찾아
볼 수 있다. 동시대의 김동리 소설이 '구경적 삶의 형식'을 통해 한국인으로서
의 자기정체성을 일관되게 지향해온데 반해, 정한숙은 다양한 제재와 주제의
변주 과정을 통해 전후의 황폐한 현실 체험을 날카롭게 인식한 전후의 신세대
작가로 볼 수 있다.

일오(一悟) 정한숙(鄭漢淑)은 1922년 11월 3일 平安北道 寧邊에서 출생
하여 1948년 『藝術朝鮮』誌에 단편 「凶家」가 당선되어 작품활동을 시작한
이후 1997년 9월 17일 영면하기까지 약 반세기 간에 걸쳐 15편의 중 ·
장편 소설과 160여편의 단편과 6권의 연구서, 2권의 시집과 수필집을 간행한
다. 이와 같이 창작과 이론 두 측면에서 방대한 양의 작품과 연구적 성과에도
불구하고 그에 관한 종합적인 고찰은 미진한 편이다. 그동안 정한숙에 대한
연구는 문학사에서의 단편적인 언급[1], 개별적인 평문과 작가, 작품론[2], 학위

---

1) 정한숙, 『현대한국문학사』, 고려대출판부, 1982.

논문3) 등으로 분류될 수 있다. 이 기존 연구의 성과들은 정한숙 소설의 다양한 양상 만큼이나 다양한 면모를 보여주지만, 대체로 다음의 세 가지로 크게 분류된다고 볼 수 있다.

첫째, 정한숙 소설의 '내용'과 '형식'의 다양한 변주에 주목하는 연구 성과를 들 수 있다. 이러한 연구의 첫 성과는 문덕수4)를 통해서 이루어진다.

김윤식. 김우종외 30인 지음, 『한국현대문학사』, 현대문학, 1994.
　　　이재선, 『현대한국소설사(1945~1990』, 민음사, 1991.
2) 최일수, 「인간성의 생리와 본질」, 『신태양』, 1956, 8.
　　　정병욱, 「고전의 현대화 논의」, 『사상계』, 1957, 6.
　　　문덕수, 「내용과 수법의 다양성」, 『현대한국문학전집5』, 신구문화사, 1965.
　　　염무웅, 「좌절과 도피」, 『현대한국문학전집5』, 신구문화사, 1965.
　　　조동일, 「근대사의 두 방향」, 『현대한국문학전집5』, 신구문화사, 1965.
　　　홍사중, 「기적을 바라는 사람들」, 『현대한국문학전집5』, 신구문화사, 1965.
　　　오탁번, 「끈질긴 탐구정신의 소산」, 『한국현대문학전집25』, 삼성출판사, 1978.
　　　신경득, 「소설과 사회의 변주(중)」, 『현대문학』, 1980, 8.
　　　곽학송, 「정한숙과 손창섭」, 『월간문학』, 1983, 12.
　　　김영화, 「백색의 세계」, 『현대작가론』, 문장, 1983.
　　　이태동, 「진리의 빛과 실존적 신화 인식」, 『한국현대소설의 위상』, 문예출판사, 1985.
　　　정현기, 「역사적 진술의미와 소설적 진실」, 『한국문학의 사회사적 의미』, 문예출판사, 1986.
　　　김선학, 「좌절과 의지의 인간학」, 『월간문학』, 1988, 4.
　　　이주형, 「정한숙 소설에 있어서의 한국 현대사 인식」, 『한국현대작가연구』(이주형 외), 민음사, 　　　1989.
　　　한승옥, 「한국전후 소설의 현실극복의지」, 『숭실어문 제3집』, 숭전대학교 국어국문학회, 1986.
　　　윤석달, 「분당현실의 소설적 형상화와 역사의식」, 『한국항공대학 논문집 제28집』, 한국항공대　　　학교, 1990, 8.
　　　유친고, 「인간본위주의적 다양성의 소실」, 『우리시대의 한국문학4』, 세봉사, 1991.
　　　최동호, 「예술가 소설과 인간상의 탐구」, 『삶의 깊이와 시적 상상』, 민음사, 1995.
　　　장성수, 「전후 현실의 문학적 진단과 처방」, 『1950년대의 소설가들』(송하춘. 이남호 편), 나남, 1994.
3) 강명불, 「정한숙 소설에 나탄 분단문학의 양상」, 동국대 교육대학원 석사학위논문, 1988.
4) 문덕수, 「내용과 수법의 다양성」, 『현대한국문학전집5』, 신구문화사, 1965.

문덕수는 정한숙을 한 주제에 고착되어 있는 작가가 아니라 작품마다 다채다양한 주제의 변주를 통해 전후 현실을 인식한 대가다운 풍모를 지닌 작가로 인식한다. 또한 수법면에서도 '우화의 방법'을 쓰는가 하면, 과거와 현재, 先過去와 後過去를 결합하는 '연상적 수법' 등의 부단한 형식 실험을 통해서 전후 소설의 발전을 촉진시키고 있다는 것이 문덕수의 논리이다. 그는 또한 정한숙이 주제와 수법에서 뿐만이 아니라 소재면에서도 서양의 구약성서, 마을의 설화와 전설, 고전적 소재의 현대화 등의 다양한 소재를 소설에 원용하여 전통을 중시하는 현대작가라는 논리를 편다. 김선학[5]은 정한숙의 작품 세계를 다음의 네 가지, 첫째 역사와 인간존재의 인식을 역사적 사항과의 대응에서 파악하려는 태도를 보인 작품, 둘째 역사적 인물의 소설화를 통해 당대의 정황 속에 놓인 그들의 성격을 탐구하는 작품, 세째 현대인의 좌절과 방황을 그린 작품, 네째 인멸되어 가는 전통적인 아름다움에 대해 향수를 느끼는 마음을 담아내고 있는 작품 등으로 분류한다. 김선학은 이와 같은 유형화를 통해 정한숙은 삶의 다양한 모습을 한 편의 소설에 모두 담아내기 어렵다고 판단하는 작가라는 사실을 도출해 낸다. 즉 김선학은 "그는 한 편 한 편의 작품마다 다양한 삶의 양태를 소설로서 각각 응전한다. 그의 작가적 입장은 삶의 다양성을 그것대로 하나하나씩 소설 속에 수용하자는 쪽에 서 있는 것 같다. 그의 소설이 다양한 경향을 보이는 것은 당연한 귀결이다"[6]라는 논리를 통해서 문덕수의 논리를 더욱 구체화시킨다.

둘째, 역사의식과 현실의식에 초점을 둔 연구 성과이다. 조동일[7]은 「古家」를 통해서 정한숙이 현대사 인식의 실마리를 봉건 사회 질서의 붕괴에서 찾고 있음을 밝혀낸다. 조동일에 의하면 무너져가는 봉건적인 질서를 지키려는 층과 이를 아주 무너뜨리려는 층의 싸움은 우리의 현대사를 결정해 온 중요한 모순의 하나인데, 바로 정한숙의 「古家」가 이런 사정을 잘 반영하고

---

5) 김선학, 「좌절과 의지의 인간학」, 『월간문학』, 1988, 4.
6) 김선학, 앞의 글, p. 149.
7) 조동일, 「근대사의 두 방향」, 『현대한국문학전집5』, 신구문화사, 1965.

있다는 것이다. 즉 할아버지의 뜻을 어기고 도시로 나간 숙부의 결단을 보여주면서, 결국 숙부로 상징되는 근대적인 가치가 승리를 하기는 하나 그 희생이 크다는 서사단층에서 정한숙이 역사를 보는 특수한 관점이 노출된다는 것이 조동일의 시각이다. 반면에 이재선[8]은 「古家」을 전통적인 가족의 체계와 사회적 신분구조의 변화를 통해서 전쟁의 충격이 가치체계의 동요에 미치는 힘과 관계의 분열증을 제시한 작품으로 인식한다. 또한 「古家」는 비록 단편이기는 하지만, 이름 그대로 일종의 가계형 가족사나 가족사 연대기의 성격을 지니고 있는 작품으로 인식한다. 현대의 가족사 소설의 성격이 그러하듯, 「古家」 역시 한 전통적인 집안의 흥망성쇠, 즉 한 가족 또는 가문의 특수한 변천사가 근대에서 현대에 이르는 정치사와 사회사로 축약된 역사적 배경 속에서 전개된다는 점에서 가족사 소설이라는 것이 이재선의 관점이다. 한승옥[9]은 한국 전후소설의 현실극복의지를 고찰하는 논문에서 정한숙의 「끊어진 다리」를 역사에 점철된 6. 25라는 비극적 형식을 회상형식으로 제시한 작품으로 규정한 후, 정한숙은 「끊어진 다리」를 통해서 6. 25가 일어난 것은 역사적 역학관계에 의한 것이기도 하지만 우리 민족 자체에도 그 책임이 있다는 준엄한 역사인식을 보여줬다는 관점을 제시한다. 즉 「끊어진 다리」에서는 황무지를 개간하면서 낙원을 새로 개척하는 실천적인 개척의지를 구체적으로 보여주어 민족의 나갈 바를 지향해 주며, 원조를 거부함으로 해서 민족의 자립 의지를 재천명한다는 데서 주체적 역사인식과 주제의 건강성을 읽을 수 있다는 것이 한승옥의 관점이다. 정현기[10]는 정한숙의 「끊어진 다리」가 1960년대 한국 소설의 질적인 성과를 가늠하게 하면서 동시에 정한숙 소설 세계의 뚜렷한 한 이정표로 정향되어 지고 있음에 주목한다. 정현기는 「끊어진 다리」의 특징을 다음의 네 가지로 정리한다. 첫째, 한국 문학의

---

8) 이재선, 『현대한국소설사(1945~1990)』, 민음사, 1991.
9) 한승옥, 「한국 전후소설의 현실극복의지」, 『숭실어문 제3집』, 숭전대학교 국어국문학회, 1986.
10) 정현기, 『한국문학의 사회사적 의미』, 문예출판사, 1986.

풍토에 있어서 뿌리내리기 어려운 전작 소설이라는 점, 둘째, 「끊어진 다리」를 통해서 분단된 한반도 현실 속에서. 그가 조심스럽게 펼쳐보이는 한국의 역사적 진실에 관한 어떤 증언을 엿볼 수 있다는 점, 셋째, 「끊어진 다리」가 암시하는 바는 한국 역사의 아픈 내역들임에 틀림이 없어서, 그렇게 작품의 날줄로 엮인 아픈 역사 내역 위에 씨줄로서 짜여지는 무늬 가운데는 완전한 절망만이 아닌 삶의 기쁜 순간들과 희망들이 소설의 흐름 가운데 밑받침되고 있다는 것에서 역사적 진술이 갖는 일면 확대라는 결함을 보충해 주는 좋은 본보기가 된다는 점, 넷째, 세 형태의 삶의 방식을 그려 보이면서 거기에 걸맞는 인물들을 전형화시키고 있다는 점 등에서 이 작품의 역사적 진술의 의미와 소설적 진술의 의미를 밝혀내고 있다. 이주형[11]은 정한숙이 1950년 대 작품들에서는 불구, 황무지가 되어 버린 이 땅의 현실을 그리는 데만 관심을 쏟았지만, 4. 19 후의 「끊어진 다리」에서는 극복의 방향문제를 제시했다는 점에서 작가 정한숙의 우리 현대사에 대한 깊고 지속적인 관심을 엿볼 수 있다고 평가한다. 즉, 정한숙이 일제강점 시대 말기부터 終戰에 이르는 우리의 어두운 역사의 현장을 객관적으로, 구체적이고 포괄적으로 그려 보임으로써 한 시대의 증인 역할을 충실히 수행하려 했다는 것이다. 다만 정한숙은 그의 다양하고 절실한 체험에 걸맞을 만한 심도 있는 현실 투시, 발전적 역사인식을 그의 작품에서 생생하게 보여주었다고 하기는 어려울 것 같다는 점이 이주형의 또 다른 관점이다. 이주형은 정한숙의 이런 한계를 정한숙 자신이 지닌 역사에 대한 일정한 진보적 시각과 전망의 한계, 그리고 50~60년대가 지닌 시대적 한계에 기인하는 것으로 인식한다. 윤석달[12]은 정한숙의 「끊어진 다리」를 기법과 역사의식의 측면에서 분석한다. 먼저 소설의 진행 기법에서 볼 때, 이 소설은 격변기 역사를 살아온 인물들의 형태를 그려내는

---

11) 이주형, 「정한숙 소설에서의 한국 현대사 인식」, 『한국현대작가연구』(이주형 외), 민음사, 1989.
12) 윤석달, 「분단현실의 소설적 형상화와 역사인식」, 『한국항공대학 논문집』 제28집, 한국항공대학교, 1990, 8.

일에는 미흡한 회상기법을 지니고 있다고 주장한다. 또한 민족의 어두운 역사들을 다룸에 있어 이 소설은 구체성의 생략, 또는 추상적 설명에 의존하고 있어 작가가 추적하고자 하는 격변기 시대사에 대한 역사의 방향감각을 보여주고자 하는 작업에 크게 기여하고 있지 못하다는 것이 윤석달의 논리이다. 또한 역사의식의 측면에서도 작가의 역사인식은 작중인물의 행동이나 의식으로 대체되기 마련인데 주인공 연의 행동이나 의지는 극복의 구체적인 실상은 제시하고 있는 편이지만 역사인식에 있어 그 깊이의 문제와는 거리가 있는, 단순 소박한 상태에 머물러 있다는 것이 그의 논리이다. 그럼에도 불구하고 윤석달은 이 작품은 전후 우리의 소설사에서 60년대 초의 문학이 담당했던 하나의 의미망을 만들고 있다는 점에서 분단문학의 표본의 하나가 될 수 있다는 것이 윤석달의 종합적인 결론이다. 셋째, 정한숙 소설의 미적 특질에 대한 연구를 들 수 있다. 특히 정한숙이 전후의 다른 신세대 작가들과는 달리 전통미에 대한 지속적인 천착을 통하여 전통의 가치를 옹호하였다는 점에 논의의 초점을 둔 연구들이다. 정병욱[13]은 소설 창작의 계기(契機)는 작가의 내부연소와 외부적인 자극이 합치되는 점에서 강렬한 충격을 받을 때에 비로소 성립되는 것이라 규정하고, 정한숙은 바로 이러한 계기를 고전적 소재에서 끌어와 현대화하는 창작 과정을 통하여 전통의 가치를 옹호한다는 논리를 편다. 정병욱은 정한숙이 「恐怖」를 통해서 환각과 현실, 자연의 배경과 심리의 변화에 따르는 절박감을 교묘하게 묘파하여 민담을 현대화시킨 것에서 정한숙이 고전적 세계를 탐구한 의의를 찾는다. 최동호[14]는 정한숙 소설을 "혼란된 시대에 가능한 윤리의 추구와 현대인이 지닌 분열된 의식의 묘사, 그리고 예술인의 수련과정을 통해 전통적 예인의 창조적 가치의 조명, 지나간 시대의 인물에 대한 현대적인 의미의 부여"[15]등으로 분류하

---

13) 정병욱, 「고전의 현대화 논의」, 『사상계』, 1957, 6.
14) 최동호, 「예술가 소설과 인긴상의 탐구」, 『삶의 깊이와 시적 상상』, 민음사, 1995.
15) 최동호, 같은 책, p. 281.

고 그 중 세 번째 유형의 작품분석을 통해 정한숙 소설의 일관된 작가의식을 조망한다. 최동호는 「田黃堂印譜記」, 「金堂壁畵」, 「백자도공(白磁陶工) 최술(崔述)」, 「거문고 산조(散調)」, 「金魚」 등의 예술인들의 창조 과정을 소재로 취급하고 있는 정한숙의 소설을 통해 예술은 상호 보완적이며 발전적인 의미망을 이루어 혼란의 시대를 사는 독자들에게 분명한 가치관을 제시하였다는 점에 주목한다. 최동호는 또한 정한숙이 예술인을 중심으로 한 소설에서 극단으로 치닫지 않고 예술가들의 극기적 삶에 초점을 맞추고 있다는 사실에서 이 극기와 조화야말로 그가 40여 년동안 지속적으로 작품을 생산하는 힘이 된다는 논리를 편다. 결론적으로 최동호는 정한숙의 이와 같은 예술가 소설의 분석을 통해서 그의 문학을 전통 옹호의 중용적 보수주의 문학으로 규정한다.

이러한 연구사의 성과를 조망해 볼 때, 정한숙의 문학적 원형은 전후 공간에서 산생된 작품에서 탐색될 수 있는 것이다. 그럼에도 정한숙 소설의 특징을 전후 문학의 위상 안에서 연구는 소루한 편이다. 이에 이 글에서는 정한숙의 1950년대 소설을 검토하여 그의 문학적 원형을 규명해 보고자 한다.

2. 역사감각과 전통인식

전통의 이해에 있어서 또 하나의 중요한 인식 거점은 전통은 '역사의식'을 수반한다는 것이다. 전통이 역사의식을 수반한다는 문제를 제기한 엘리어트에 의하면, 역사의식은 과거에 대한 과거적인 의식뿐만 아니라 현대적인 의의에 대한 인식까지 내포하고 있다는 것이다. 엘리어트는 또한 이 역사의식을 '시간적인 것은 물론 초시간적인 것을 감각할 수 있는 의식'으로 이해하기도 한다. 결국 엘리어트에 의하면 전통이란 자기 자신이 처해 있는 시대의 시대성을 가장 예민하게 의식하도록 만드는 힘이라는 것이다. 여기에서 엘리어트의 역사의식이란 "자의식(self-consciousness)의 한 양상으로서, 자체와 전통을 반성함으로써 자기이해(self-understanding)"16)에 이르는 것을 의미한다. 자의식의 한 양상으로의 역사적 의식은 '역사적인 센스'를 갖는 반성의 형식을 통하여 자기이해에 도달하는 것을 말한다. 다시 말해서 역사적인 센스를 갖는다는 것은 현재 존재하는 삶의 스케일을 가지고 현재의 제도와 현재 습득한 가치와 진리의 견지에서 과거를 인식하려는 순진한 태도를 초월하자는 것이다. 즉 전통을 그것이 뿌리박고 있는 문맥 속에 둠으로써 그것의 본래적 의미와 가치를 규명하려는 반성적 자세를 견지하자는 것이다. 그러므로 역사의식을 탐구하는 그 자체는 전통의 탐구임과 동시에 전통의 매개가 된다. 그러므로 전통의 개념을 이해하려면 항상 우리 자신이 기대하는 의미에다 과거를 성급하게 끌여들여 전통을 맹목적 신앙으로 동화시키는 것은 피해야할 필요가 있다. 또한 더 큰 전체 내에서 보다 더 진실하게 전체의 구성 부분을 더 잘 보기 위해서는 가까운 것에 제한되지 않는, 항상 역사 전체로 확장해 나가는 지평을 가져야 한다. 이렇게 전통이 역사의식을 수반하는 반성의 형식이라는 것을 문학적 형상화를 통해 드러내며 전후소설의 영역을 확장한 작가가 정한숙이다. 그는 전통을 어떤 틀(가령 전통을 인지된 유적이나 유물에의 집착 현상과 같은 소재주의적 감상주의로 인식하는 현상)에 맞춰 맹목적인 신앙으로만 인식하던 전후의 전통인식에서 벗어나 전통을 떠받치고 있는 인식구조를 역사의식에 둠으로써 건강한 전통의 개념에 잇닿아 있다. 그의 전후소설 중에서 「古家」와 「道程」, 그리고 「愛情地帶」와 「暗黑의 季節」을 종합적으로 집대성한 「끊어진 다리」가 바로 정한숙의 이러한 역사감각을 잘 보여주는 작품이다.

우선 「古家」는 六·二五라는 사상적인 싸움의 근원을 봉건사회의 모순에까지 소급해서 찾으려는 작품이다. 종손인 '필재'와 그의 삼촌이 되지만 첩의 자식인 '태식'이는 해방을 맞이한 후 각기 상이한 길을 택한다. 말하자면 숙질간의 사상적 대립이 이 소설을 끌어가는 근간이 되는 셈이다. 여기에서

---

16) 정재식, 앞의 책, p. 143.

작가는 공산주의 운동에 가담하면서 "종의 자식이 세상에 났다. 공산당을 하지 않으면 무엇을 하며 살겠느냐"[17]라는 태식의 말을 통해서 우리 사회의 이념적 대립이 유교적 봉건체제 하의 양반과 천민의 대립이라는 점을 환기시킨다. 즉 「古家」는 전쟁을 계기로 해서 잠정적이든 혹은 지구적이든 신분위계와 계급구조의 변화가 일어나는 과정을 그린 대표적인 작품이다. 말하자면 전통적인 가족의 체계와 사회적 신분구조의 변화를 통해서 전쟁의 충격이 가치체계의 동요에 미치는 힘과 관계의 분열증을 제시한 것이다. 여기에는 공통적으로 전쟁의 성격에 내재하는 이데올로기의 사회적인 역할과 거기에 얽힌 인간의 형태가 암시되어 있다. 때문에 「古家」는 비록 단편이긴 하지만, 이름 그대로 일종의 가계형 가족사나 가족사 연대기의 성격을 지니고 있는 작품이다. 현대의 가족사 소설의 성격이 그러하듯, 이 작품 역시 한 전통적인 집안의 흥망성쇠, 즉 한 가족 또는 가문의 특수한 변천사가 근대에서 현대에 이르는 정치사와 사회사로 축약된 역사적 배경 속에서 전개된다.[18] 즉 한말, 일제시대 그리고 해방과 6. 25로 이어지는 역사의 변천 속에서 장동(壯東) 김씨의 봉건적인 토지 소유의 지배층 가문이 겪는 권위와 결속의 분해 및 도전받는 과정을 그린 것이다. 이러한 몰락 내지는 분해의 결정적인 계기는 바로 6. 25였다.

6. 25 '이전'과 '이후'의 서술적인 균형에 있어서 전자에 더 역점을 두고 있는 이 작품은 전쟁 이전에도 분해나 변화의 단서와 요인이 잠재되어 왔었던 것이 사실이다. 종가제도를 끝내 유지하려는 보수적인 조부에 대항해서 일가의 종손으로 하여금 머리를 깎고 신학문을 배우게 하려는 숙부의 반역이 그것이다. 그리고 김씨 집안에 상존하고 있는 적서(嫡庶)와 노비의 신분제도가 만든 내재적 갈등 역시 그 요인이 되고 있는 것도 사실이다.

이러한 잠재적인 요인들이 6. 25로 해서 마을이 인민군에 점령됨으로써

---

17) 鄭漢淑/全光鏞, 『現代韓國文學全集5』, 新丘文化社, 1965, p. 129.
18) 이재선, 『현대 한국소설사(1945~1990)』, 민음사, 1991, p. 101.

이제까지의 신분계층의 수직적인 이동이 급격하게 이루어질 뿐 아니라 가치체계의 전환이 뚜렷하게 나타나게 된다. 즉 김씨 가문에 대해서 고개질도 하지 못하던 재너머 이씨 마을 사람들이 반기를 들고, 장동 김씨의 핏줄을 타고 났으면서 '종년의 자식'으로 늘 박대받던 태식이가 인공하에 벼슬을 하여 우쭐거리며 그를 박대한 할머니가 기거하는 사랑채에 불을 지른다. 그리고 지순한 종이었던 길녀 또한 부락의 여성동맹원으로 활약하는 등 모두가 놀라운 변화를 일으킨다. 이런 놀라운 변화와 함께 거듭된 죽음과 화재로 인해서 종가로 표상되는 전통적인 가족구조의 권위와 가치는 쇠퇴와 소멸의 운명에 빠져들고 만다. 그런 점에서 50년 이래의 소설에서 6. 25는 이데올로기의 전쟁인 동시에 고전적인 신분전쟁의 성격을 지니기도 한다.[19] 정한숙의 「古家」는 앞서 지적한 것처럼 6. 25 이전과 이후의 서사 단층을 구분해서 살펴볼 수 있다. 그리고 서사 단층의 무게중심을 6. 25 이전에 두고 분석한다면, 「古家」는 전통적인 가족구조의 해체에 주목한 소설로 이해될 수 있을 것이다. 그러나 다음의 장면을 통해서 「古家」는 단순히 가족구조의 해체나 신분제의 와해 이상의 의미를 담고 있음이 확인된다.

> 그들이 떠들어대는 틈바구니에 앉아서도 필재는 종가와 종손이 그들에게 무슨 이익을 주기에 저렇게 목을 매다시피 애원하는질 이해할 수가 없었다.
>
> 「여보게 두말 말고 자네가 내려오게…… 그래서 내후년엔 여기서 출마를 하게. 장동 김씨도 한 번 불호령하고 살아 봐야 하지 않겠나…… 자네가 내려와 춤마를 하면 돈쓰지 않고도 염려 없어…… 그 동안 우리 표를 그들에게 모아 주었으니까 우리가 말한다면 늘어수시 잃겠나?」
>
> 성미가 괄괄한 그 친구는 필재에게 이런 소리를 몇 번이나 되풀이 하며 두말 말고 내려와 꼭 입후보를 하라는 것이었다.[20]

---

19) 김윤식. 김우종 외 30인 지음, 『한국현대문학사』, 현대문학, 1994, p. 337.
20) 鄭漢淑/全光鏞, 앞의 책, p. 134.

이 장면을 통해서 「古家」가 지향하는 세계는 단순히 전통적인 가족구조와 신분제의 해체에만 주목하는 것이 아니라는 사실이 분명해진다. 즉 소설의 서사 단층이 전통적인 '가족구조의 고수/해체'와 '신분제의 옹호/와해'라는 이항 대립만이 아니라는 사실이다. 그것은 위의 장면에서 알 수 있는 것처럼 민족의 비극적 전쟁이라는 역사적 상황에 처해 있는 장동 김씨 사람들의 실존적 모습을 적나라하게 드러냄으로써 소설 속에 '역사'라는 서사 단층을 부여하고 있다. 즉 정한숙은 「古家」를 통해 역사의 흐름과 인간존재의 갈등을 동시에 드러낸다. 이것은 역사 앞에 인간 존재가 얼마나 보잘 것 없는가를 말해주는 부분이 되기도 하지만 역사가 가진 실상을 적확하게 파악해야 한다는 그의 역사인식의 방법론과 맞물려져 있다는 것을 확실히 인식해야 하는 대목이기도 하다.21) 민족적 전란을 맞아서도 장동 김씨 일가의 '불호령' 타령은 그야말로 역사의식의 부재 자체를 드러내는 적나라한 예이다. 그러기에 필재에게 종친들의 출마 권유는 '귓등으로만 들리는 소리'일 수밖에 없었을 것이다. 또한 필재가 종친들의 출마 권유를 '귓등으로만 들리는 소리'로 인식했다는 것에서 그의 역사의식은 더욱 확연해진다. 여기에서 필재는 종친들의 '고가 의식'을 단순히 '옛것에 대한 향수'나 '아주 오래 되었고 의미를 담고 있는 막연한 과거의 잔재물'로 인식함으로써 결정적으로 종친들과 결별을 하게 된다. 이것은 '종가를 팔아치운다는 것은 도의상 안됐지만, 그것은 내 개인 소유의 재산이 아니겠소'라는 필재의 말을 통해 명백해진다. 결국 필재가 바라는 세상은 "어둠이 가시면 새 아침이 오듯이 종가도 종손도 허물어짐으로 하여 진정 길녀나 태식이나 자기 같은 사람이 행복하게 살 수 있는 날"22)인 것이다. 이러한 의미에서 필재의 역사감각은 과거의 관념에 집착하지 않고 시대의 시대성을 가장 예민하게 의식한 전통인식으로 환원될 수 있는 것이다.

---

21) 김선학, 「좌절과 의지의 인간학」, 『월간문학』, 1988, 4, p. 138.
22) 김선학, 같은 글, p. 135.

이와 같이 「古家」에서 보여준 정한숙의 역사의식은 「끊어진 다리」에서도 일관되게 나타난다. 이것은 50년대 이후부터 "정한숙의 소설에 꾸준히 나타나는 중요한 테마의 하나였고, 현대사 자체의 중요성"23)만큼이나 이 테마의 중요성 또한 매우 큰 것이었다. 현대사에 대한 인식이 작품의 중요한 테마로 다루어지는 정한숙의 전후소설 중에서 「끊어진 다리」가 중요한 자리를 차지하는 이유는 그것이 전후의 다른 작품을 집대성한 것이기 때문이다. 정한숙의 전후소설 가운데 현대사의 현장을 다룬 작품에는 「古家」이전에 「道程」과 「愛情地帶」가 있었고, 이후에는 「暗黑의 季節」이 있었다. 이들 작품을 통해서 정한숙은 민족과 개인이 불구가 되는 과정을 두 가지 방향에서 파악하고 있다. 이것은 그가 두 가지 유형의 인물들을 설정하고 있는 데서도 알 수 있다. 두 유형의 인물은 모두 수난당하고 상처투성이가 되는 약자이고 피해자들이라는 점에서 공통적이다. 그러나 하나는 역사의 격랑에 한없이 떠밀려, 이 바위에 부딪쳐 팔이 부러지고 저 바위에 부딪쳐 다리가 부러지는, 재수 없고 선량한 대다수가 그 하나이다. 또 다른 하나는 역사의 격랑에 밀려다니면서도 카멜레온과 같은 재주를 부리고 행운마저 얻어 다리나 팔이 부러지지 않고 잘 사는, 재수 있고 교활한 소수이다. 그러나 이들 역시 한없는 굴욕감과 고독감, 자기 모순의 인식 속에 얽매여 있다는 점에서는 또한 전자와 별반 다를 것이 없다. 즉 민족의 부침기에 살아남은 사람이나 역사의 격랑에 휘말려 고단한 삶을 살아가고 있는 사람들이나 모두 본질적으로는 상처를 입고 살아가고 있는 존재들이라는 인식에 이르게 된다. 때문에 정한숙 「道程」의 황병수나 「끊어진 다리」의 여두삼과 최상운의 삶과 「古家」의 태식과 길녀, 「暗黑의 季節」의 경옥의 삶은 모두 우리 현대사의 어두운 한 방향을 요약한다는 점에서는 동일하다는 인식에 이른다.

　물론 황병수와 같은 인물은 '에이, 뱃속에 똥만 가득찬 놈 같으니, 너같은 모리 간상배 친일파놈의 수명이 얼마나 긴가 보자'라는 욕을 먹으며 산다.

---

23) 李注衡 外, 『韓國現代作家硏究』, 민음사, 1989, p. 30.

자신의 변신에 따라 권력과 안정된 생활이 있어서도 그는 '마음은 항상 요강 뚜껑으로 물을 떠 마신 때와도 같이 께름직 스러운 생활'을 하며 산다. 이들에게서 정한숙이 얻어들을 수 있는 변명은 '인간인 이상 살려는 욕망은 누구나 다 갖고 있는 것이고 삶에 대한 집착으로 일시 과오가 있다 하여 그것을 두고두고 나무랄 필요는 없다'라는 것이다.24) 이런 변명에 대한 정한숙의 대응 방법이 「끊어진 다리」에서 제시된다.

　「끊어진 다리」는 제목에서도 암시되듯이 우리 현대사의 울혈의 내역이 고스란히 드러난 소설이다. 작품의 시간은 일제강점기와 해방과 미군정기, 그리고 한국전쟁과 4. 19와 5. 16으로 이어지는 역사의 부침기이다. 대략 20여년 간의 서술시간이 '현재-과거-현재-과거-현재'의 회상기법에 의해 진행되고 있다. 그런데 이러한 서술시간이 순차적인 진행순서를 따르지 않고 있다는 점에서 「끊어진 다리」의 시간기법은 특징적이다. 전통적으로 소설에서 시간의 순서를 흐트리는 방법에는 두 가지가 있을 수 있다. 그 하나는 '역전(逆轉)'으로, 이야기가 시작되기 이전에 발생했던 일을 이야기 도중에 집어넣는 것이다. 또 다른 하나는 '예시(豫示)'로 뒤에 일어날 일을 미리 서술하는 것이다.25) 이 중에서 「끊어진 다리」가 사용하는 시간기법은 '역전'에 해당될 것이다. 역전은 이야기가 시작되는 시점보다 앞서 일어났던 사건이 이야기가 진행되는 중간 중간에 끼어들기 때문에 원래의 사건 서술은 일단 보류되고 앞서 있었던 사건이 전개되거나 언급되게 마련이다. 때문에 모든 사건들은 일정한 시간적 순서에 의해 배열되지 않고 뒤섞여지고 단편화된다. 여러 시기에 체험한 여러 사건들이 단편화되어 일정한 질서 없이 화자의 기억에 떠오르는 대로 열거된다. 이런 역전의 기법은 사건의 진행에 몰입하고 있는 독자의 환상을 깨뜨리는 단점을 가지게 마련이다. 그럼에도 불구하고 『끊어진 다리』가 이러한 시간기법을 사용한다. 작가는 작품의 첫머리에

---

24) 李注衡 外, 같은 책, p. 33.
25) 김천혜, 『소설 구조의 이론』, 문학과 지성사, 1990, p. 48.

서부터 다음과 같은 복선을 통해 시간이 흐트러질 것임을 예고한다.

> 두뇌 속에 차곡차곡 정리되어 있어야 할 모든 기억들이 이렇듯 질서를 잃고 갈피를 잡을 수 없게 된 것은 급격한 생활 환경의 영향도 있지만, 기실 타고난 내 두뇌가 명석치 못했다는 것이 가장 큰 원인이어야 할 것이다.
> 나는 자신을 기억하는 날로부터 내 두뇌가 좋다고 생각해 본 적이 없다.
> 이후 이십 년…… 그 이십 년이란 세월은 마치 세찬 소용돌이 속을 헤어나지 못하고 휩쓸려다녀야 했던 淡水魚와 같은 생활이었던 탓으로, 내 지난날의 기억은 온통 뒤죽박죽이 되어 버렸다.
> 삼 년 전 일이 십 년 전 일 같기도 하고, 십 년 전 일이 삼 년 전 일 같기도 하니 말이다.26)

이와 같은 트릭의 사용은 앞으로 전개될 소설진행의 시간이 일정한 틀을 유지하지 않을 것임을 암시한다. 작가는 주인공의 '두뇌가 명석치 못함'과 '급격한 생활 환경의 영향' 때문이라고 그 원인을 밝히고 있지만, 회고되는 사건들이 일정한 질서가 없음은 과거의 일이 곧 현재에도 계속되고 있음을 말해주는 일종의 '의식의 흐름' 수법을 동원한 것이라 보아도 좋을 것이다. 즉 작가 자신이 드러내고자 하는 유년기의 체험들이 비록 토막토막 단편화되고 대수롭지 않은 것이라 해도 그것은 단지 과거의 일로서 현재와 완전히 단절되거나 관계없는 것이 아니다. 그것은 현재의 일부를 이루고 있고 현재도 그와 밀접하게 관련을 맺고 있음을 드러내주는, 작가가 미리 계산한 의도적 수법의 일부라고 볼 수도 있다.

이와 같은 시간 기법은 주인공이 해방을 맞아 월남한 이후 서울에서의 생활도 마찬가지로 사용된다. 주인공 연(演)의 소설적 현재가 진행 중일 때에도 그와 같은 유년기적 회상 형식은 그대로 도입된다. 이어 소설의 결말은 다시 이야기의 현재이며 맨 처음 도입부에서 회상으로 시작되었던 죤

---

26) 鄭漢淑, 『끊어진 다리』, 乙酉文化社, 1962, p. 5.

모리스와 다시 만나는 데서 이야기를 끝내고 있다.

이렇게 「끊어진다리」의 시간 구조는 간단하지만 도표로 간단히 설명할 수 없는 구조를 갖고 있다. 다시 말하면 이 소설은 하나의 사건이 연속적으로 다른 사건으로 이어지는 것이 아니라 과거와 현재가 서로 결합하기 위하여 과거의 사건들이 현재 속에 도입되며, 그 사건들은 다시 무수하게 나뉘어지고 또 다시 작은 사건이 반복되어 나타난다. 이는 이 소설의 한 특징적 구조를 이루는 것이기도 한데 이렇게 작은 사건과 현재의 이야기가 맞물려 비로소 주인공을 비롯한 인물의 성격이 하나씩 골격을 갖추게 된다.27) 때문에 '두뇌가 명석치 못하다'라는 진술은 틀림없이 이중 의미(ambiguity)를 품고 있는 동시에 그 중의 한 의미는 반어일 것이라는 추론이 가능해진다. 즉 이 작품의 내용이 세찬 소용돌이로 채워져 있을 것이라는 하나의 함축된 의미와 또 하나는 실제로 그 소용돌이에는 어떤 사람일지라도 혼을 빼앗길 수밖에 없다는 강세 의미가 포함되고 있음에 틀림없다. 또한 작중 인물의 두뇌가 좋지 못하다는 진술도 한편 여기 서술되는 역사적 사건이나 그려지는 인물들이 행여 잘못 그려질지도 모른다는 작가적인 엄살과 함께 실은 자기 기억이 가장 정확한 것이라는 점을 보이기 위한 진실을 가장한 언표이기도 하다. 한마디로 말의 반어법이다.28) 그렇다면 주인공 연(演)의 혼을 빼놓은 일은 무엇인가. 주인공 연은 일제의 말기적 억압을 북한에서 체험하며 소년 시절을 보낸다. 그는 선교사 존 모리스가 시무하는 교회의 종지기 아들로 태어나 젓소를 기르며 교회의 자질구레한 심부름이나 하는 하인이나 다름없는 생활을 하며 지내게 된다. 주인공 연의 혼을 빼놓은 첫 번째 사건은 아버지의 죽음에서 비롯된다. 연의 아버지는 과묵하고 자기 일만 열심히 하는 성실한 종지기로서 끝내 일본일들과 그 앞잡이에게 바른 말을 하다가 옥사를 하게 된다. 그 후 연은 아버지를 잡아간 형사를 감독하는 치안 자치대에서 일을

---

27) 윤석달, 『한국항공대학 논문집 』제28집, 한국항공대학교, 1990, 8, p. 246.
28) 정현기, 『韓國文學의 社會史的 意味』, 문예출판사, 1986, p. 120.

한다. 그러나 붉은 군대와 그 추종자들의 비인간적 횡포에 혐오감을 갖기 시작했고, 그 때문에 그는 '예수꾼의 반동 앞잡이'로 낙인이 찍혀 체포되기에 이른다. 그러나 한국인 2세인 이빵의 도움으로 늘 연의 가슴을 저리게 하는 어머니만 남겨두고 먼저 월남한 애인 미혜를 찾아 월남한다. 그러나 연의 월남 생활은 순탄치 않아서 비정상적인 돈벌이를 강요하는 모리배들의 등쌀에 못이기고 국방군에 자원 입대를 하게 된다. 연의 혼을 빼놓은 두 번 째 사건은 자원 입대한 군대에서 비롯된다. 연은 전투에 참가하여 그만 다리를 절단당하는 부상을 입고 제대를 하게된다. 더욱이 그가 제대 후 만난 애인 미혜가 양공주 생활을 하다가 성병을 얻고 실명한 상태였다는 사실 또한 그의 혼을 빼놓는 일이었다. 연의 혼을 빼놓는 세 번 째 사건은 미혜와 함께 어느 산골로 가서 재건의 의지를 불태우며 개간한 결실이 대홍수로 모두 휩쓸려 가 또 이재민 신세가 되면서부터 이다. 「끊어진 다리」는 대강 이와 같은 세 가지의 큰 틀에 의해서 구성되는 작품이다. 여기에서 이 작품을 이해하는 첫 실마리는 연이 겪게 되는 두 번 째 사건에서 풀어봄직하다. 그것은 작품의 제목에서도 암시되듯, 일차적으로는 연의 잘려져나간 다리의 의미를 밝혀보는 것에서부터 시작된다. 결론적으로 연의 잘려나간 다리는 단순히 육체적 절단을 의미하는 것이 아니라는 사실이다. 그것은 남북한 간에 가로놓인 민족의 분단상황 그 자체를 상징하는 것이 된다. 정한숙의 역사의식은 바로 이 지점에서 입각된다. 주인공 연의 입을 통해 확인할 수 있는 통렬한 질문을 통해 정한숙의 역사의식은 분명해진다. 즉 연의 아픔은 '부러져 짤라버린 다리'에 있었던 것이 아니라 '인위적으로 막혀 버린 마음의 단절'에 있었던 것이다. 이렇게 증언하는 주인공의 독백은 바로 한반도가 지금까지 안고 있는 절망적인 모습을 드러내는 언표이다. 어쩌다가 잃어버린 고향과 그 속에 살던 사람들, 그것은 우리가 나이가 들어가면서 자연스럽게 가물가물 잊어가는 그런 고향에 대한 의식과는 다르다. 뜻하지 않았던 38 선이란 장벽 하나로 세상에서 가장 가기 힘들고 먼 곳으로 변해 버린 고향이

되어 있다는 현실은 한국인에게 있어서 가장 가슴 아픈 장면의 하나이고 절망의 구체적인 요소이다. 정한숙은 미국이나 그들이 가져다 준 모든 것들, 이를테면 잉여 농산물, 구호 물자, 페니실린, DDT, 하느님의 뜻 따위들로 우리들 자신에게 가해진 참혹한 현실이 그렇게 쉽사리 좋아지지는 결코 않을 것이라고 단언한다. 그런 것들에 묻혀 함께 들어온 부정과 부패는 오히려 우리들의 슬픈 현실을 더욱 악화시킬 뿐이라는 깨달음을 이 작품은 담고 있다.29) 여기에서 정한숙은 '인위적으로 막혀 버린 마음의 단절'이라는 비극의 원인을 우리 민족의 비주체성에서 찾는다. 때문에 정한숙에게는 최상운이나 여두삼은 말할 것도 없거니와 '만주나 중국을 떠돌아 다니는 사이에 중국 사람이나 다름없이 중국말을 쓸 뿐 아니라 호복(胡服)을 입고 중국인 행세를 하던 사람들' 또한 '게다를 끌고 하까마를 즐겨 입던 얼굴', 그리고 '표정까지 닮으려는 통역장교들' 모두가 비판의 대상이 된다. 이것은 「道程」이나 「暗黑의 季節」의 부정적 인물들에게 보여주었던 관점의 교정이라는 점에서 그의 역사감각의 변모를 알 수 있게 해준다. 즉 6. 25가 일어난 것은 역사적 역학관계에 의한 것이기도 하지만 우리 민족 자체에도 그 책임이 있다는 준엄한 역사인식이라 할 수 있다.30) 그렇다면 작가는 무엇 때문에 일제와 미국, 그리고 소련과 중국을 등장시켰을까. 이것은 작가의 창작의도와 어떤 밀접한 관계에 의해 설정된 것임에 틀림없다.

　　「죤, 신경없는 이 고무다리도, 보이지 않는 미혜의 눈도, 결국은 내 의지로서 볼 수도 있고, 움직일 수도 있는 것이야. 인간의 의지가 곧 운명이란 말이 있지 않나. 말하자면 운명이란 의지의 결정 같은 것이니까. 죤이 앞으로 어떻게 하겠는가 물으니 말해두지.」
　　불빛에 반사된 죤의 눈빛이 더 파랗게 보이는 것 같았다.
　　「아무리 많은 구제품과 레이숀 빡스라 해도 헐벗음과 굶주림을 막을

---

29) 정현기, 같은 책, p. 128.
30) 한승옥, 『숭실어문』 제3집, 숭전대학교 국어국문학회, 1986, p. 32.

순 없을 거야. 공연히 인심만 사납게 하기가 쉽지」[31]

위에서도 알 수 있듯이 비록 불구의 몸이지만 남의 손을 빌리지 않고
떳떳하게 자립하겠다는 의지, 운명까지도 스스로의 의지로 극복하겠다는
굳은 결의, 잘사는 나라라 하여 비굴하게 아첨하지 않고 동등하게 보아주고,
또 그렇게 대우해 주기를 바라는 마음, 그리고 아무런 부끄럼 없이 자기의
수해 현장의 움막에 죤을 초청하여 하루밤을 우정으로 보내는 성숙된 태도
등이 이 한마디에 모두 집약되어 있다.[32] 결국 정한숙의 창작의도는 불구가
되어버린 민족의 현실, 황무지가 되어 버린 이땅의 현실을 가슴 아파하면서
나름대로 그러한 현실을 극복할 수 있는 방향을 설정해 보려는 의도에서
비롯된 듯하다. 「古家」와 「道程」, 그리고 「暗黑의 季節」등에서는 불구, 황무
지가 되어가는 현실을 형상화하는 데만 관심을 쏟았지만, 「끊어진 다리」에
와서는 이 불구의 민족 현실을 극복하는 구체적인 방법론을 제시했다는
점에서 의의가 있다.

사실 수해를 입은 것도 황무지를 개간하러 들어온 피난민들이나 연의
잘못이 아니었듯이 분단을 통해 입은 상처 또한 스스로의 잘못이 아니었다.
그것은 과거의 역사적 과오의 인과물이다. 그러나 정한숙은 이러한 역사적
과오를 푸는 해법을 스스로의 의지에서 구한다. 때문에 미혜와 함께 개척지
로 간 연은 불구된 우리 민족이 '새로운 역사를 창조'하여 나감으로써 이
황폐한 땅을 낙토로 만들어내야 한다고 주장하고 또 그것이 가능하다는
믿음을 갖는다. 결국 새로운 역사를 창조하여 이 끊어진 다리를 잇는 길은
스스로의 운명을 개척하려는 '의지'를 획득하는 데서 가능하다는 것이 연(演)
의 결론이고, 곧 정한숙의 결론이기도 하다.

정한숙의 전후 소설이 바로 전통의 개념에 잇닿아 있다는 것은 바로 위에
서 드러난 역사의식에서 분명하게 확인되는 것이다. 즉, 과거(끊어진 다리)라

---

31) 鄭漢淑, 앞의 글, p. 405.
32) 한승옥, 앞의 책, p. 42.

는 텍스트를 현재와의 긴장관계에 서 있게 했다는 점에서 정한숙은 역사감각
과 전통감각이 다른 것이 아니라는 사실을 분명하게 전후소설에 심어놓는다.

3. 주제의 다양성과 고완미(古玩美)의 세계

정한숙의 전후소설의 특징적인 양상은 다음의 두 가지로 크게 정리된다.
그 첫째가 위에서 살펴본 바와 같이 민족사의 현장을 다룬「古家」와「道程」,
그리고「暗黑의 季節」과「끊어진 다리」등의 작품을 들 수 있다. 둘째로는
사라져 가는 전통미과 고완(古玩)의 세계를 다룬「田黃堂 印譜記」와「金堂
壁畵」, 그리고「恐怖」,「執着」,「바위」등의 작품을 들 수 있다. 이 외에
「猫眼猫心」과 같이 현대인의 방황과 좌절을 그린 작품과 역사적 인물의
소설화를 통해 당대의 정황을 묘파한「황진이」등을 들수 있다. 이 중에서
「猫眼猫心」과「황진이」는 정한숙의 전후소설에서 주류적 경향이 아니라고
판단되므로 본장에서는 제외하기로 한다. 다음은 정한숙의 작품 중에서 고아
한 전통문화에 대한 미학적인 관심을 드러낸「田黃堂 印譜記」를 중심으로
본장의 작품들을 살펴보기로 한다.

「田黃堂 印譜記」는 그동안「古家」와 함께 정한숙의 대표적인 작품으로
평가된 작품이다. 이 작품은 "고아한 전통문화에 대한 미학적 관심을 드러낸
작품"33)이라는 평가와 함께 "사라져가는 우정과 전통에 대한 애틋한 향수를
문제 삼고 있는 작품으로써, 작품의 주제가 작가의 문체상의 특징인 전아함
과 잘 어우러져 있는 작품"34)이라는 평가를 받아왔다. 또한 "세속의 가치와
예술가적 삶이 충돌하지만 긍극에는 인간의 삶이 어떤 것이어야 하는가가
묵시적으로 제시된 작품"35)라는 평가를 받는다. 그러나 이와 같은 평가들에

---

33) 권영민, 『한국현대문학사 1945~1990』, 민음사, 1993, p. 101.
34) 이재선, 『현대한국소설사 1945~1990』, 민음사, 1991, p. 162.
35) 최동호, 『삶의 깊이와 시적 상상』, 민음사, 1995, p. 287.

대해서 장성수는 "등장인물, 소재 및 제재 그리고 문체의 특징을 잘 지적하고 있다는 점에서 타당한 일면이 있으나, 전통적 가치의 변화상을 형상화함으로써 작가의 시대인식을 드러내고자 한 주제적 측면을 간과한 견해"[36]라는 논리로 이와 같은 견해들을 부정한다. 어쨌든 「田黃堂 印譜記」는 가치가 전도된 전후의 현실을 정한숙 특유의 전아한 문체를 통해 선명히 제시했다는 점에서, 그의 전후 소설 중에서 가장 순도 높은 미학적 성취를 보여준 작품임에는 틀림없다 할 것이다. 특히 이 작품이 주목되는 점은 「古家」와의 대비적 속성에서 일 것이다. 즉 다같이 전아한 문체를 통해 한 시대의 단면을 제시하는 것임에도 「古家」가 개인과 사회적 구조의 문제에 천착된 거시적인 역사의식의 문제에 초점이 모아짐에 반해, 「田黃堂 印譜記」는 전후라는 전환기적 현실에 처한 개인들의 가치의식의 문제에 집중된다는 점에서 이 두 작품은 뚜렷한 대비적 속성을 지닌다고 할 수 있다.

「田黃堂 印譜記」의 의미는 무엇보다도 작중인물의 유형을 파악하는 것에서부터 시작된다. 우선 이 작품의 작중인물은 다음의 두 유형으로 분류될 수 있다. 모든 인간 관계를 돈으로 환산하려는 석운과 그의 아내, 그리고 오준(吳俊)과 같은 유형이 그 하나다. 또 다른 하나는 세상이 아무리 변해도 사람의 본래적 가치를 소중히 여기려는 수하인(水河人) 강명진과 산홍, 그리고 도장포 주인과 같은 유형이다. 이 두 부류의 인간 중에서 작가가 지향하는 인간형은 물론 후자의 인간형이다. 때문에 작품의 층위는 수하인의 서사가 중심이 된다. 수하인 강명진은 시속의 변화와는 상관없이 서화와 전각을 즐거움으로 삼고 평생을 지내온 예인이다. 그는 원래 천성적으로 시서화 이외의 세상것들에 대해서는 욕심이 없는 인물이었다. 그는 야인 시절 더불어 문방사우(文房四友)를 가까이 하며 이십여 년 간을 벗으로 지내던 석운이 관직에 오르게 되자, 이를 기념하기 위하여 전황석 인장을 선물하기로 한다.

---

36) 장성수, 「전후 현실의 문학적 진단과 처방」, 『1950년대의 소설가들』(송하춘. 이남호 편), 나남, 1994, p. 191.

정리의 표현으로 실용성은 물론 아취도 있는 전황석 인장을 택하는 것부터 수하인의 선물은 세속적인 물품과 다른 것이었다. 더욱이 희귀한 석재인 전황석을 잡상인들이 벌여놓은 쇠붙이 속에서 발견했을 때 수하인이 느낀 기쁨은, 자신이 마음으로 선물하려던 바로 그런 물건을 얻게 되어 갖는 순수한 만족감의 표현 그 자체로 볼 수 있다. 그와 같은 순수한 마음으로 수하인은 석운의 관직길을 축하하려 했던 것이다. 그는 금값의 열 배가 넘는다는 전황석에 손수 인장을 새겨 석운에게 징표를 한다. 그러나 수하인의 순수한 마음은 석운의 아내에게서부터 거절된다. 수하인의 선물을 남편 대신 받아든 석운의 아내는 "아무리 흉허물 없는 친구 새라 해도 이런 물건을 선사한다는 것"37)이라며 불쾌해한다.

> 「이게 무슨 돌이지요?」
> 「글세 무슨 돌이던 간에 돌이야 돌이겠지, 금이될 수 있겠소. 값이라면 새긴 정성이겠지요……」
> 「돌이나 좋은 것이면 몰라도 도장이야 어디 쓸모가 있어요?」38)

전황석 인장에 새긴 수하인의 깊은 뜻은 비단 석운의 아내에게서만 거절되는 것이 아니었다. 아내로부터 전해받은 전황석 인장은 위에서도 알 수 있는 것처럼 한낱 쓸모없는 돌로 간주되어버린다. 이제 벼슬길에 나아간 석운은 야인시절 문방사우를 벗삼아 매화옥 뜰에서 국화주 부일배로 한담소일하던 선비가 이미 아니었던 것이다. 벼슬길에 들어선 지 불과 반년밖에 안 되었지만 석운한테는 수하인의 세계란 이제 '도저히 돌아갈 수도 없고, 돌아가면 안 될 그런 세계'로 느껴지는 것이다. 이처럼 이미 세속에 물들대로 물든 석운이 전황석의 가치와 인장에 담겨진 수하인의 깊은 뜻을 이해할 리가 없다. 결국 석운의 수하 오준의 손을 거쳐 제자뻘 되는 도장포 주인에게

---

37) 鄭漢淑, 『猫眼猫心』, 정음사, 1958, p. 252.
38) 정한숙, 같은 책, p. 254.

전황석 인장을 되돌려받은 수하인은 '버릴 수 없는 친구에게 버림을 받은 듯싶어 한없이 섭섭해' 한다. 전황석 인장을 되돌려받는 대신 도장포 주인에게 계혈석 인장을 새겨주기로 했지만 전황석을 새기던 때의 솜씨가 나오질 않는다. 그는 스스로 자기 손이 하룻밤 사이에 떨어졌음을 의식한다. 그는 드디어 칼을 버릴 결심을 하게 된다.[39] 수하인에게 전황석 인장은 '아(雅)하고 담(淡)한 것'으로 보면 지금껏 고락을 같이 해온 산홍처럼 기쁨을 느끼게 해주는 것이며, 그것의 뭉친 획은 수하인의 '절정에 이른 품(品)이요 지(志)'와 같은 존재였다. 그러나 수하인에게 이와 같은 의미를 갖던 전황석 인장이 친구에 한낱 쓸모 없는 돌덩이로 간주되면서부터 수하인의 마음 속에 인각되는 허무함이란 결코 쉽게 지워질 수 있는 것이 아니었다. 「田黃堂 印譜記」의 절정은 그럼에도 그가 전황석 인장을 다시 꺼내어 돌에 묻어 있는 손때의 '아운(雅韻)과 그 고졸(古拙)한 품'에 스스로 흥분을 느끼는 장면에서다. 결국 그는 참지를 접어 한 권의 책을 만들어 천을 헤아리는 인장을 연대순으로 배열하고, 석운에게서 되돌려 받은 전황석 인장 한 방을 마지막으로 찍어 '田黃堂 印譜記'를 완성한다. 수하인은 전황당 인보기의 완성을 통해 시속에는 배신을 당했지만, 작품을 통해서 참다운 삶의 의미를 깨닫게 된다.

전체적으로 보아 이 작품은 그 소재가 특징적이어서 복고취향이나 전통지향의 가치의식을 드러낸 듯하다. 그러나 작가가 암암리에 표출하고자 하였던 것은 단순히 그런 배경적인 분위기에 머무르는 것이 아니다. 그것은 석운과 그의 부인 그리고 오준 등이 공통적으로 보여준 행동은 가치질서가 혼란된 세속의 인물을 대변하는 것이며, 속화된 물질로 거래될 수 없는 정신적 가치를 지닌 인물로서 수하인을 내세웠다는 점에서 우리는 현실의 명리를 뒤쫓는 자들에 대한 작가의 비판적 인식이 감추어져 있음을 볼 수 있다. 수하인은 어떤 면에서 과거의 인물로 독자들에게 느껴질 수도 있다. 그러나 현재의

---

39) 장성수, 앞의 글, p. 192.

인물인 석운 등이 이에 대비되면서 세속의 가치와 예술가적 삶이 충돌하여, 궁극에는 인간의 삶이 어떤 것이어야 하는가가 묵시적으로 제시되고 있다는 점에서 수하인은 단순히 과거의 인물만은 아니다.40) 이렇게 「田黃堂 印譜記」가 전후라는 전환기적 상황에 처한 개인과 개인의 가치의식에 주목한 소설이라면, 「金堂壁畵」는 개인이 민족과 예술 사이에서 번민하는 과정을 통해서 예술을 종교적 차원으로 승화시키는 문제를 형상화한 소설이다. 「金堂壁畵」의 주인공 담징은 북방 오랑캐들의 말발굽 아래 조국이 신음하고 있는 시기에 도일하여 불화를 그리는 종교적 보시를 하게 된다. 그러나 담징은 그것이 하나의 도피임이 틀림없다는 강박 관념으로 번민한다. 그가 법륭사의 금당벽화를 그리기로 약속한 지 칠팔 삭이 지났지만 도저히 일을 잡지 못했던 것은 이런 갈등 때문이었다. 붓을 들고 벽면을 향하면 열반의 환상이 아니라 피비린내 풍기는 조국의 현실이 그에게 떠오를 뿐이었다. 그렇다고 염불을 하면 할수록 꼬리를 물고 일어나는 잡념 또한 누를 길이 없게 된다. 불승으로서의 담징, 혹은 화공으로서의 담징 그 어느 하나에도 담징은 마음을 열어놓을 수가 없게 된다. 이와 같은 강박 관념과 번뇌로부터 담징을 벗어나게 한 결정적 전기는 수양제의 이백만 대군이 을지문덕 장군의 고구려 병사에게 패주하였다는 소식을 접하게 되면서부터 이다. 그 순간 그의 번민과 갈등은 아침 이슬이 풀잎에 굴러 스며들 듯 깨끗이 사라지고, 가슴에 복받쳐 오르는 희열이 그에게 불심의 자비를 느끼게 한다. 이어 담징은 어쩔 수 없이 터져오르는 환희를 경건한 불심으로 바꾸어 벽화에 착수한다. 결국 지상 열반의 세계를 구현한 담징의 금당벽화는 이런 과정을 통해서 완성된다. 금당벽화가 완성되자 그동안 담징을 비방하던 모든 왜승들도 주지의 옆과 뒤에 꿇어 엎드린 채 합장을 하고 만다. 이는 조국에 대한 담징의 충혼이 승화되어 관음상의 예술적 완성으로 이어졌기 때문일 것이다. 여기에서 우리가 간과할 수 없는 것은 개인과 민족, 혹은 예술과 종교는 혼연일체의 것이며 어느

---

40) 최동호, 앞의 글, p. 287.

하나만을 위해 존재하는 것이 아니라는 작가의 인식이다. 정한숙은 작품에 있어서 주인공은 "그것이 개인적이면서도 또한 사회적인 時代性을 띤 인물"41)이라야 함을 견지하는 작가임에 비추어 볼 때, 담징은 그의 주인공 이론에 가장 걸맞는 인물일 수도 있다. 때문에 「金堂壁畵」는 「田黃堂 印譜記」와 함께 정한숙 소설의 미학적 구조를 잘 드러내주는 작품으로 말할 수 있을 것이다. 그것은 주인공의 성격 뿐만이 아니라, 역사적 사건의 단면을 단편이 가져야 하는 압축된 얼개 속에 잘 담고 있다는 점에서도 그러하다.

결국 정한숙은 이 「金堂壁畵」를 통해 예술이 예술만으로 끝나는 것이 아니며, 개인의 삶은 민족이나 국가와 더불어 시대적이며 역사적인 삶과 필연적으로 결속되어 있다는 것을 강조하고 있다. 바로 이 점에서 예술과 현실을 바라보는 그의 시선을 분명히 확인할 수 있을 것이다. 정한숙은 또한 현실의 장력(張力)을 과거와 역사라는 텍스트 속에서 조망한다는 점에서 가장 건강한 전통인식의 작가이기도 하다.

정한숙의 전후소설은 위에서 살펴본 대로 민족사의 현장을 역사감각의 투시를 통해 그것의 의미를 안출해내거나, 전통미의 문법 속에서 예술과 민족 혹은 개인과 개인의 가치의식을 천착하는 작품들이 주류를 이룬다. 그러나 한편에서는 그의 소설이 다양한 형태의 제재와 형식의 변주를 통해서 전후의 현실을 예각한다는 것이다. 그의 전후소설 중에서 「바위」, 그리고 「恐怖」와 「執着」등이 정한숙 소설의 주제적 다양성을 잘 드러내는 작품이라 하겠다. 특히 이 작품들은 전래의 민간전승설화를 현대화하는 고완적(古玩的) 세계를 다루고 있다는 점에서 주목할 만하다.

우선 「바위」의 주인공 왕학병(王學炳) 영감은 개성 송악산의 왕기가 땅속에 스며들어 송삼이 되었다는 민간 전승의 전래 설화를 철통같이 믿는 인삼농이다. 왕학병 영감의 송삼에 대한 자긍심은 거의 절대적이어서 그는 좀처럼

---

41) 鄭漢淑/全光鏞, 「韓國的 人間像의 創造」, 『現代韓國文學全集5』, 新丘文化社, p. 484.

다른 일에는 관심이 없는, 말 그대로 천직이 인삼밖에 모르는 사람이었다. 왕기가 서린 송삼의 인삼제까지 지내려던 그의 꿈같은 생각이 여지없이 무너져 내린 것은 6. 25라는 변란이 터지면서 였다. 아들 며느리를 비롯하여 모든 사람들이 월남 준비에 여념이 없었지만, 그의 머리 속에는 '아들의 얼굴이나 다름이 없는 송삼'이 자꾸 떠올라 그는 견딜 수 없는 괴로움에 처하게 된다. 왕영감이 고민끝에 내린 결론은 지금 "개성 거리에 남아 있는 모든 역사적 유적이라는 것은 지난 날의 껍데기에 불과한 물건들이지만, 삼포에 자라나는 송삼만이 고려 왕조의 알맹이"42)라 생각하고 계룡산으로 월남할 것을 결심한다. 그리고는 고려 땅의 흙을 계룡산에 옮기어 왕기(王氣)를 계속 이어가야 한다는 생각을 한다. 월남하는 날 새벽에 왕영감은 눈속을 헤치고 흙을 파기 시작한다. 새벽이 밝아오고 어느새 아들이 등뒤에 서 있는 것도 잊은 채 왕영감은 삼포의 흙향에 정신없이 취한다. 왕영감은 그 흙향에 취하면 취할수록 '이래서는 안된다. 이래서는 안된다'라는 생각에 휩싸이게 되고, 결국 왕영감은 월남을 포기한다. 이렇게 왕영감은 왕기가 서린 개성과 그 상징인 송삼 속을 떠날 수 없는 인물이다. 때문에 왕영감에게 송삼은 단순한 인삼일 수가 없다. 예부터 지금까지 그의 삶을 규정해준 본질적 실체로서의 삼이다. 그가 송삼을 버린다는 것은 때문에 삶을 포기하는 행위인 것이다. 송삼은 계룡에 이식될 수 없다는 왕영감의 믿음은 삶의 문제로도 똑같이 환원될 수 있다는 정한숙의 언표이다.

이렇게 민간 전승설화가 작품의 모티프가 된 것은 「바위」이외에도 「執着」에서 잘 드러난다. 「執着」의 주인공은 스물 셋의 문둥이 여자이다. 그녀는 공동묘지 옆에 움막을 틀고 살며 오직 병을 고쳐야겠다는 집착에 사로잡혀 있다. 그녀의 이런 집착은 급기야 남자의 성기를 먹으면 병이 나을 것이라는 민간의 전래설화를 맹신하는 지경에 이른다. 그래서 그녀는 매일밤 공동묘지로 남자의 시신이 안장되기만을 학수고대하며 지낸다. 그녀는 그간 몇 번에

---

42) 鄭漢淑, 『猫眼猫心』, 정음사, 1958, p. 221.

걸쳐 새로 묘가 만들어질 때마다 밤이면 몰래 시체를 주물럭거려 시신의
성기를 잘라먹는다. 그러나 병세에는 여전히 차도가 없다. 그러자 마을에서
는 여우가 묘를 파헤쳐 놓는다는 소문이 나돌기 시작하고 초조해진 그녀는
급기야 마을에 내려간다. 그녀가 마을에 나타나자 마을의 아이들이 달려나와
돌팔매질을 해가며 쫓아다니기 시작한다. 아이들에게 돌팔매질을 당하다가
갑자기 그녀가 정신을 차린 것은 '이 어린 유령들에게 쫓긴다면 자신의 병도
나을 수 없다'는 생각에 미쳐서 였다. 결국 그녀는 돌팔매질을 하다가 넘어진
아이를 덮쳐 그 아이의 성기를 끊어 먹는다. 그런데 웬지 자꾸 속이 메스꺼워
지며 토악질이 나올 것 같아지며 몸을 운신할 수조차 없을 만큼 몸이 쑤셔온
다. 끝내 그녀는 씹고 있던 성기를 뱉아버리고 바위 옆에 쓰러지고 만다.
그러자 그녀의 눈에서는 눈물이 흐르기 시작하고, 그녀는 그것이 살기위한
눈물이라는 생각을 하게 된다. 이와 같이 「執着」도 「바위」와 마찬가지로
민간의 전래설화가 주인공의 삶을 규정하는 요소가 된다. 즉 설화에 대한
믿음이 그녀의 모든 행위를 정당화시키고 있는 유형이다. 물론 설화의 가운
데에 그녀의 삶에 대한 집착이 있음은 말할 나위가 없다. 그렇다면 정한숙은
하필 '삶에 대한 집착'이라는 상투적 주제를 민간설화라는 고완(古玩)의
세계를 통해 형상화하려 했던 것일까가 의문이다. 결론적으로 정한숙은 삶의
다양한 주제를 정형화된 소설적 구도로는 모두 담아내기가 어렵다고 판단하
는 작가로 파악된다. 그러기에 그는 한 편 한 편의 작품마다 다양한 기법과
제재의 변주를 통해 소설의 주제를 드러내는 작가이다. 특히 「執着」이나
「바위」, 「恐怖」와 같은 상투적인 주제의 형상화에 있어서는 더 더욱 그렇다.
때문에 그의 작품에서 비교적 소품에 해당하는 위와 같은 작품일수록 다양한
기법과 제재의 변주를 통해서, 역사감각과 전통인식이 두드러진 작품들과는
또 다르게 그의 전후소설의 한 축을 형성하고 있다.

4. 마무리

전통이 역사의식을 수반하는 반성의 형식이라는 점을 문학적 형상화를 통해 드러내며 전후소설의 영역을 확장한 작가가 정한숙이다. 그는 전통을 어떤 틀(가령 전통을 인지된 유적이나 유물에의 집착 현상과 같은 소재주의적 감상주의로 인식하는 현상)에 맞춰 맹목적인 신앙으로만 인식하던 전후의 전통인식에서 벗어나 전통을 떠받치고 있는 인식구조를 역사의식에 둠으로써 전통의 개념에 잇닿아 있다. 그의 전후소설 중에서 「古家」와 「道程」, 그리고 「愛情地帶」와 「暗黑의 季節」을 종합적으로 집대성한 「끊어진 다리」가 바로 정한숙의 이러한 역사감각을 잘 보여주는 작품이다. 정한숙의 전후소설이 바로 전통의 개념에 잇닿아 있다는 것은 바로 위에서 드러난 역사의식에서 분명하게 확인되는 것이다. 즉, 과거(끊어진 다리)라는 텍스트를 현재와의 긴장관계에 서 있게 했다는 점에서 정한숙은 역사감각과 전통감각이 다른 것이 아니라는 사실을 분명하게 전후소설에 심어놓는다.

이 시기 김동리가 현실 그 너머에 있는 그 어떤 세계를 지향한 작가였다면 정한숙은 그 반대이다. 그는 현실 그 너머에 있는 세계에 대해 주목하지 않는다. 그에게는 과거의 어떤 세계도 반드시 현재라는 텍스트에 의해 감시된다. 전통이 역사의식을 수반하는 반성의 형식이라면, 그것은 전후작가들 중에서 정한숙에 의해 항상 수용되는 형식이다. 어쨌든 김동리와 정한숙은 현실 그 너머에 있는 세계와 현실 그 안쪽에 있는 세계의 모습을 전통이라는 연결고리로 잘 엮어낸 작가들 임에는 틀림없다.

Ⅲ. 신화와 신체 이미지 - <치원대와 양산복>론

Ⅰ - 서론

어느 시대, 어떤 상황을 막론하고 사람이 사는 곳이면 어디에서든 인간의 신화에는 끊임없이 살이 붙어 왔고, 이러한 신화는 인간의 육체와 정신의 활동에서 나타날 수 있는 모든 것에 대해 살아 있는 영감을 불어 넣었다. 신화는 다함없는 우주의 에너지가 인류의 문화로 발로되는 은밀한 통로라 말해도 지나친 말은 아닐 것이다. 종교, 철학, 예술, 선사 인류 및 유사 인류의 사회적 양식, 과학과 기술의 으뜸가는 발견, 바닥째 흔들어 수면을 엎어버리는 꿈, 신화의 불가사의한 고리, 이 모두가 이 은밀한 통로를 지나 인류의 문화로 드러난 것들이다.1) 미국의 신화학자 조셉 캠벨의 말처럼, 신화 속에서는 인류의 태고적 사유와 관습이 가장 잘 드러난다. 인간의 사유와 관습이 어느 하나로 범주화될 수 없는 바와 마찬가지로 신화에 대한 견해 역시 다양할 수밖에 없다. 신화를 역사주의적 관점에서 이해하는 견해가 있을 수 있고, 심리학적 관점에서 이해하는 견해가 있을 수도 있다. 이외에도 구조주의적 관점, 철학적 관점, 종교적 관점, 순수 문학적 관점에서 이해하는 견해도 있을 수 있다. 그러므로, 신화 이해에 있어서 가장 중요한 점은 우리가

---

1) J. F. 비얼레인(현준만 옮김), 『세계의 유사신화』, 세종서적, 1996, p. 357.

그동안 견지해온 교조적 이해의 틀을 깨는 것이다. 이 신화의 의미는 이것이다 식의 이해 태도도 문제가 되고, 이 신화의 적절한 이해 방법은 이것이다 식의 견해도 문제가 된다. 좀더 극단적으로 말하면, 신화에 대한 이와 같은 이해의 태도는 신화의 풍부한 의미를 훼손시킬 뿐만 아니라, 신화를 화석화시키는 관점이다. 신화 속에서는 "이것 저것이 서로 연결되고 변형되며, 새롭게 관련지어지기도"[2] 한다. 우리의 삶 자체가 어떤 하나의 도식으로 설명될 수 없는 것과 마찬가지로 '삶의 토대'로서의 신화 역시, 어느 하나의 도식으로는 설명될 수 없는 것이다. 그러므로 신화는 어느 시대이건 늘 존재해왔고, 그 시대마다 다른 질량의 신화가 늘 새롭게 창조될 수도 있다.

특히, 과학주의에 의해 온갖 신화적 사고가 멸균된 이 시대에 다시 신화가 폭발하는 이유는 무엇일까? 이유는 간단하다. '프로메테우스(인간의 이성적 힘)'가 훔쳐온 불에 의해 외려 모든 것이 멸균되어 빈혈 상태에 빠지게 되었기 때문이다. 사람들은 더 이상 프로메테우스의 도식을 믿지 않는다. 어쩌면, 디오니소스라도 찾아서 이 빈혈을 치유할 신화적 침전물을 찾으려 할지도 모른다.

인간은, 빈혈 상태에 빠지게 되면 본능적으로 그 동안의 세계관을 포기하고 또 다른 세계관을 찾을 수밖에 없는 존재이다. 이제 인간은 그 범속의 신체와 결별하고 성스러운 신체와 만나야 한다. 바로 이 성스런 신체에서 인간은 어떤 근원적인 이미지와 심리적 충만감을 경험하게 된다. 그러므로 인간은 신화를 통해서 그 어떤 초월적 신체를 세속에서 경험하게 되는 것이다. 신화는 이렇게 초월적 가치(신체)를 경험하게 함으로써, 현실의 모순을 극복할 수 있는 이상화된 모형을 제공할 뿐만 아니라 "갑자기 특이한 해방감을 경험하게"[3] 한다.

이 글에서는 그리스 . 로마 신화 중의 하나인 <아르테미스와 악타이온>의

---

2) J. F. 비얼레인, 같은 책, p. 353.
3) K. K. Ruthven(金明烈 譯), 『神話』, 서울大學校 出版部, 1987, p. 30.

신화와 우리의 무속 신화 중의 하나인 <치원대와 양산복>의 분석을 통하여 신화 속에 녹아 있는 신체가 과연 어떤 의미의 물줄기를 만들어내고 있는가를 주목하고자 한다. 그리고 신화에 대한 분석 방법은 드러난 '동위소(同位素)'의 개념을 통해서 교묘하게 은폐되어 있는 신화의 '다성의 물줄기'를 찾아보는 방법을 이용하기로 한다.

2. 각성의 시간

의식은 신체에 대한 자각을 통해서 구조화된다. 신체에 대한 자각은 출생의 순간부터 집요하게 진행되는 하나의 지속 행위이다. '자신의 신체'에 대한 자각을 통해서 의식 자체가 구조화되는 것이다. 데카르트의 코기토(결국은 세계와 나를 철저하게 분리시키는 이원론)에 대한 혹독한 비판을 통해서 의식의 문제를 탐구한 사르트르(결국, 그도 코기토의 마술에 걸렸다)가 종착에 내린 역은 '신체'와의 대화였다. 사르트르에 의하면 의식이란, "<안>도 <밖>도 가지고 있지 않는 주술적인 방식에 의해서 얽히게"[4] 된다는 것이다. 의식이 '안'과 '밖'의 구별이 없는 주술적인 방식에 의해서 형성된다는 사르트르의 진술에서 우리는 다음과 같은 사실을 읽어낼 수 있을 듯하다. 의식의 형성은 주술적인 방식과 결코 유리될 수 없는 것이라는 사실이다. 그렇다면, '주술적인 방식'이란 무엇인가. 이 물음에 대한 답은 영원히 풀리지 않는 수수께끼일지도 모른다(물론, 사르트르는 이 물음에 대한 답을 "나의 신체 - 존재를 실존케 하는 영원한 相"[5]에서 찾은 듯하다). 그럼에도 불구하고 이 물음에 대한 답을, 일단 '주술적인 방식'이라는 용어를 수식하고 있는 <안>과 <밖>의 개념을 풀어보는 것에서부터 시작하기로 한다. 즉, <안 →

---

4) 리차드 M. 자너(최경호 옮김), 『身體의 現象學』, 인간사랑, 1993. P. 120.
5) 사르트르의 일련의 저작에서 자주 언급되고 있는 '영원한 相'의 개념을 무엇이라고 명징하게 정의 내릴 수는 없는 듯하다. 필자는 일단 이것을 '초월의 이미지'로 이해하고자 한다.

자아>는 <밖 → 타자>의 관계로 치환해 보고, 여기에 '신체'라는 개념을 매개시키면 문제는 비교적 명징해진다고 볼 수 있다. 자아와 타자가 '신체'라는 매개항에 의해서 동일화(同一化)된다. 타자의 신체를 보면서 동시에 이것을 나의 신체에 속하는 것으로 받아들이는 방식, 그것을 '주술적인 방식'이라고 이해할 수 있다는 것이다. 그러므로 의식의 형성은 늘 '나의 신체'와 '타자의 신체'와의 상호 관련성 아래에서 얽히게 되는 것이다. 자아와 타자가 '신체'를 매개로하여 동일화될 수 있다는 생각은 세기말에 이른 지금에 와서 다시 광범위하게 논의되고 있다(가령, 성(性)을 소재로한 최근의 영화와 문학 작품들, 그것은 '성(性) 담론'이라는 말로 광범위하게 언표화되고 있지만, 사실 더 엄격하게 말하면 '신체 담론'이라는 말이 적절할 듯하다). 그러므로 인간에게 있어서 '신체'란 '나(자아)'와 '타자'를 상호 연결시키는 유일한 매개체임에는 틀림이 없는 것인 듯하다. 여기에서 어떤 의식이 구조화되고, 또 그 구조화된 의식을 통하여 인간은 삶의 연속성을 경험하게 된다. 이것을 메를르 퐁티는 "신체화되어진 의식"[6]이라는 개념으로 인식하고 있다. 이와 같은 신체화되어진 의식을 통해 인간은 '나를 열고, 더 나아가 세계에로 열려지는 존재'가 되는 것이다. 물론, '나의 신체'와 '타자의 신체'가 동일화될 수는 없다. '타자의 신체'는 영원히 대상화될 수밖에 없는 존재이다. 그것은 '나'에게 영원한 결핍을 환기시킨다(그러므로, 자신의 성기를 아버지의 성기와 견주면서 까르르 웃음을 짓는 아이의 미소는 결론적으로는 '결핍의 미소'가 아닐까). 이러한 비극적 사실은 인간이 영원히 풀 수 없는 문제인지도 모른다. 이러한 원초적 결핍의 상태가 신화 속에 숨어 있다는 사실은 그렇게 놀랄만한 것이 아니다. 수많은 신화가 이러한 사실을 지속적(반복적)으로 환기시켜 왔기 때문이다. 그러기에 우리는 신화 속에서 인간사의 시니피앙을 귀납할 수 있는 구체적 사례들을 얼마든지 읽어 낼 수 있다. 여기에서 인간의 의식에 대하여 하나의 의문이 생긴다. 전술한 바와 같이 인간의 의식이란,

---

6) 리차드 M. 자너, 앞의 책, p. 288.

'신체라는 통로'에 의해서 매개되어 형성된 것이었다. 그렇다면, 인간의 의식은 필연적으로 결핍의 상태일 수밖에 없다. 바로 그 결핍이 신화를 만들어 낸다. 주목할만한 사실은 의식의 결핍은 '신체'의 문제와 불과분의 관계에 있다는 점이다.

이런 점에서 <아르테미스와 악타이온>의 신화는 우리에게 매우 중요한 사실을 환기시켜 준다. 즉, 이 신화를 통해서 우리는 '신체'가 '의식의 궁극적 충족'과 관련이 되어 있다는 사실을 알게 된다.

악타이온은 삼나무와 소나무 가지가 우거진 골짜기에서 사냥을 하던 도중, 태양이 내리쬐자 잠시 동료들과 휴식을 취하고 있었다. 그런데 이 골짜기는 숲의 여신 아르테미스가 수렵에 지칠 때마다, 님프들과 함께 골짜기의 제일 깊숙한 곳에 있는 동굴에가 그 동굴 속에 있는 샘물에다 그 청순한 처녀의 몸을 씻는 곳이었다. 어느 날, 아르테미스는 님프들과 그 동굴의 샘에 가 몸을 씻고 화장을 하던 중, 그곳에서 사냥을 하던 악타이온 일행과 마주치게 된다. 님프들은 악타이온과 사내들을 보자 비명을 지르면서 여신 쪽으로 달려가서 자기들의 몸으로 여신의 나체를 가렸다. 그러나 여신은 님프들보다 키가 컸기 때문에 머리가 밖으로 나왔다. 여신은 님프들에게 둘러싸인 채 몸을 돌렸다. 그리고 무엇을 생각했음인지 갑자기 이 침입자의 얼굴에 물을 끼얹으며 말했다.

"가서 아르테미스의 나체를 보았다고 말 할 수 있으면 말해 보아라."

이 말이 끝나자마자, 가시가 돋친 사슴뿔이 악타이온의 머리에서 솟아 나왔다. 그리고 목이 길어지고 귀가 뾰족하게 되고 손은 발이 되고 팔은 긴 다리가 되고, 몸엔 털이 나고 반점이 있는 모피로 덮였다. 그는 신음했다. 사슴의 얼굴로 변한 그의 얼굴에 눈물이 흘러내렸다. 어떻게 하면 좋을가? 숲 속에 있자니 무섭고, 집으로 돌아가자니 부끄러웠다. 그가 주저하고 있는 동안에 그가 데리고 온 사냥개들과 동료 사냥꾼들이 그를 발견했다. 이윽고 한 마리가 그의 등에 달려들었고, 또 한 마리는 그의 어깨를 물어뜯었다. 이리하여 두 마리의 개가 자기 주인을 물어뜯는 동안에 다른 개들도 달려와서 이빨로 그의 살을 물어뜯었다. 그는 신음하였다. 그것은 인간의 소리가 아니었으나, 그렇다고 사슴의 소리도 확실히 아니었다.

"나는 악타이온이다! 너의 주인을 모르느냐!"고 부르짖었다. 그러나 실제로는 말이 나오지 않았다.

개들은 그를 둘러싸고 찢고 뜯곤 하였다. 악타이온이 갈기갈기 찢겨 목숨이 끊어질 때까지 아르테미스의 분노는 풀리지 않았다.

이 <아르테미스와 악타이온>의 신화에 대해서 토마스 불핀치는 "자존심을 건드린 자를 어떻게 처벌하는가"[7]를 보여주는 신화라고 분석하고 있다. 토마스의 분석처럼 이 신화는 신화소가 복수일 수도 있다. 널리 알려진 것처럼 신화는 "놀랄 정도로 교묘하게 은폐된"[8] 진실을 함축하고 있다. 따라서 그 교묘하게 은폐된 진실을 어떻게 풀어 헤쳐내느냐가 신화 해석의 관건이 된다. 가장 중요한 해석은 역시 '쉽게 드러난 서사의 의미'를 잘 이해하는 것에서부터 시작될 것이다. 그러나 그에 못지 않게 '쉽게 드러나지 않는 서사의 의미'를 잘 이해하는 것도 중요하다 할 것이다. 특히 후자의 경우에는 신화를 수용하는 독자의 주관과 시대에 따라 얼마든지 신화적 의미가 다양하게 재해석될 수도 있다. 이와 같은 관점에서 보면, 신화는 본질적으로 '다성성(多聲性)'을 지향한다고 볼 수도 있다. 불핀치의 경우처럼 <아르테미스와 악타이온>의 신화를 '복수의 신화'로 읽을 수도 있다. 그렇지만, 반드시 그렇게 읽으란 법도 없는 것이 신화 읽기이다. 우선, 이 논문에서는 이 신화를 '인간에게 신체란 무엇인가'라는 문제와 관련된 신화로 읽어보고자 한다. 전술한 바와 같이, 신체는 '의식 형성의 거푸집'이다. 신체라는 통로를 통해서 매개된 의식, 곧 '신체화된 의식'이야말로 자아와 타자를 상호 연결하는 가장 중요한 전제인 셈이다. 이것은 인간에게 가해지는 온갖 처벌과 감시가 모두 신체와 관련된 것이라는 사실을 환기하면 더욱 분명해진다. 바로 이점과 결부시켜 볼 때, 숲의 여신 '아르테미스의 분노'는 궁극적으로 '신체'의 문제와 관련된 분노인 셈이다. 여기에서 한 가지 주목할 점은 '신체'의 문제는

---

7) 토마스 불핀치(최혁순 옮김), 『그리스 . 로마 신화』, 1999. p. 58.
8) K. K. Ruthven(金明烈, 譯), 『神話』, 서울大學校 出版部, 1987, p. 19

늘 '소유'의 문제와 붙어 있다는 사실이다. 즉, 신체와 관련된 소유의 문제는 "어떤 방식에 있어서든 소유하는 자가 나 자신 이외의 어느 누구도 아니라고 하는 일종의 소유의 원형적인 상황"9)에 기반하고 있다. 내가 나의 신체를 소유하고 있다는 의식, 이 원형적 의식은 본질적으로 '나의 신체는 나 이외의 다른 어떤 존재'에 의해 처분될 수 없다는 의식으로 전이된다. 그러므로 '나의 신체를 훼손하는 그 어떤 행위도 정당화될 수 없는 것'이다. 이 신화에서 아르테미스는 소유의 원형적 의식을 가장 극명하게 드러내 보이고 있는 상징 그 자체이다. '나(아르테미스)'의 신체는 '너(악타이온)'의 소유가 아니라는 언명이 바로 이 신화가 함축하고 있는 또 다른 "의미의 물줄기"10)이다. 신화가 함축하고 있는 다성의 물줄기를 따라 내려가다 보면 반드시 만나게 되는 징검다리가 "아주 사소한 상징들"11)이다. 바로 이 징검다리를 건너지 않고는 물줄기의 근원에 가 닿을 수 없다. 아르테미스가 소유의 원형적 의식을 극명하게 보여주는 상징이라면, 이러한 극명한 상징을 구체화시켜줄 '아주 사소한 상징들'이 곳곳에 숨겨져 있을 것이다. 신화의 의미는 곳곳에 숨겨져 있는 '아주 사소한 상징'의 통합 작용에 의해서 그 의미가 완결되어

---

9) 리차드 M. 자너, 앞의 책, p. 52.

10) '의미의 물줄기'라는 개념은 질베르 뒤랑에 의해 다음과 같은 여섯 가지 신화 분석의 분석틀로 잘 정리되어 있다. 첫째, '스며 나옴', 둘째, '분수기', 셋째, '합류기', 넷째, '강의 이름', 다섯째, '연안 구획', 여섯째, '고갈되어 델타로 남기' 등이 그것이다. (질베르 뒤랑(유평근 옮김), 『신화비평과 신화분석』, 살림, 1998.)

11) 여기에서 '아주 사소한 상징'의 개념을 문체론에서 말하고 있는 '동위소(同位素)'의 개념으로 규정한다. 모든 담화의 의미층은 자신의 동위소를 가지고 있다. 동위소에 의해서 담화의 의미적 완결은 견고해진다. 서사가 '하나는 이쪽 층위에 걸쳐 있고, 다른 하나는 저쪽 층위에 걸쳐 있다'는 일반론을 떠올린다면, 서사의 의미는 결국 각각의 층위가 거느리고 있는 하위 층위로서의 단위, 곧 동위소를 어떻게 해석하느냐에 따라 얼마든지 달라질 수 있다는 결론이 도출된다. 예를 들어, 심훈의 <상록수>를 일제의 탄압과 관련된 서사물로 이해한다면, '강습소의 인원을 80명으로 제한하라는 주재소 순사의 조치·동위소'는 일제에 의한 탄압이 될 수 있다. 그러나, 과학적 합리성의 관점에서 보면 그것은 탄압이 될 수 없다. 이와 같이 동위소에 대한 해석을 어떻게 하느냐에 따라 서사의 의미 맥락은 확연히 달라질 수 있다.

지기 때문이다. 그렇다면, 아르테미스의 상징을 견고하게 구축하고 있는 동위소는 무엇인가. 이 신화에서는 무엇보다도 님프들의 행위에 주목해 볼 필요가 있다. 즉, '님프들이 악타이온과 사내들을 보자 비명을 지르면서 여신 쪽으로 달려가서 자기들의 몸으로 여신의 나체를 가리는' 행위에서 아르테미스의 상징을 견고하게 구축하고 있는 동위소를 찾아낼 수 있는 것이다. 물론, 님프의 행위는 서사물의 이야기를 극화시키는 전형적인 수법에 해당한다. 님프들이 비명을 지르면서 여신의 나체를 가리는 행위를 통해서 여신의 나체(신체)를 훔쳐보는 악타이온의 행위적 정당성은 소멸된다. 그러나 이 신화가 함축하고 있는 의미는 여기에서 머물지 않는다. 즉, 이 신화는 단순히 관음(觀淫)에 대한 잔혹한 처벌 만을 보여주는 신화가 아니라는 것이다. 그러므로 '님프의 행위 - 동위소'를 처벌의 신화를 정시화(呈示化)하는 하위 층위로 규정하는 것은, 그 만큼 이 신화가 함축하고 있는 다성의 물줄기를 막아버리는 셈이다. 문제는 잔혹한 처벌이 왜 '신체'를 통해서 드러나고 있는가이다. '님프의 행위 - 동위소'와 '악타이온의 사슴으로의 전이 - 동위소', 또한 '악타이온이 사냥개에 물려 갈기갈기 찢겨 죽음 - 동위소'는 모두 '관음에 대한 잔혹한 처벌'이라는 신화의 물줄기를 견고하게 구축하는 동위소로 충분하다. 뿐만 아니라, 악타이온의 죽음에 초점을 맞춰 희생 제의가 상징화된 아도니스 신화로 읽어 볼 수도 있을 것이다. 그렇다면, 이러한 해석의 결론, 곧 '처벌의 신화'는 어디에서부터 기인하는 것인가. 말할 것도 없이 '신체의 관음'에서 비롯된다. 문제는 '신체는 대상이 될 수 없다는 것'이다. '나(악타이온)'가 '타자(아르테미스)'의 신체를 대상화(관음)하는 순간부터 '나와 타자' 사이의 상호 교감은 단절된다. '나'와 '타자'의 단절, 곧 '나의 신체'와 '타자의 신체'가 동일화될 수 없다는 사실, 그것은 잔혹한 처벌을 수반한다. 그러므로 처벌의 원인은 '신체'에 있었다. 잔혹한 처벌의 원인이 '신체의 관음'에 있었다면, '님프의 행위 - 동위소'는 잔혹한 처벌의 결론을 귀결시키는 하위 층위의 동위소라기보다는 바로 '나(아르테미스)의 상징',

곧 '나의 신체는 너의 신체가 될 수 없다는' 인간의 비극적 결론을 맥락화시키는 동위소인 셈이다. 그러기에 님프들은 '비명'을 지를 수밖에 없었을 것이다. 결론적으로 우리는 이 <아르테미스와 악타이온>의 신화에서 다음의 결론을 얻어낼 수 있을 것 같다. 인간에게 '신체는 결코 대상화될 수 없는 것'이다. 그럼에도 또한, 인간에게 '타자의 신체'는 영원히 대상화될 수밖에 없는 존재이다. 바로 이와 같은 신체에 대한 자각(신체화된 의식)에 의해서, '나', 혹은 '타자'는 영원한 결핍을 경험한다.

3. 변이의 시간

  그렇다면, 인간은 어떤 식으로 이 '결핍'을 무화시키는가. 우리의 승천(昇天) 무속 신화 "<치원대와 양산복>"12)은 이 결핍의 무화 과정을 잘 보여주고 있다는 점에서 의미있다 하겠다. 우선, 대강의 신화를 일별하면 다음과 같다.

  옛날에 서로 의가 좋은 김정승 부인과 이정승 부인이 냇가에서 함께 빨래를 하다 까마귀가 물고 가던 배 하나를 떨어뜨려서 그 배를 얻게 되었다. 두 부인은 의가 좋았기 때문에 한가운데를 갈라 나누어 먹었다. 그 이후 두 부인이 똑같이 태기가 있어 열 달이 되어 한 날 한 시에 양쪽 집에서 아이를 낳으니, 김정승 부인이 남자 아이인 양산복을 낳고, 이정승 부인이 여자 아이인 치원대를 낳게 된다. 그러나 이정승 부인은 딸이라 하지 않고 아들이라 속여 가며 남자 옷을 입혀서 남자처럼 키웠다. 둘은 십육 세가 되자 절에 가 글공부를 하기 시작했다. 그런데, 나이가 들어 성숙해지자 여자인 치원대의 몸이 달라지기 시작했다. 양산복이 보기에는 치원대가 남장을 했어도 어느 모로 보나 여자만 같았다. 여름철이 돌아온 어느 날 양산복이

---

12) 이 신화는 함경도 지역에서 죽은 사람의 영혼을 저승으로 천도시켜 주는 '망묵' 굿의 '치원대 양산복'굿에서 부르는 무가이다. 이 무가는 특히 젊어서 죽은 영혼을 천도시킬 때 부르는 무가이다. (金泰坤, 『韓國의 巫俗神話』, 集文堂, 1989, p. 316.)

"야, 치원대야 우리 목욕이나 가자."

고 꾀어 목욕을 하러 갔다. 그러나 한 물에 들어서서 목욕을 해도 치원대
가 여자인지 딱 집어낼 수가 없었다. 그러나 그날부터 양산복은 치원대의
몸매가 이상한 것을 보고 잠도 자지 않고 치원대의 거동만 살피느라 정신이
없었다. 오줌 누기 시합에서도 치원대가 여자인 것을 알아낼 수가 없자,
양산복은 이번에는 또 다른 내기를 걸었다.

"치원대야, 오늘부터 사흘 밤을 꼬박 앉아서 밤을 밝혀 공부를 하자.
그렇게 하다가 누가 먼저 잠이 드나 내기 하자."

양산복의 제안대로 치원대는 자지 않고 꼬박 앉아서 밤을 밝혀 공부를
하다 여자의 몸이라서 기력을 이겨 내지 못하고 쓰러져 깊은 잠에 빠지고
말았다. 이때를 놓치지 않고 양산복이 치원대의 가슴에 소늘 대보니 유방이
불끈 솟아 있어, 여자가 분명했다. 그날로 양산복은 하산을 하였으나, 상사
병이 들어 '자기가 죽거들랑 치원대가 시집가는 길목에다 묻고 묘 봉분을
만들어 달라는' 유언을 어머니에게 남기고 죽게 된다. 이어 치원대의 어머
니는 남장을 시켰지만, 여자이기 때문에 시집을 보내지 않을 수 없게 된다.
드디어 시집갈 날이 되어 치원대가 가마를 타고 신행길을 나섰다. 얼마를
가다 보니 양산복의 무덤이 길 앞에 놓여 있었다. 치원대는 가마에서 내려
와 양산복의 무덤에 가 금봉채 비녀를 머리에서 뽑아 무덤 한복판을 내리치
니까 무덤 봉분이 두 쪽으로 갈라지고 치원대가 그 무덤 속으로 들어갔다.
그러자 갈라졌던 무덤이 도로 닫혀버린다. 치원대가 양산복의 무덤에 들어
간 지 얼마 안 되어 그 무덤에서 찬란한 쌍무지개가 솟고, 치원대와 양산복
은 이 무지개를 타고 하늘로 올라갔다.

승천(昇天) 신화는 기본적으로 '삶(A) - 죽음(B) - 삶(Å)'의 패턴을 밟는
다. 보드킨13)은 이와 같은 신화의 패턴(활동 → 휴지(休止) → 활동)을 '재생
의 원형(Rebirth of Archetype)'이라고 불렀다. <치원대와 양산복> 신화 역시
이러한 '재생의 원형' 패턴을 그대로 밟고 있다. 치원대와 양산복이 탄생하여
십육 세가 되어 절에 가 공부를 하다가 치원대의 정체를 알고 상사병이

---

13) Maud Bodkin : Archetypal Patterns in Poetry, London, 1960. (全圭泰, 『韓國神話와
    原初意識』, 二友出版社, p. 244 재인용)

나기까지의 서사가 '삶(활동) - A'의 과정이라면, 양산복이 상사병을 이기지 못하고 죽는 서사는 '죽음(휴지) - B'의 과정이다. 또한, 마지막에 치원대가 신행길에 양산복의 무덤 속으로 들어간 후 무지개를 타고 승천하는 서사는 '삶(활동) - Å'의 과정이 된다. 물론, 이 중에서도 신화 해석은 마지막 과정의 '삶(활동)' - Å에 집중된다. 이 단계에서 '삶 - Å'은 말할 것도 없이 전단계의 '삶 - A'과는 질량이 다르기 때문이다. 말 그대로 이 단계에서의 '삶 - Å'은 '재생의 삶'이다. 곧, '삶 - Å'의 단계에서는 신체를 떠난 영혼이 다시 본래의 자기 신체로 재귀함으로 신체 재현이 이루어지는 것다. 이렇게 재현된 신체는 결핍이 없다. 신체(身體)에서 신체(神體)로의 변이가 완성되었기 때문이다. 신체(神體)는 대상화될 수 없다. 대상화되지 않기 때문에 결핍도 없다. <치원대와 양산복>의 신화에서 치원대와 양산복의 승천이 '신체 재현', 곧 '신체(神體)로의 변이'를 드러내고 있는 신화적 형상이라면, 이러한 형상의 물줄기를 구축시킨 동위소의 형상을 찾아내는 것 또한, 의미 있는 신화 읽기의 한 방법일 것이다. 승천 신화에서 '삶 - Å'의 신체 재현은 반드시 '죽음'이라는 계기적 사건과 결부되어 있는 듯하다. 즉, 재현된 신체(神體) 이전의 신체가 소멸되어야 한다는 전제가 성립되지 않고는 '삶 - Å'단계의 진입이 불가능하다. 이런 의미에서 "너 자신을 네 스스로 불길로 태우고자 해야 한다. 먼저 재가 되지 못할 때 네가 어떻게 새로워지길 바라겠는가?"14)라는 니이체의 언명은 '삶 - Å'라는 신체 재현의 과정에서 왜 '죽음'이 계기적 사건으로 작용할 수밖에 없는가를 명징하게 드러내는 진술에 다름 아니다. 그러므로 죽음은 단순한 소멸이 아니다. 오히려 죽음을 통해서 새로운 신체로 변이하게 된다. 결론적으로 승천과 환생의 신화는 본질적으로 파괴(죽음)를 통해 또다른 생성(새로운 신체)을 보여주는 신화이다. 죽음이 없다면, 생성도 없다는 이 공식에서 우리가 살펴볼 첫 번째 문제는 '죽음'과 결부된 동위소(同位素)의 의미를 풀어보는 것이다. 흥미로운 점은 <치원대와 양산

---

14) 니이체(최승자 역), 『짜라투스트라는 이렇게 말했다』, 청하, p. 104.

복>의 신화에서 드러나고 있는 동위소가 "내기(놀이)"[15]를 통해 드러나고 있다는 점이다. 인간은 원래부터 '놀이'와 밀접한 관련을 맺고 있는 존재이다. 그러기에 '호모 루덴스' 즉, '놀이하는 사람'이라는 개념이 지니는 위상은 '호모 사피엔스'라는 개념이 지니고 있는 위상과 조금도 다름이 없다. 노동이 생존의 조건이라면, 놀이 또한 그에 못지 않는 생존의 조건이 된다. 그러니까 인간은 생존을 위해서 '노동하고 놀이하는' 존재인 셈이다. 인간에게 놀이가 억압된다면, 건강한 삶을 살 수가 없게 된다. 놀이는 마치 출구를 찾아야만 하는 물줄기의 속성과도 같다. 그러나 만일 놀이가 "억제된다면 알려지지 않은 코스 즉 지하로 흐를 것이며 적합하지 않은 곳에서"[16] 폭발할 것이다. 그렇다면 인간에게 일어나는 놀이의 심리는 어디에서부터 연유되는가. 이에 대한 호이징하의 다음과 같은 진술에서 그 해답의 일단을 엿볼 수 있을 듯하다. 즉 놀이의 촉발 심리는 기본적으로 "무엇인가 문제가 있다"[17]라는 인식에 기반하고 있다는 사실이다. 자기에 대한 자각(무엇인가 문제가 있다), 혹은 타자에 대한 자각이 놀이의 심리를 촉발시킨다는 것이다. 이러한 놀이의 촉발 심리를 고려해 볼 때, <치원대와 양산복>은 놀이의 촉발 심리가 전형적으로 잘 드러나고 있는 신화라는 점에서 흥미롭다. '양산복'이 '치원대'의 성적 정체성에 무엇인가 문제가 있다라고 인식하는 순간부터 양산복의 놀이 심리는 어떤 식으로든 촉발될 수밖에 없었을 것이다. 그런데, 문제는

---

15) 신화에 등장하는 '놀이'의 형식은 다양한 듯하다. 그 중에서 북유럽 신화 중의 하나인 <발할라 궁전의 환락>에 등장하는 놀이의 형식은 '신체 찢기'이다. 신체 가 놀이의 대상이 될 수도 있다는 점에서 이 신화는 매우 중요하다고 하겠다. 이 신화에 등장하는 오딘(신과 거인족 딸 사이에서 탄생)과 영웅들은 연회를 하 거나, 연회를 하지 않을 때에는 무술시합을 즐긴다. 그들은 매일 뜰이나 들로 말을 타고 나가 서로 상대를 갈기갈기 찢을 때까지 싸운다. 그러나 식사 시간이 되면 그 상처도두 치유되고, 그들은 다시 발할라의 연회로 돌아간다. 결국, 오딘 과 영웅들의 '신체 찢기'는 상대에 대한 복수가 아니고 하나의 놀이인 셈이다. '신체'가 놀이의 대상이 될 수 있다는 점에서 신화와 신체의 상호 관련성을 밝 히는 데 필요한 하나의 자료로 이용할 수 있을 듯하다.
16) 수잔나 밀라(黃順子 譯), 『놀이의 심리』, 螢雪出版社, 1986, p. 26.
17) J. 호이징하(권영빈 옮김), 『놀이하는 인간』, 기린원, 1991, p. 72.

이렇게 촉발된 놀이에의 욕망이 해소되려면 " 반드시 '이긴다'는 관념이 전제되어야 한다는 것"18)이다. 대개의 놀이에 '내기, 혹은 시합'이 붙어 있는 이유도 다 이에서 연유되는 것이다. 바로 이 '이긴다'의 관념이 약화되는 놀이에는 억압이 수반된다. 약화된 놀이의 반복은 억압을 더욱 증가시키고, 결국 '적합하지 않은 곳'에서 병태로 폭발할 것이다. 양산복의 상사병은 바로 약화된 놀이의 반복이 야기한 억압에 의해서 형성된 병태의 전형이다. <치원대와 양산복>에서는 바로 이와 같은 '약화된 놀이'가 반복적으로 드러나고 있다. 우선, '목욕하기'가 그렇고, '오줌누기'가 또 그렇다. 이 두 놀이를 통해서 양산복은 '이긴다라는 관념'을 충족시킬 수가 없었다. 양산복은 이두 놀이를 통해서 '치원대의 정체'를 확인할 수가 없었다. 여기에서 '치원대의 정체 확인'은 말할 것도 없이 '이긴다라는 관념'이 적절하게 투사되었을 때, 얻어진 결과물이다. 그런데, 양산복은 이 두 놀이를 통해서 바로 이 관념을 투사할 수 없었다. 바로 이것이 '약화된 놀이'의 전형적인 모습이다. 결론적으로 '양산복'에게 있어서 놀이에의 욕망은 사실 이렇게 교묘한 형태로 억압되어 있었다. 그러므로 양산복의 상사병이 '약화된 놀이'와 무관하지 않고, 그 상사병이 또한, '죽음(휴지)'와 무관하지 않다. 결국, <치원대와 양산복>의 신화적 의미는 결국, '놀이 - 동위소'라는 '아주 사소한 징검 다리'를 통해 '인간이 어떻게 자신의 신체를 변이시키는'라는 문제를 보여주고 있는 신화인 셈이다.

이제, 치원대와 양산복은 '무덤'으로 상징되는 '암흑의 변이적 공간'을 통과하면서 '거듭의 신체'로 승천하고 있다.

4. 마무리

우리 시선의 가장 깊은 곳을 바라보는 것은 바로 신화이다.19) 신화는

---

18) 호이징하, 같은 책, p. 72.

우리의 시선을 가장 깊은 곳에 잠기게 해 마음의 바닥에 존재하고 있는 '조상의 얼굴(원형)들과 궁극적 대면을 가능하게 해준다. 문제는 신화에 이끌려 가 본 그 마음의 바닥에서 어떤 방법으로 조상의 얼굴(원형)들을 찾느냐에 있다. 신화를 읽다보면, 그다지 불요불급하지 않은 행위들이 이상하게 겹쳐서 반복되고 있다는 사실을 알게 된다. 이러한 행위의 반복은 질투하다, 싸우다, 사랑하다, 이기다 …… 등의 동사에 의해 표현되기도 하고, 근친 상간, 복수, 살인, 감시, 처벌 …… 등의 상황 명사에 의해 표현되기도 한다. 또한, 다양한 형태의 상징적 장치(구슬, 삼지창, 박씨, 비둘기 …… 등등)에 의해 표현되기도 한다. 특히, 신화에 대한 해석은 이 중에서도 "강박적으로 자주 나타나는 반복적 이미지"[20)에 집중되어 있다. 이른 바 '최소 의미의 단위', 곧 '신화소'에 신화적 의미가 농축되어 있다고 믿기 때문이다.

　이 글에서는 이와 같은 원형 비평의 방법을 그대로 따른 것은 아니었다. 오히려 신화의 의미적 물줄기를 '동위소의 분절'에서 찾아보려 하였다. <아르테미스와 악타이온> 신화에서는 '님프의 행위 - 동위소'를 통해 신화 속에서 드러나고 있는 '신체에 대한 자각(신체화되어진 의식'이 결국 '의식의 궁극적 충족'의 문제와 결부된 것이라는 사실을 확인하였다. 물론 결론은, 인간의 의식은 '영원한 결핍'의 상태였다. 또한, <치원대와 양산복>에서는 '놀이 - 동위소'를 통해 바로 이 '영원한 결핍'을 인간은 어떻게 무화(無化)시키고 있는가를 확인하였다. 결론은, 치원대와 양산복은 '무덤'이라는 합체의 공간을 통하여 '신체(神體)'로 변이하고 있었다.

---

19) 질베르 뒤랑, 앞의 책, p. 262.
20) 같은 책, p. 274.

제3부

자료편

神斷公案

쓰러져가는딥

魔窟

狡猾흔 猿猩

요죠오한(四疊半)

人力車군 酬酌

쑤장이 酬酌

無情

神斷公案

『皇城新聞』大韓光武十年九月十五日(1906. 9. 15) ～
大韓光武十年十月八日(1906. 10. 8)까지의 連載分

(一)

踐私約頑童逞凶　借神語明宮捉奸

話說本朝　成廟朝時에順興郡碧波村에有了一個饒戶ᄒ니姓은孫이오名은同이라那孫同이早生下一子ᄒ니名叫做健兒인디這健兒가富家愛子로旣無家庭的敎訓ᄒ고兼乏師友的勸戒ᄒ야長得自主自張ᄒᆫ故로年近二十토록全沒禮貌ᄒ고惟日所事가只是☆酒喝博等行色而已一☆中人이無復餘運이라ᄒᄂᆫ디噫彼孫同은厥子之惡을矇然不知ᄒ고一昧地放任他ᄒ며癡果他ᄒ야恒常其妻와相對ᄒ면聲聲道了ᄒᄂᆫ바가只偕健兒의婚事將晚ᄒ며至於健兒의優遊不學ᄒᄂᆫ一節은未嘗道及ᄒ고廣求芳姿美貌的女子ᄒ더라

桂巷稗史氏曰孫同이旣不克敎訓厥子ᄒ야任其自成了放蕩頑悖之漢子ᄒ고及求新人之日에亦不論婦德如何와女紅(女工)有無ᄒ고惟芳姿美貌的女子를是求急ᄒ니是則非婚姻也라直招娼也오是則非求媳也라直欲得玩好之具也니嗚乎誤哉라語에云ᄒ되福生有基하고禍生有胎라ᄒ니孫氏之子의禍가其將胎於斯乎며其將胎於斯乎☆져惜夫라

且說興州東南에 又一個村ᄒ니 名叫做繡蹄라 這繡蹄村은 碧波村과 略十里地를 相隔ᄒ얏는디 那村裏에 一個農民이 有ᄒ니 姓은 柳오 名은 宜春이라 這柳宜春은 只是 鄕谷間 守分食力ᄒᄂᆫ 微氓으로 家産이 亦甚☆薄ᄒ고☆無他村毫可☆之事로디 但有一件可怪者ᄒ니 這個山農野婦의 貌不免醜的身子로 如何히 這股可喜娘을 生出ᄒ얏든디 宜春의 女子白翠姐니 翠姐가 芳年二八에 生得如花如月ᄒ고 沉魚落☆之致가 幷有ᄒ이 他的父母도 異☆珍愛홀쑨더라 其芳姿逸致는 見者莫不魂銷☆☆ᄒ야 嘆了道古之西子가 復生於☆라 ᄒ더라 (大韓光武十年九月十五日)

(二)

踐私約頑童逞凶　借神語明宮捉奸

雖然翠姐尹如其美貌나 惟知這個可憎兒가☆是金玉其外ᄒ고 敗絮其中ᄒ야 其心은 就層層疊疊的都是淫欲이라 家務料理에도 全不管意ᄒ고 寤寐思量ᄒᄂᆫ 바는 只☆與一個俊逸的情娘으로 弄得佻兮達兮 惹得雲情雨翠子ㅣ久矣러니 一日에 他的父親은 田事로 南畝에 走了ᄒ고 他的母親은 椿☆次東隣에 亦往ᄒ지라 那翠姐가 獨自無聊를 不堪ᄒ야 兩履를 珊☆히 憂了ᄒ고 門首에 凝立ᄒ야 遠事을 眺望ᄒ니 時維暮春이라 落花는 風☆을 隨ᄒ야 門鄰에 散亂ᄒ고 飛鳥는 空中에 一事嗜嗜ᄒ야 幽人을 解弄ᄒ며 遊絲는 綠楊枝와 共히 ☆☆然萬☆情緖들 惹引ᄒᄂᆫ지라 翠姐가 不覺長☆道春아 爾寃殺我☆아ᄒ고 目囚納指에 某某了半向ᄒ니 可諧柴門이 寂寂에 春懷가 渺渺라 臉如☆兮誰接이며 膚脂兮誰撫며 目☆☆兮誰睹며 手纖纖兮誰援가 晝思가 猶云如是커던 況乎良書야 若乃一輪이☆天ᄒ고 四鄰이 寂寞ᄒ디 貯空庭兮花☆가 低亞ᄒ고 步淸輝兮 杜鵑이 悲鳴이라 吁嗟乎라 俯跡☆觀ᄒ면 豈讓玉環之朵朵며 臨水自窺ᄒ니 飛燕이 伊何人矣아 旣自☆而黯然ᄒ니 懷美人兮安在오 暫將這般情曲ᄒ야 姑且却過ᄒ고 且說翠姐가 半向某了타

가忽將黛首ㅎ야徐徐擡起ㅎ며重發了一吁道我가人了罷어다ㅎ고遂欲移了軟
步터니忽見一個俊總角이兩手를又在背上ㅎ고高高的喝一個聞兒道遊兮遊兮
여小年時候애遊ㅎ리로다老大ㅎ면豈得홀가ㅎ고踉踉蹌蹌히直過門首去어놀
翠姐가輕作咳嗽一聲ㅎ고將身子躱過ㅎ며勤將面子露出ㅎ야暗看了這個總角
터니這個總角도聽得了咳嗽一聲ㅎ고猛擡頭見得那風流☆宛ㅎ자라忽將曲兒
☆☆ㅎ고故將兩脚에徐徐☆移開ㅎ며目不轉睛ㅎ야翠姐의面을鑿也似看ㅎ니
翠姐가自媒之心은弸中ㅎ나正顔相撞이還有些☆라進不易退亦難ㅎ야正沒計
策터니猛思了一法ㅎ고露出身子에故將兩臉ㅎ야發個可嗔道總角이有見☆綠
故ㅎ야敢犯男女☆別的訓戒ㅎ고不住☆看我☆아ㅎ디那總角이停了兩脚ㅎ고
微微笑道娘子는休☆ㅎ라我當初에別無他意라只因狹路撞見에無暇躱避러니
爾又不要自避홈이我豈倒有了狂走的理☆아看了一看에不覺心醉了娘子嬌滴
滴的容態ㅎ☆楓林紅葉에自然停☆忘返이로니娘子가若是有情人인딘庶幾容
恕了苦心漢ㅎ리라ㅎ디 (大韓光武十年九月十七日)

(三)

踐私約頑童逞凶　借神語明宮捉奸

翠姐가遂欲赴勢再發了一個爲怒라가反不覺滿☆推下笑來道總角아爾
眞正要戱弄我麼아我有甚麼顔色이완딘爾便如比弄狂고ㅎ며遂心內룸道
父的母的가都經敷個時辰然後에야來☆ㅎ리라ㅎ고又驚也似☆個笑音道
狂重之狂也여眞正無禮的總角이로다請人了我室ㅎ야聽了老娘的訓責也
罷어다ㅎ고遂挽了那總角的手(稱曰訓責而援之以手ㅎ니豈不絶倒리오)ㅎ
니那總角이早知了蔗境이漸至ㅎ고遂故弱腕筋ㅎ야笑嘻嘻地伴被他☆將
入去홀시低聲問道爾家에無人麼아翠姐가略將眉端示意ㅎ고遂相携入室
(好個訓弄的處所)ㅎ니俄者柴門邊女的春懷와街路上男的歌趣가天然吻合

(吻字가大妄發)이라這間生同室穴的金石牢約과奇奇怪怪可駭可睡光景은
不必再煩了管城子로다及到兩人이力盡興餘ᄒ야不得已分手際에翠姐가
右手로執了總角的手ᄒ고左手로排開後窓ᄒ며向外指点道(奇光이陸離雲
烟이滿紙로다)這個籬子가不有離奇可鑽的孔隙麽아爾看得麽아爾可每夜
從此入ᄒ야輕輕開了此窓ᄒ고夜夜歡會가不其可樂麽아我的父母ᄂ成雙
兒宿了東偏房이니可保☆☆이라那總角이点頭道好ᄒ고慌忙去了ᄒ니因
敍述이忽忙ᄒ이將那總角的來歷☆야一旬也不會道及ᄒ얏도다☆的☆은
是甚麽오是貫鄕仁同的張이오他的名은是甚麽으로娘父六旬晩生에錫汝
嘉名的大慶이니這張大☆의住居的所ᄂ是那邊고曰☆繡蹄村이라是土著
麽아否라然則是那裏☆的ᄋ本是楊州人으로早失父母ᄒ고漂泊四方에無
依無托ᄒ다가月前에☆村寡居ᄒ姨母石氏☆☆家에來托ᄒ者러라那張大
慶이一自翠姐의奸通ᄒ後로如得隔地洞天ᄒ야自春徂秋토록每日夜深後
와每夜鷄鳴前에窓前籬子孔으로狗子와如히鑽入鑽出ᄒ야如糖如蜜히歡
會ᄒ니於焉間一村人이無不暗暗料得ᄒ더止瞞過宜春夫婦와石寡婦三口
兒러라 (大韓光武十年九月十八日)

(四)

踐私約頑童逞凶　借神語明宮捉奸

　桂巷稗史氏曰城隅之俟도猶存預約이며中簚之醜도亦云馴致라若夫翠
姐ᄂ止以門邊無聊之春懷로聽了狂重之淫曲ᄒ고便☆自媒之計ᄒ야一嗔
一喜之間에遽成比☆鵲之醜行ᄒ니噫라似此魔男☆女가歡其可終乎아厚
其奸惡ᄒ야傾者履之ᄂ理之常也니請觀後日ᄒ야以存凜省이是所望於閱
者로라却說孫同이廣求健兒的婚處ᄒ더終無一個合意的女子ᄒ야屢約屢
破ᄒ고正擁着一副愁容터니一日은偶從東南來人ᄒ야猛聽得那個空前絶

後ᄒ고可驚可愕ᄒᆫ柳翠姐的容姿ᄒ지라孫同이喜出望外홈이不覺如狂如
醉道那個繡蹄村이不過了十五里라我的耳邊에不曾遮幕이어ᄂᆞᆯ如何☆纔
聞得고可怪昨夜에燈心이結花ᄒ고今朝에鵲噪가報喜터니果然天佑神證
ᄒ야奇緣이妙湊로다ᄒ고弄得踞躍曲踊에聞得滿堂燎亂ᄒ니斯日孫同家的
光景은眞是筆不盡意러라雖然이나一場歡喜가那得便做了婚姻이리오東
鄰媒妁이忽逢賺金的運會라孫同이要蒼頭招到那個媒婆ᄒ야前後來歷을
一場說了ᄒ고卽時前往了柳宜春家ᄒ야細☆了柳翠姐的容態ᄒ고火急回
告ᄒ라ᄒ니라却說柳宜春이一日은問適☆事ᄒ야團團說話ᄒ더니忽見一個
老婆가自門外來人ᄒ야微微地笑ᄒ고土了堂來ᄒ야向宜春妻作禮道老婆
가遠行홈이筋力이困疲ᄒ야歇脚次入來(媒婆慣用的口嘴)ᄒ얏샤오니萬望
恕容ᄒ라ᄒ거날의춘妻가答道不必這般說了라就坐了安歇ᄒ라ᄒ고又問道
老婆가渴麼아媒婆가答道正在燥渴이라若吃一椀淸凉的된甚好了소이다
這間媒婆가早己看見了那翠姐라暗暗歎道吾見美貌的女子ㅣ多矣나豈有
如此人에眩人眼光者리오如此看來看去之際에宜春妻가忽然顧那翠姐ᄒ
고翠姐一聲을呼了道爾將碗水與了老婆ᄒ라翠姐가欣然下了堂來ᄒ야將
一碗水☆與了老婆ᄒ고一聲巧音으로歷歷的道碗水가汲置了多日ᄒ야不
甚淸凉이라ᄒ거날媒婆가又暗想道這個女子가又甚婉曲周到로다ᄒ고飮了
碗水後에仍然雙目이有在翠姐面上ᄒ니看一看에尤可喜러라 (大韓光武十
年九月十九日)

踐私約頑童逞凶　借神語明宮捉奸

眉如遠山이聳翠ᄒ고顔芙蓉이新舒ᄒ고齒含貝ᄒ고腰如束素ᄒ야無一
不配分得堂ᄒ니縱然鄕谷間貧寒所致로裝飾이☆如ᄒ고衣衫이蘆條ᄒᆯ지

라도其秀雅ᄒᆫ氣像과娥媚ᄒᆫ姿態가人의心神을醉ᄒᆷ의媒婆가暗嘆不已ᄒᆞ고
向宜春妻問道令愛의容姿가這般可愛ᄒᆞ고年紀가又已及笄ᄒᆞ니婚期가遲
了라何不早速嫁了富戶ᄒᆞ야以結百年之佳緣고(不曰貴門而偏曰富戶가是
何意乎아老奸的媒婆로다)宜春妻가道誰好了這個遲期的婚姻이리오無奈
家産이貧寒ᄒᆞ야糊口之計도尙且☆心이라那裡有能☆婚姻的財産이리오
所以荏再到此로라媒婆聽罷에微笑道若有佳緣이면財産一事ᄂᆫ不足慮也
라ᄒᆞ고心中躊躇ᄒᆞ다가暗思道今日에不☆說破라ᄒᆞ고遂起身道如有閒隙이
면異日에堂有以再訪이라ᄒᆞ고忙忙回了ᄒᆞ니라

　再說孫同이送了媒婆ᄒᆞ고其回音을苦待ᄒᆞ더니略酉初時辰에那媒婆가
喘得呼呼不息ᄒᆞ고回來ᄒᆞᄂᆫ지라孫同的一家口가團團的圍坐了那個媒婆
ᄒᆞ고紛紛嚷ᄃ道如何☆如何☆ᄒᆞᄂᆫ지라媒婆遂將所見的光景ᄒᆞ야細細說
了ᄒᆞ더一言이纔罷에滿堂이莫不歡喜如雷어늘媒婆道休這般歡喜ᄒᆞ라今
日은只是片面的意思라若要婚姻인딘我須再起一次ᄒᆞ야牢定了雙而的佳
約이라ᄒᆞ고向孫同道娘家가太甚貧寒ᄒᆞ야無以治婚이라百爾思之에不如自
此擔當ᄒᆞ야結了佳緣이라ᄒᆞ더孫同이喜答道好了好了라旣結佳約이면卽是
我的婦媳이라爲媳費財를我豈吝焉가ᄒᆞ고其翌日에復送那個媒婆ᄒᆞ야結
了婚約ᄒᆞᆯ시孫同이☆道作媒十餘年에不能專對于娘家가可乎아十分愼重
ᄒᆞ야無負苦望ᄒᆞ라ᄒᆞ더那媒婆☆仰天大笑道這個女兒가若生了豪門富室
이런덜老媒가幾乎費盡了舌焦唇乾的心力이어니와今旣這般貧窮ᄒᆞ니也不
雖一言動心에再言得諾ᄒᆞ야以奏老媒的本事(技能)ᄒᆞ리니如其不信인딘觀
吾舌之猶在ᄒᆞ라ᄒᆞ고遂聽然☆去ᄒᆞ더라

　再說柳宜春이老婆의歇脚去ㅣᄒᆞᆫ後에向妻笑道這個老婆가歇脚則歇脚
이便了라何故將吾翠兒ᄒᆞ야細細看了ᄒᆞ고☆將婚事ᄒᆞ야頻頻提了오 (大韓
光武十年九月二十日)

(六)

踐私約頑童逞凶　借神語明宮捉奸

我在傍聽得了婚期遲了之一句ᄒ미不覺情緒가感得凄凉이라ᄒ고忽長
嘆道這老婆的言도實是不錯이라我的女兒가這般壯成而迄無伉儷之樂(評
曰已有矣)ᄒ니我的心曲은雖然焦灼萬端이나其奈力從心에何오ᄒ더라及
到了翌日ᄒ야朝飯畢了에三口兒가像了昨日ᄒ야坐在堂上터니忽見昨日
歇脚的老婆가又笑看入ᄒ야土了堂來ᄒ더니向宜春夫婦作禮(昨有止向其
妻作禮ᄒ고今則並向其夫作禮ᄒ니眞正是媒婆身分)道夜來에兩位가萬福
가ᄒ고坐了ᄒ거ᄂ宜春이向道老婆再來가頗不尋常이라莫不有事麼아媒婆
ㅣ答道有事了라ᄒ고一掬笑容으로坐了良久타가將昨日假托歇脚的緣由
와今日又來的事情ᄒ야一場細說ᄒ디宜春이愕然道老婆가元來是孫家媒
婆로다ᄒ고畧帶悲戚的顔色這☆般頂好的娘家에若得嫁了女兒디眞所謂
絲蘿가托喬木이라有何所新이리오만은其奈富了這般大事면諸多窘乏이라
進退兩難에實不知作何調處ᄒ노라語未畢에媒婆ㅣ笑道有甚麼窘乏이리
오郎的父親이已有定筭ᄒ야凡百所需를一一擔當ᄒ리라ᄒ얏스니這事件ᄂ
不必再憂라ᄒ거ᄂᆯ宜春이聽了擔當的句語홈이雖覺有些少愧板이나不可
以區區小節로壤了奇緣이라ᄒ야仰空笑道擔當擔當이여홀而已오不能拒
絶ᄒ더라媒婆가見了宜春夫婦的十分動心ᄒ고趂勢重將孫同的家産과健
兒的長處ᄒ야鋪張得是郡裡甲富라ᄒ며是男中人傑이라ᄒ야說來說去에終
得了快諾ᄒ고略經半時辰ᄒ야忽起身道日晷가無幾ᄒ미不能多陪라ᄒ고忙
忙去羞喜交集ᄒ니羞時担堂이오喜是全體라羞居一分弱(些不足)ᄒ고善居
九分强(些有餘)ᄒ미自然羞被喜掩에喜從心發ᄒ야의春이撫了翠姐的問翠
姐心曲은是甚麼樣고啞子가嘗了黃柏ᄒ미苦昧를自家만知홈과如히一句也

說破치는못ᄒ나其中은就萬端焦灼에憂心如搗라 (大韓光武十年九月二十
一日)

(七)

　　踐私約頑童逞凶　借神語明宮捉奸

　　暗暗思道婚姻은人倫的大事라如何却說이리오만은這張大慶은豈不枉
別了麽아這個孫同의家勢富饒ᄒ은正合了我的素願이나那個健兒가豈能
勝過了大慶이리오自愁自苦ᄒ더니

　　聽泉子曰眞正淫婦醜女的心曲이로다旣悅孫同之富ᄒ고繼慮健兒之或
不合意ᄒ니是則念念之不忘大慶者☆亦非實心之所繼戀也오只取其狀貌
之俊美커나或行淫之伎倆也라語에云盜賊도有義라ᄒ니於淫奔엔何獨無
焉이리오令人睡罵不置矣로다

　　已而오夜色이漸黑ᄒ믹他的父親이早早宿了ᄒ라ᄒᄂ디라翠姐가獨自空
房에還了ᄒ야長吁短嘆ᄒ고伏枕恍惚터니夜將☆에大慶이閃入ᄒ거날逐翻
身起來ᄒ야大慶의手를挽了請臥ᄒᄃ大慶이揮手道不久相別的人이挽我
甚用고ᄒ고頗有不快底意思어날翠姐가底聲問道爾今日에如何這般雙卦
오我不曾薄待爾로다大慶이發個寒咽的聲音道爾家에來了ᄒ媒婆一節을
我已聞知了鄰人이라爾的佳郎이豈不是孫同的兒子健兒麽아如何瞞得我
過리오爾用如何巧計簧舌ᄒ던지不能打破了這件事ᄒ야默默看過코却又
要我同臥ᄒ니豈不足面面流情的麽아我想了舊情에誠欲哭將起來오且不
覺切齒痛限(評曰四字가若閃若伏ᄒ야有如刀之出鞘와火之引線이라旣拔
且轟이면寧不寒心)이라今夜的來ᄂ直不過一對了前容ᄒ고快快了胡越不
關的去就코자ᄒ노라ᄒ거날翠姐가聽了這舌ᄒ믹이不覺五內가如裂에凄其欲
絶이라然而暗想道到此地位ᄒ야進退維谷이라不如略說事情ᄒ야留待後

日之從長措處(評日此四字가與切齒痛恨四字로暗暗相對)라ᄒ고遂强作笑
容道我曾不知러니爾心志가這般狹隘고爾須平心聽了我言ᄒ라爾與我從
來에無光明正大的婚禮ᄒ고直不過穿籬相從에暗地偸歡ᄒ니深夜一遇가
不及白日之長이며片刻歡樂이猶有恐懼之心홈이風條響耳에或愁暗窺之
蹤ᄒ고老枝暎窓에猶疑捉姦之手ᄒ얏도다這般苟且的情勢로何有衆中可
言之義諦ᄒ야容易打破了父母所結的婚姻이리오所以按住苦心ᄒ고無奈
作嫁니爾雖不言이나我寧無心가爾旣這般不快ᄒ니我不得不吐盡衷腸이
라ᄒ고 (大韓光武十年九月二十二日)

(八)

　　踐私約頑童逞凶　借神語明宮捉奸

　　遂附耳低言道我雖嫁得了健兒나必他相機抽身ᄒ야種種歸寧ᄒ리니於
此之時에爾豈不渴飮飢餐가斷緣이時續이면反覺爲妙리라況用計之道가
恢乎有餘地에及爾偕老가事甚며文君堂爐를亦復奚耻아一生에可得長歎
이니明日之事를莫爲預愁ᄒ라今夜之樂을不可抛過라ᄒ고遂抱住大慶ᄒ더
這間大慶이聽了翠姐的前後說話ᄒ고不覺憂霽喜開라蹙眉를一展ᄒ고樂
趣를再尋터니少焉에鄰鷄가一叫ᄒ민大慶이將去라翠姐가起坐長吁道一生
之精魂이旣孚ᄒ니終身之肝膽이無貳라爾將這佩刀鮮下ᄒ라我將此指環
相贈ᄒ야以作後日之信物이可也라ᄒ더大慶이亦長吁道生則相歡ᄒ고死
則同穴로與子成說호라山崩海渴이언뎡此情을誰間이리오傳不云乎아物不
足以講大事니贈無益也라雖然이나爾☆☆此ᄒ니我獨何心으로不有相贈
가于是에刀環을交手相付ᄒ고慘別離를行홀시大慶이道娘子아千萬保重ᄒ
라我ᄂ方寸이니己亂이라這個婚事前에ᄂ不必再來니唯願爾ᄂ叮嚀叮嚀이
어다ᄒ고四行眼淚로相別ᄒ니라却說孫同이媒婆의回了ᄒ後에卽時婚禮日

子를擇ᄒ니八月十五日이是個生氣福德이俱全ᄒ黃道吉日이라相隔이不
過四五天ᄒ민全家가紛紛嚷ㄷᄒ야眼鼻를莫開터니及夫八月十五日ᄒ야ᄂ
一切幹事가皆己淸楚ᄒ야道是娘家婚需라도己所辦送이며道是納幣節次
라도早昨日經過的事라健兒를鳥帽紫袍로裝出ᄒ야一個白馬上에扶上ᄒ
고繡蹄村으로離發ᄒ니其趣從의衆多ᄒ과裝飾의燦爛ᄒ이實노興州郡男婚
女嫁中初有的壯觀이러라及柳宜春家ᄒ야奠鴈交拜를畢ᄒ고孫氏父子가
心滿意足ᄒ야擧趾가自高ᄒ디這柳宜春도喜得滿面笑光ᄒ야兩查及衆賓
이盡日酒杯로興高☆烈ᄒ니可謂天上月圓ᄒ고地面人圓이러라及到于歸
時에宜春이向翠姐☆道女兒아十分着念ᄒ야善事了舅姑ᄒ며敬爾的丈夫
ᄒ라相距가不甚遙遠ᄒ즉我堂種種往見ᄒ리라ᄒ고其發程을促ᄒ거늘翠姐
가臨發ᄒ야帶着愁容ᄒ고向自己的母親道父親은相距不遠이라ᄒ시나母親
은咫尺이千里라歸寧一道外에ᄂ實無相見的日이오니母親은千萬保重ᄒ소
셔ᄒ고卽時碧波村으로發向ᄒ니라

桂巷稗史氏曰翠姐ᄂ一淫女也而孫同이以子娶焉ᄒ며以其賄遷ᄒ야白
年之長計ㅣ반성此醜穢不臧之地ᄒ니已矣哉라悔將何及고媳不可以貌取
ㅣ有如是夫인져 (大韓光武十年九月二十四日)

(九)

踐私約頑童逞凶　借神語明宮捉奸

再說孫同이一行을率了ᄒ고眉花眼笑ᄒ면셔碧波村에歸了ᄒ야卽時一
場大宴을設ᄒ니酒呑餠氣ᄂ一區에薰騰ᄒ고賀語笑音은耳朶를震動ᄒ며肱
喝飲餕ᄒᄂ聲은風雨가亂至ᄒ과如ᄒ디甚麽外祖,堂叔,姑母,姨從輩의率來
ᄒ兒孫們은是菓是飴를餐求無厭ᄒ야東啼西喊ᄒᄂ光景이一個修羅場을
成ᄒ며門外에셔大呼小叫ᄒ야剩塊冷汁을懇求ᄒᄂ遊手輩ᄂ寔繁有☆라莫

不弄手弄脚ᄒ야疾趨先得의勢를相角ᄒ니噫라孫同家之宴이無已太侈아
旣醉且飽ᄒ人은滿心愉快ᄒ니固無所論이어니와月前或年前에愧☆顏皮
ᄒ고伏地乞憐ᄒ야其千倉萬廂中數升紅腐를求ᄒ다가不給粮又破匏를當
ᄒ其人은且將如何ᄒ고個個道是富ᄂ曷喪고ᄒ야其蕩家倒産ᄒᄂ日이定有
ᄒ다ᄒ더라孫同이一自翠姐를于歸ᄒ後로如得千金粒子라匪媳伊賓에課日
歡喜ᄒ며如珠☆玉에愛重萬☆ᄒ야些小勞務라도執使치아니ᄒ고縱☆了千
金이라도　苟博翠姐的一喜디無☆☆微察象ᄒ야曲邃了其意ᄒ니奇矣哉라
翠姐的運命이一何☆☆☆☆茂ᄒ야☆日的柳宜春女兒가忽成☆☆☆的孫
同貴媳고於分已足에託外已足에託外何求아那個翠姐가想必心滿意足ᄒ
야毫無了小悲大☆☆怪矣哉라天下事를不可以易知者ㅣ有如是夫인져這
般快樂을不關ᄒ고翠姐ᄂ就漸漸有懊悔的心曲ᄒ도다是誠甚麽委折고他
也

　初嫁了健兒的時에ᄂ本以貧寒生長으로忽落了安樂窩中ᄒ미睡臥自便
이是可喜的며衣服都☆☆是可喜的며飮食豊旨도是可喜的라件件事事此
了前日에眞☆☆☆에判然ᄒ則自然滿心快樂커니와及天秋節이己過ᄒ며
三冬이又盡ᄒ고春光이早到ᄒ야於焉五六☆이라☆然樂久生☆ᄒ고可愁的
不合已意가就是了라健兒的不合已意ᄂ已在了了五六朔前이나☆因此外
的歡樂ᄒ야不甚愧懺터니☆☆樂已☆而愁自來라奈之何其不懊悔也리오
(大韓光武十年九月二十五日)

(十)

　　踐私約頑童逞凶　借神語明宮捉奸

　心內에暗暗自語道這個健兒가目子ᄂ如何這般暴露며鼻孔은如何這般
朝天(발쥭)이며兩臉은如何這般晦氣(우중충)며口也手也脚也가如何通通

地這般可憎고攬鏡自窺ᄒ야도我豈是這廝配匹(評曰然則是誰之配匹)이리
오可恨可恨이로다這廝가又如何夜間에空醒了我的甘睡ᄒ니這個時辰엔
眞是他殺也不快로다ᄒ고獨自婚事를懊悔ᄒ더니一日은神思가尤形難堪이
라開了小窓ᄒ고流波를試縱타가不覺暗驚道春己深乎아ᄒ니這間心緒ᄂ眞
是暗然魂銷로다彼翻者雲은天風을隨ᄒ야卷舒自在ᄒ거니와我的心事ᄂ如
何這般如結이며姸花芳樹ᄂ好時節을遭逢ᄒ야綠更人憐ᄒ며紅使人愛ᄒ
거니와愛我者ᄂ安在오春은舊日的春이거날人은何敲로俛仰之間의悲歡이
無常인고于是에翠姐가暗暗長歎道大慶(評曰二客放光)이眞是我的可人이
로다糠餅(기떡)을食ᄒ고라도大慶만一見ᄒ면我則悅이며犬脛(기종아리)과
如ᄒ屋裡라도大慶만☆☆ᄒ면余心所蕩이져山珍海錯이縱然是美며粉壁紗
窓이雖曰可喜나☆☆吾一看ᄒ면憂來塡胸에頭痛이忽作이로다我不得不
雖了此家ᄒ고歸☆☆家ᄒ야安貧樂道가便了(評曰安貧樂道ᄂ是士君子的
所難而一個淫女가移用了醜事ᄒ니豈不大落價値리오道字絶倒)라ᄒ고其
抽身ᄒ☆策을求ᄒ니白爾思之에☆托歸寧的一法外에ᄂ別無之策이라遂
移了自己的房ᄒ고到了堂ᄒ야舅姑兩位를見了ᄒ고陪坐長久라가忽☆笑
道小的☆木☆父親은☆☆來觀(省筆又照應)ᄒ시민別無戀戀이오나本家母
親眞是咫尺이千里라昨秋以來로形骸가渺然ᄒ니小的의情懷가每常不快
ᄒ야有如食物之不下ᄒ오니萬望舅姑ᄂ衷曲을俯諒ᄒ시고歸寧을諾ᄒ시샤
母女를相逢케ᄒ소셔ᄒ더 (大韓光武十年九月二十六日)

(十一)

踐私約頑童逞凶 借神語明宮捉奸

孫同이聽罷에大笑道不過五六朔間에如何這般孺慕오我亦云云이러니
爾又如此ᄒ니我將好好地治送ᄒ리라ᄒ고當日에一面으로ᄂ轎丁을招ᄒ야

明日飯後에來待ᄒ라ᄒ며一面으로ᄂᆞᆫ飴筐餠箱을準備ᄒ더니及到翌日食後
ᄒ야那個轎丁等도早己待令ᄒ고筐兒箱兒도以若富家風度로東炘西打ᄒ
야一夜之間에皆完備ᄒ지라翠姐가將欲發行ᄒᆞᆯ시孫同이道爾須疾忙回來
者어다我富隨宴送轎ᄒ리라ᄒᆞ디翠姐가若有了所思타가徐徐答道且觀下回
如何ᄒ야定了遲速ᄒ오리니父親은不必這般焦急이로쇼이다ᄒ고孫同夫妻
에게拜了ᄒᆞᆫ後에卽時發程ᄒ니一個蒼頭ᄂᆞᆫ筐箱等物을背負ᄒ며一個小奚ᄂᆞᆫ
轎軸을執了(조군치를쏜아)ᄒ고隨行ᄒ더라

　桂巷稗史氏曰翠姐方稗販(假托之意)歸寧에實逞淫醜ᄒ야油嘴簧舌로
謊了舅姑ᄒ고載馳☆驅ᄒ야如渴奔泉ᄒ니女也無良이云胡至斯오可哀哉
라健兒也여

　却說張大慶이一自翠姐를別了ᄒᆞᆫ後로寢食이無味ᄒ고萬事가無心ᄒ야
天地六甲을都付忘域中去了ᄒ고獨自槌胸長歎ᄒ야翠姐의歸寧만苦待ᄒ
고或村後綺角山(☆不可考)에登ᄒ야叢☆에頂禮ᄒ고所願을暗祝(亦非處
文)ᄒ며或孫健兒를無理懷恨ᄒ야凶念을時發(伏筆緊)ᄒ니那個石寡婦ᄂᆞᆫ
他의神色이此前有異ᄒᆞᆷ을驚訝ᄒ야往往盤問호디只托有病ᄒ고五六朔餘를
一向如是터라然ᄒ더니今夫轎焉而自西北間來者ㅣ得非翠姐其人麼아他
的母親은以若骨肉至情으로其所歡欣이固無所論이어니와那個張大慶은
眞是意中喜報에絶處逢生이라☆憂將歡에罷涕爲笑ᄒ고喃喃地日光을罵
落터니旣而오夜色이籠地ᄒᆞᄂᆞᆫ지라卽時柳宜春家로蹇一蹇到了ᄒ야籠孔으
로探探頭試望ᄒ니咄哉咄哉라魔障이猶存이로다元來翠姐ᄂᆞᆫ只爲大慶而
來ᄒᆞ미自然大慶을爲ᄒ야方便을成ᄒᆞᆯ者라自己母親의數日間만同宿ᄒ자ᄂᆞᆫ
至情을巧語謝過ᄒ고셔早地宿了前日自己的房이건만은 (大韓光武十年九
月二十七日)

（十二）

踐私約頑童逞凶　借神語明宮捉奸

　奈因那個可憎的小奚가當日에脚☆를不堪하야未趂回程하고翠姐的房
內에歇了하면셔姐姐도疲困麼아하는聲이蜂也似大慶耳孔에到了하는지라
大慶이搔首道不濟了不濟了라하고一邊으로는力向臂躍에怒從心發이라旣
欲一步闖入하야蹴了那個小奚러니又忽聽得撲的一聲이想從東偏房門出
了하는디暗看得西窓下에衣影이婆娑하며那人이笑道女兒아歷久廢了하얏
든房子를又不炕乾하얏스니豈不潮濕麼아你平生에不從我的訓戒터니歸寧
的時에又這般愁愁가하니伊何人矣오翠姐的母親이러라又暗聽得一聲巧
音으로答了言話道母親은早早歸宿하소셔不必煩慮라하니此音이誰音고翠
姐가是了라大慶이認得了情人的聲音하미尤覺眼跳胸灼하나小奚가猶云
☆肘어든況乎他的母親이리오怨氣가溢了頂心ᄒ야不得已歸了ᄒ後明發
不寐하고其翌日은此了昨日에尤不堪過하야千萬着急터니猛聽得那個小
奚的回程消息ᄒ지라看看夜深에起身自語道歸去來兮어다今已夜深이라
那個可憎的小奚는已屬渺然이어니와翠姐的母親이라도如此夜深에必當
然熟睡리라하고放膽更行하니라此時에翠姐도正히悄然不寐하야大慶의跫
音을苦盼터니那個意中人이果然籬隙으로鑽入하는지라開門一迎하니夢耶
아眞耶아執手無言하고脉脉看者ㅣ久矣러니翠姐가忽嘆了一口氣道你如
何使我로一日十二時에都無生趣오我本恨人이지만你亦可憐하도다大慶
이聽罷에亦嘆了道我之不死了心火病은眞是究說不得이어니와你는丈夫
가自在하니必是大快樂이리라翠姐ㅣ聽了에低頭若慚타가忽將黛首하야放
了大慶懷中하고喃喃地道快樂甚麼오若是快樂이면我不得歸寧이라你休
這般懷胎的語昧하고早早臥了하라我將慢慢地說話하리라大慶이慨然從

之하니這間光景은眞是餓鬼가相逢하미說話一節은積月苦償를一場償了
하고各將情曲하야低聲酬酌하니句句節節이無非死生以之에矢心相從이
러라 (大韓光武十年九月二十八日)

(十三)

　　踐私約頑童逞凶　借神語明宮捉奸

　　這大慶이翠姐의歸家혼後로式日奔奔하야一無虛夜터니一日은暗想道
我雖再逢了這個可喜的나終是歸寧이라傳家가若送人促回면豈不再逢再
別了麼아耶有再別三逢的時候리오縱然又來라도豈堪再皆了別離麼아我
死也라도必用了一個毒計하야以圖了平生歡樂하리라하고其措處方略을思
去思來하다가遂牢牢的決定하고卽時翠姐家로向하니라
　　聽泉子曰看他定了凶計에無奈何鬼索其氣하야先自露出一死字하라凶
其可逞乎아噫吁噫라逞凶者ㅣ固無生法也니라
　　大慶이心下에定一條凶計하고夜深後에翠姐와相會하야戲兮謔兮에無
所不至타가忽崔然起坐하야愀然長歎道年未二十에生日이無多로다하거날
翠姐가大慶問道是甚麼話오早早說罷하라大慶이假作失心하야聽若不聞
하더니翠姐가執手慇懃에緣由를懇問하거날大慶이嘆了一口氣答道我之爲
生은只因有爾라苟不與爾永歡인디卽泉臺之寃鬼耳라苟欲免了這事情인
디我는只有一個法子而這個法子는實非易行이라所以這般悲戚하노라翠
姐聽了에已暗暗料道他必是我之歸程을念慮하도다하고又問道爾我間에
有甚麼說不得的話리오爾的事情은我己料得이나爾的法子는究是甚麼인
지我沒分曉니快快說出하야以破疑團하라하더大慶이面有難色타가低聲問
道健兒了爾的意麼아翠姐가直視良久道爾가中ㅣ狂麼아如何戲弄我오大
慶이送附耳低言道旣然恁他딘斷行素願이可也라我意에夜深白明으로快

快結果了健兒ㅎ고待爾孀婦ㅎ야放心長歎이로다翠姐가聽罷에沉吟良久타가遂答了道健兒가雖然不中我意나實無可殺的罪니殺人獨子가豈不是慘이리오我가昨年與爾別離時에曾說下黑夜同走的計策ㅎ여시니如爾丨足矣라何必乃爾리오殺人은是凶事요國法은是可畏니爲吾地에正宜尋個安全歡樂的方法而今若蹈此險☆이면無乃不可乎아不知커니와這條計ᄂ決非長策일ᄭㅎ노라 (大韓光武十年九月二十九日)

(十四)

踐私約頑童逞凶　借神語明宮捉奸

　　大慶이笑道此言은可謂但知其一이오未知其二로다若不殺了健兒ㅎ고更行逃走면這廝家에셔必然四路搜索ㅎ리니終是放心不下어니와果能一手淨除了健兒면他的家屬도一個靑孀을不甚管意ㅎ야任爾自便ㅎ리니黑夜逃走도此時가爲妙며以言乎國法이라도暗夜下手를鬼神도莫測이라有甚麼可畏則이리오昨秋定下的計策을我亦首肯이러니今來思量에大覺踈☆라蔽一言ㅎ고除了我的計策外에ᄂ別無一策이니爾若有意딘我便行了오爾不我聽인딘何難移刀自戕에擲了一名가我言이止此에我的能事가亦不過如是ㅎ니聽與不聽은在了爾的一言이라ㅎ고一聲長歎에容色이悽然ㅎ거날翠姐가他의情到詞道홈을見ㅎ고沉吟暗思道兩脚跨鞍ㅎ고兩手執餠이豈不可笑리오我旣無意了健兒라不得不委身了大慶이니☆雖慘惻이나我許了罷리라ㅎ고連次点頭ㅎ면셔低聲問道如何時辰에端的(잠)行得고大慶이附耳道氣之所發에卽欲立刻行事나若無內應이면諸多踈☆라早晚間爾的偲家가送了轎丁ㅎ야爾也言旋ㅎ리니回程第三日夜에我必袖了小刀ㅎ고暗走碧波村ㅎ야略待夜深後에行了這事ㅎ리라ㅎ고低頭略思터니連口道險些我(ㅎ마트면)忘了로다ㅎ면셔向翠姐道健兒의常時歇宿所房은是那裡며

家屋四圍에 有恢恢可人的地方麽아翠姐道健兒는時或外堂에도宿了ㅎ나回程後五六日은定宿了我的房ㅎ리니我的房子는是東偏突出的房子라櫓下에葡萄架가有ㅎ니這是標誌며家屋四邊은就是砂石渾築的牆垣이니라大慶이聽了에愕然道爾的房子는我已領會라若得入了牆內면萬無錯認이나我不曾非櫓走壁的어든如何跳得這牆過리오孟狼孟浪이라ㅎ거늘翠姐가笑道無妨無妨이라東牆邊에有了一個小門ㅎ니我ㅣ待了全家就睡ㅎ야暗地免了門環ㅎ리니輕輕推開ㅎ고暗暗入來면豈不濟事리오 (大韓光武十年十月一日)

(十五)

踐私約頑童逞凶　借神語明宮捉奸

大慶이點頭ㅎ고慌忙起身道鷄己亂唱矣라當回予姨母的外舍리라ㅎ고再三叮嚀道你的總家消息은明朝來日이都不可測이라所以今夕에急急說去ㅎ야免了敗後頓足的事情이니你須留神車記了第三一ㅎ라ㅎ더라

桂巷稗史氏曰翠姐之計는不過是卓文君之故智也라初無殺害健兒之意터니及聽了點亡,賴殺無釋之張大慶言ㅎ민婆心이變爲孽腸ㅎ야言笑晏晏에休健兒於指顧之間ㅎ니是可忍乎아誰豈不知翠姐之忍其面獸其心이리오마는噫라是可忍乎아

却說孫同이翠姐를送了本家ㅎ後略一月餘에送了轎丁ㅎ야翠姐를促回ㅎ거늘翠姐卽日發行ㅎ야總家에到了ㅎ後自己的房子에處ㅎ니那健兒가果然連二日入宿ㅎ더라其翌日은健兒가一個家畜的大公鷄를持ㅎ고隣鷄와鬪了케ㅎ니隣人王三이萬端懇乞道大郎的鷄子는是長項尖嘴的어니와我的鷄子는是個出彀日淺的니俯看薄面ㅎ야饒了我鷄ㅎ라健兒가聽罷에怒得兩臉이通紅道我不曾害你오只是一時戲事어늘你何如干涉고且也你的

鷄子가被我鷄啄殺이라도非我也오鷄也라爾認得我拳頭麼아ᄒ고摯住隣
人에重重厚厚地將肩胛ᄒ야打了三頓(評曰一場無理說話와强暴行動이眞
是富家驕子)ᄒ니那隣人이當下에一片無炷火가從心冲起ᄒ야按住不得이
나禍哉斯世여地位가不均ᄒ야理直勢屈은從古同嘆이로다那隣人이敢腹不
敢口ᄒ고健兒ᄂ敗了高興ᄒ야鬪鷄ᄂ中止ᄒ니怒騰騰히回了ᄒ後翠姐的房
에臥ᄒ야不住地向翠姐道疲困疲困이라ᄒ거늘翠姐가少不回視ᄒ고一敎冷
問道甚麼故아健兒가遂將鬪鷄光景ᄒ야一匊說了ᄒ더翠姐가猛推房門ᄒ
고起身出去ᄒ면셔喃喃地道使了狂氣ᄒ고却言疲困ᄒ니左目인들誰瞬이리
오ᄒ더니(此日이是歸程第三日)及夫明日曉頭ᄒ야翠姐가自己的房으로放
聲哭將出來(大省筆)ᄒᄂ지라全家가驚起ᄒ야其緣故를問ᄒ더翠姐가欲言
忽塞에雙淚를亂揮(評曰如此假淚를何處得來오活個孽女)道入了我房ᄒ야
看了光景ᄒ면(句)孫同夫婦手脚이慌亂이라 (大韓光武十年十月二日)

(十六)

踐私約頑童逞凶　借神語明宮捉奸

　開了房門ᄒ니只見健兒가口開目張ᄒ고儼然僵臥ᄒ얏ᄂ더呼之不應에
觸之莫覺ᄒ고捫了身子ᄒ즉鐵其冷矣오驗了鼻子ᄒ즉息己絶矣니嗚呼死
矣라其死乎아其死乎아不死면伊何리오孫同夫婦가幾絶復蘇ᄒ야搥胸痛
哭道天之亡我여健兒가那裡去也오ᄒ고嗚嗚咽咽에一聲百轉ᄒ니其情境
의悽慘은眞是行路도爲之流涕러라翠姐가亦在了其傍ᄒ야掩面假啼라가忽
發聲道舅姑ᄂ姑且寬抑ᄒ고且究得死者의奄死的情節ᄒ소셔孫同이半哭
半語答道中夜奄死的人을是中風死的인지中魔死的인지是將何衛究得이
리오翠姐가哭道舅姑ᄂ且看死者的胸下ᄒ오孫同이檢看得健兒的胸前에
有了一道慘黑的處ᄒ니分明是何人에猛打的라孫同이悲悽中에復深得一

疑團ᄒᆞ야呑聲道誰與爾有讎ᄒᆞ야下得如此毒手오翠姐가哭道定是隣人王
二也로소이다☆☆鬪鷄的場에互相鬪打ᄒᆞ다가必然喫與了毒拳인듯(句)孫
同이亦哭☆我亦昨日에略聞得吾兒에與王三鬪打的情節이러니或者毒喫
了這厮拳法ᄒᆞ고如此奄忽致命인가ᄒᆞ고幾時間且哭且語ᄒᆞ더니翠姐가苦苦
勸道此必是王三의毒拳으로致命이分明이니事情으로告官ᄒᆞ야該漢償命케
ᄒᆞ소셔孫同이啼啼哭哭을良久ᄒᆞ다가仍哽咽道依了爾言罷리라ᄒᆞ고一☆☆
訴狀을卽時寫赴官庭ᄒᆞ니寫道

　本人의兒子健兒가從來無些少作寃於他人이옵더니昨日에偶然一時戲
事로家畜的公鷄를持ᄒᆞ고隣人三王의鷄와接鬪矣러니王三이拒絶不聽커늘
本人의兒子가噴舌相爭之際에噎彼王三이便是毒手ᄒᆞ야一夜之間에遽然
致斃ᄒᆞ니其頑其毒은口不忍說이오其慘其酷은目不見이라伏乞☆執兇漢
에克正王章ᄒᆞ심을呼天血祝云云

　聽泉子曰大慶之犯에王三則罹로다翠姐嫁禍之計ㅣ誠狡矣哉인져

　孫同이那告訴狀을卽時蒼頭로送官ᄒᆞ고擲筆昏倒에惟哭是務러라 (大韓
光武十年十月四日)

(十七)

　踐私約頑童逞凶　借神語明宮捉奸

　却說興州郡守ᄂᆞᆫ是叫做崔鼎臣的니那郡守가茊任二載에功績이懋昭ᄒᆞ
야一路黎元이福星是視터니當日에那告訴狀을接ᄒᆞ고孫同家蒼頭를召入
ᄒᆞ야事情을二問了ᄒᆞᆫ後에沉吟道異哉라毆打致命을吾聞之矣오見之矣로
다致於被人毆打에不曾一時叫痛ᄒᆞ다가奄忽致命於日夜之間者야毋豈有
之리오此ᄂᆞᆫ非徒我的耳目에未嘗記覩라卽無寃錄中에亦所未載者로다雖
然이나刑名之重이莫最於殺人이니獄情之初에必先於檢驗이라我檢了罷

어다ᄒ고當日에忤作(옥쇄장)行人(샤렁)書記等을帶了ᄒ고一個小驢에跨坐ᄒ야(評曰賢侯行色)碧波村停屍處로到了ᄒ後屍首를讚讚☆明處ᄒ고檢驗ᄒ시郡守看了一看ᄒ니胸鬲正前에果有一道黑處ᄒ고兩手兩足에却有索子緊結的痕이라郡守가一倍叫疑道異哉라道是驚地中魘死的인딘如何有縛打的痕이며道是被打死的인딘如何死得無聲無臭오異哉로다卽時縛到王三ᄒ야喝問道爾何故로毒打了健兒致命고王三이伏地告道矣身이縱喫了健兒的無數毒拳이나却不曾一毫侵傷了健兒로소이다ᄒ고時時口吃에抑冤이彌中ᄒ며問遍了左右隣證ᄒ야도皆答道只見健兒의打倒王三이오却不見王三의反打了健兒로소이다ᄒ거ᄂᆞᆯ郡守가暗暗想道以事以人에王三은實是可疑로다ᄒ고沉吟良久ᄒᄂᆞᆫ디這間孫同夫婦가偕翠姐在傍號哭ᄒ면셔王三의粧撰을大罵ᄒ고郡守爺爺이明白斷罪를伏乞ᄒ거ᄂᆞᆯ郡守가忽將兩目ᄒ야着了翠姐面上ᄒ고暗訝道這是死者的妻로셔如何虛張哭聲에實無痛絶的光景고又忽猛思道這箇女娘이姿色이如彼ᄒ고年又甚少ᄒ니莫不是有了奸夫ᄒ야通共計殺ᄒ고却將鬪鷄小事에看作奇貨ᄒ야空然圖賴(제딘다)麽아思來思去에暗暗叫道是必是라ᄒ고王三을牢囚ᄒ後에屍身를還置ᄒ고旅舍에歇宿ᄒ시 (大韓光武十年十月五日)

(十八)

踐私約頑童逞凶　借神語明宮捉奸

看看夜黑에四邊이寂廖커ᄂᆞᆯ喚了一個廉幹的行人ᄒ야碧波村을遍踏ᄒ야翠姐淫行曾不曾을委曲詳探ᄒ라ᄒ고又囑道爾探知時에切勿露出了本案關係ᄒ고那行人이一聲應諾ᄒ고村裡에遍走ᄒ며到處마다閑話를先提ᄒ다가忽長嘆道今日官司主를陪來ᄒ야無意中에逢了這個美人ᄒ니眞是心蕩魂飛라ᄒ고問了隣人道爾若作媒면我富厚酬리라鄰人이聽了此言ᄒ고

莫不搖首道不濟了不濟了라ᄒ거늘行人이問道莫不是有個貞節麽아隣人
이道貞節은未能遽信이로디嫁入孫家的後로終無淫行일뿐더러況該家舅姑
가愛之如金如玉ᄒ니到今에雖已是靑孀身世나未必遽然毀節이니라行人
이聽了此話에假作落心的☆子ᄒ고卽時忙忙走回ᄒ야郡守에게告回ᄒ더郡
守가兩眉를一蹙ᄒ고默默良久ᄒ더니又思了一法(評曰大智不窮)ᄒ고其翌
日에像了昨日ᄒ야王三을盤問ᄒ다가喝退ᄒ고略至黃昏時辰에復招到那行
人ᄒ야囑道如此如此ᄒ라ᄒ니라那行人이依郡守囑授的計ᄒ야望繡蹄村走
一遭ᄒ야東西探問ᄒ야捉了眞狀ᄒ고罔夜回報ᄒ거늘郡守가連忙問了ᄒ더
行人이這官司主의神明은眞是人所不測이로소이다果然宋女가在室未嫁
的時에與該村石寡婦家에來托ᄒ姓名張大慶的總角으로無朝無夕히穿穴
隙相從ᄒ고及其出嫁에每常恨恨터니今春歸寧時에又夜夜相姦ᄒ얏다ᄒ기
로卽時石寡婦家에往ᄒ야一時歇脚을求ᄒ즉果然一總角이迎接應諾ᄒ거늘
姓名相通ᄒ고就他席問ᄒ야說來說去ᄒ다가觀相者라自☆ᄒ고眉間에凶氣
가有ᄒ야惡死가不遠이라ᄒ더那總角이手脚이慌亂ᄒ면셔度厄的方法을問
ᄒ거늘官司主分付디로登山禱神ᄒ라ᄒ얏사오니這間定下的山名은是村後
綺角山이며禱告時辰은來夜子正이로소이다 (大韓光武十年十月六日)

(十九)

踐私約頑童逞凶　借神語明宮捉奸

郡守가聽罷에道果然不出我的所料로다ᄒ고其日夜深에一村이盡睡ᄒ
야四頑寂寂ᄒ거늘郡守가直時緇巾長袖로打裝ᄒ고那行人을喚☆ᄒ야繡蹄
村으로直向ᄒ니라
再說張大慶이一白行凶以後로神思가恒覺戰戰不安ᄒ더니一日은那觀
相人을☆☆ᄒ야☆☆的方法을受ᄒ지라其翌夜子正綺角山頂에登ᄒ야伏地

叩頭ᄒ고☆☆道無罪惡을自☆ᄒ오니望山神☆☆憐援手ᄒ소셔ᄒ고略☆時
辰을如此ᄒ더니(評日我看☆☆頑入선딘大抵其性이本愚一忽然☆☆中으
로捉ᄒ야一位☆人이☆然出立ᄒ아呼了大慶的姓名道張大慶아張大慶아
如此凡三聲ᄒ거늘大慶이擧首一望에料得是山神이顯靈ᄒ고戰戰慄慄的
貌樣으로死罪死罪라連叫ᄒ며叩頭懇乞ᄒ디那由神이再再了大慶的姓名
道張大慶아張大慶아我已早知了爾罪ᄒ나且觀爾誠心이如何ᄒ리니爾快
將犯罪的來歷ᄒ야細細說了ᄒ라若是眞了인딘爾罪가雖大이나我將赦爾
ᄒ것이오若是假了인딘爾罪가雖小이나我將殺爾ᄒ리라大慶이惴惴地立了
ᄒ야遂將通姦的前後來歷에一一陣告ᄒ고又將問議行凶的顚末에箇箇吐
盡ᄒᄂ지라山神이喝道爾當初에謀以劒殺ᄒ다가後來에何故變卦오大慶이
道初心에ᄂ只欲一劒快斷이더니更念ᄒ즉大不可라健兒가旣與翠姐로同宿
了一房ᄒᄂ디若斫到健兒에鮮血이淋漓滿房ᄒ면十手所指가不歸于翠姐
면誰歸며十目所疑가不在于翠姐면誰在리오是故로中夜白刀을旋角踈虞
ᄒ야與翠姐更議ᄒ고以猪毛一介로乘熟睡伸入臍中ᄒ야以致一夜之間에
輕輕斷送了那一命니로이다山神이又喝(此是再喝)道手項(손목)的索子痕
은是甚麽오大慶이☆手項的索子ᄂ是恐渚毛殺人이猶☆虛誕이기로其氣
息已絶後에却將索子ᄒ야緊結手足ᄒ고以錦子로塞其口를良久ᄒ이다(評
日愚哉頑哉)山神이又喝道(此是三喝一胸面的慘黑處ᄂ是甚麽오大慶이道
無論可等殺法ᄒ고旣殺在翠姐房內면人疑翠姐ᄂ是十之八九라所以로聞
了健兒의☆纏與王三鬪打的說話ᄒ고以是로看做全貨ᄒ야將劒爾一打胸
面ᄒ야☆孫家內外가 都認得健兒的死去가由王三的毆打케ᄒ이다 (大韓光
武十年十月八日)

쓰러져가는딥

夢 夢

「젼싱차싱무슴죄로 네ㄴ너ㄴ이고싱을훈단말이냐니몸이귀티안으니 즈식도귀티안코아무것도귀티안타」

ㅎ면셔 다쓰러져ㄱㄴ초가딥, 다싼딘마루우헤 쪼이ㄴ볏홀화로쓸슴아 남향ㅎ야안져 무릅우헤됴고만훈어린ㅇ희를누이고두렁이를둘너듀ㄴ부인은 나이ㄴ 슴십밧게못되얏ㄴ데이마에ㄴ벌셔듀름술이즙하고 얼골은죡박ㄱㅈ티 오그라딘것을보면 쳔가디만가디 온ㄱ시름을다격근듯ㅎ며 ㄷ시 그집을 슬펴보면 집이ㄱ슈ㄴ오륙간되ㄴ모양이ㄴ 그집 헷ㄱㄴ훈간은반이ㄴ쓰러젓스니 디ㄴ희댱마그몹슬댱마가 이불송훈스람의집ㅼ디 희를입힌듯ㅎ고 안방은동으로기우러디고 거ㄴ방은셔으로물너ㄴ며 마루라고널마루가억결이다되얏ㄴ데 하남촌구셕이라 터ㄴ널딕ㅎ야 압뒤쓸이헌틸ㅎ니 그역시 다힝이라 울타리밋헤셔브터 어린ㅇ희댝난처럼 됴고뭇케 바홀가랏ㄴ데 무쳥이남은것을보면 쟉년가을에 무를심어 그것으로김댱쳐럼훈모양이니 그만ㅎ면 그부인의 형셰를더강딥댝ㅎ깃더라 무릅우헤누엇ㄴㅇ희ㄴ 그 어머니의하ㄴ말이무슴의미인듈모르고 연ㅎ여 우러니니 그부인ㅎㄴ말

「아모리 서러도그만우러라 너의아버디가돌아ㄱㄴ냐 너의어미가듁어ㄱ

느냐 도모디어이흔일이냐 에구 귀티안타 그얌전흔 어루신네 듁거느말거느 하루붓비듁기느 ᄒ면가슴이시원ᄒ깃다마는…………」

　홀연문붓게 엣틔ᄒ는소리나며 덧틱덧틱하는거름이 남으로쓰러디는듯 북으로넘어디는듯ᄒ고 쾅 쿵 쾅하는것이 듀정군즁에상듀정군의힝츠가 디나는듯ᄒ니 그부인이 급히ᄋ히를나려놋코 놀나이러나며

　「익고 오늘은 어늬못된놈의집에ㄱ셔 져ᄃ지 슐이취히드러오노, 이팔ᄌ가 무슨팔ᄌ 야ᄒ면셔 흔숨을 휘-쉬고디문을열너나아가더니 동너김션달의듀졍ᄒ는것이오 ᄌ긔남편의도라오는것이아님을알고 발길을 돌리면셔

　「쏘어디가 슐을먹고곤둑이되야 도라오는둘알앗디, 이썩ᄭ디드러오디 아니ᄒ니 져녁샬은엇디느흔단말인가 쏘 금슌네딥노름판에ㄱ모양이로고 올타 달흔다 션젼거간인디 빅목젼시졍인디다니면셔 더통운을당ᄒ여야 돈관이느 엇어 듁물을홀이는것을 요것도과ᄒ다고빅동젼푼이느보면 보기ㄱ무섭게금 슌이딥으로드러ㄱ-빅동젼낫티느보면……」

　쳘업는아드님은어머니의슈심을 모르고 졋달나고「익-익익」이안아달느고「익ㅡ익익」

　문붓그로셔「길동어머니, 길동어머니」브르는소리나면셔쎠러져가는문댝을탕두ᄃ리니그부인이밧비이러나

　「금슌이냐, 누구냐?」

　「녜, 나애요.」

　「웨, 쏘, 무슨일노왓느니?」

　외왓느냐ᄒ는소리를드르면심승히 놀너다니는아희가아님을알깃고 쏘무슴일노왓느냐ᄒ는말을드르면 오는쪽쪽탈이잇슴을알깃더라

　「져 길동아버디가요 젼에가디고나가시려고벽댱에두신 모본딘열필 보니시라구요.」

　「길동아버디 너의게계시드냐.」

　「녜 계시요.」

「또 골픽당이 버려졋드냐, 화투드냐? 모본단은 웨, 남의팔아달나는것맛타가디고 그것ㅅ디듸밀게, 숫흔푼어티못ㅅ셔 남의바누질ㅎ여논것 디림질도못ㅎ고 풀흔푼엇티못사셔 너일모레혼인에쓴다는남의져고리를 깃도못부쳐는데 노름홀돈은어듸셔낫다드냐………」

「…………」

「져녁거리도업셔셔 굼게되엿다 너더러 이런말저런말ㅎ여 무슴쓸디 잇스랴마는……너의아버디도쏙두ㅎ고 너의어머니도러덩인듯ㅎ다 실승 말이디 너의어머니가 치마져고리만남은ㅅ람이길너 좁은딥안에 노름판을버려도 아무말아니ㅎ디 모본단인디무엇인디벌셔 졍듀부젼당국에 ㅊ다답피고 쏠팔고 나무ㅅ왓다」

「아이구 그러면웃디희요 셩화ㅊ티가져오라시든걸요」

「웃디ㅎ긴웃디희, 너도열세술이ㄴ되여-오러지아니ㅎ야싀딥갈쳐녀가 이런신부름만다니고」

「아니ㄷ다면 아버디씌셔ㅼ중만ㅎ시ㄴ요, 몽둥이를들고나시ㄴ는데 그ㄴ 그쑨인가요 갓다오면 돈얼마듀신듯세요」

「그돈아니면 분못ㅂ르고바늘못ㅅ셔-이런길, 다니ㄴ냐 얼ㄴㄱ셔 업ㄷ드라고희라」

ㅎ고문닷고드러오니 금슌이난흔밋쳔이러바린듯시가고 길동어머님은안으로드러와 길동이를틧켜안고 우ㄴ입에졋을물이면서

「그져 그런듈알앗다」

ㅎ고무슈히칭원ㅎ더라

금슌이나ㄱ후 얼마아니되야 별안간에디문을박츠ㄴ소리나면셔 갓두루미기도아니ㅎ고탈망에곰방디문ㅅ롬이불문곡딕ㅎ고드러와서 아팀딧고남은듯흔 댱댝기비를들고 마름딜ㅎ는길동어머니를두다리니 가련ㅎ다길동어미ㄴ 머리ㄴ푸러디고 ㅊ득이ㄴ희여딘옷시 이리져리 유혈이낭ㅈㅎ도록 엇어마

디니다만

「이서 둑여듀- 누가 술기가원이랍듸가 둑여만듀면 뎡말이디소원성취오」

ᄒ면셔발악ᄒ니 담드럿든길동이가 쏘득시씨여 벽악ᄀ티 우러니니 ᄒ편에눈어린ᄋ희우름, 한편에눈어룬의민질, ᄒ참이리소요ᄒ드가 탈망에곰방디무신양반ᄒ눈말이

「이년, 네두고만보아라 디금은밧바 모본단만ᄀ디고가거니와 잇다가보아라 어듸서계딥이 사나희ᄒ눈일을동줄거리드냐노름을ᄒ거니 슐을먹거니」

ᄒ면셔신발신은치 방으로드러가벽당문여러지티고 빅디에쓰셔두엇든모본단뭉티를들고나아ᄀ니길동어마니ᄒ눈말

「이다음 본듀인이차디러오면 엇디홀터인고 오막ᄉ리초가딥도 딥문서ᄂ잇서야디」

ᄒ고울고불고원망ᄒ고한탄ᄒᄂ 노름에몸단양반 드르ᄂ마ᄂ, 아마도그양반은길동이어룬이신데노름판에셔화ᄂ고분쓰ᄂ김에 그디로쮜여온모양

슈일후에다쓰러져가눈그집에눈일본인아무긔의츠디라고텹을박고션전시정축에눈길동아버디의얼골이보이디안터라

魔　窟

白岳春史

（一）新郞縊死楊柳無情
　　　洞民驚起平和自破

悽慘愁慘絶慘흔悲劇은起ᄒ엿다!

地方은黃海道長連郡東面花川洞에서.

光武는五年春三月이라, 昨夜브터, 부슬부슬始作흔春雨聲은那間엔지快晴ᄒ고, 薄暗흔曉霞는山港마다, 洞口마다, 樹梢마다, 열븐帳幕을, 돌너논듯. 濛瀧흔遠山色은, 검은峯頭가, 우둑우둑. 森列의萬象은春腦를難堪ᄒ는드시, 夜來平和의睡態를, 아즉, 씌여잇고, 眞誠으로塵世를警醒코져, 잇는힘을, 다ᄒ야, 雙翼을 탁々치며, 哭告曉를熱心으로布告ᄒ는鷄鳴聲과往々遠村에서, 쿵々짓는, 吠犬聲만, 건는山谷에 反響홀쑨. 이씨에男女老少의浪藉흔喧囂聲은突然히花川洞天의靜寂흔曙色을씨치도다.

　아, 사롬이죽엇고만사람이죽어서!

　하, 원, 져런變이잇느!

　아, 사람이죽엇다네!

　아, 거, 누구러죽엇노?

거, 엇더케죽엇노,

하, 慘酷 흔일, 다보깃고!

이말저말, 한입(一口) 두입(二口), 주자밧자, 쩌드는소리에, 자든눈, 부븨고, 니러나서, 담비쩌, 주어들고, 자분치, 거스르며, 나오는洞內영감의뭇는말
아, 거, 무엇들을, 그리쩌드노, 거게무엇, 싱겼느?

아, 무어신지몰맙소, 사람이죽엇슴네.

(다른영감의對答)

아, 거 누구러, 엇더케죽엇노?

아, 압垌버드나무(楊柳)가지에, 목을달아, 죽엇고만!

아, 죽은거시누구야?

왜, 거, 아니잇슴느 져申將孫의妹夫李書房이,져 兒樣으로죽엇고만, 昨日妻家에단이러, 왓다더니만!

하, 원, 져런慘酷 흔일이…………

우물길(井路)에서, 물깃는村婦들의問答 흐는물

아, 원, 그르니, 그, 열세살(十三)낫다는, 어린新郞이혼자야, 저럿케, 죽어슬수가, 잇다구?

아, 그르면, 누구러, 죽여서, 남게다 달아미여스ᄭ?

글셋물이지요, 원, 그러흔들, 설마, 엇든, 몹슬놈이, 저어린新郞을 무슨턱에 죽엿슬고

익거, 불상흐여라, 그, 어린거슬! 더우겨나三代獨子라지, 저의아부지가, 들으면, 얼마쯤이느, 놀날꼬!

이所聞이洞內에傳播 흐자人ㅅ마다驚顔이오處ㅅ마다疑問이라此處彼處에서, 이런말, 저런말 疑鬼가 百出 흐느, 그眞相은 到底이알길이萬無 흐도다.

洞頭民과洞內령감들이會集 흐야討議 흔結果, 이일을官에報告 흐야將次撿屍官이온다官屬이, 나온다흐면, 우리洞內는第一그冶遊에滅亡을免치못흐리니爲先그新郞의妻男되는申將孫을捉留 흐엿다가邑에서官屬이, 나오

면, 一切일은, 그사람에게다 擔當시키고, 우리一洞이官에들어가서訟事나,
잘ᄒᆞ여보자ᄒᆞ고卽時洞內의少輩들을招集ᄒᆞ야申將孫의一家族을嚴密히看
守ᄒᆞ고一洞으로官에報ᄒᆞ며一洞으로新郎本家에通知한다ᄒᆞ는騷動에由來
로平和裏에安樂ᄒᆞ든花川洞은一朝間에殺風景의大修羅場이되였소.

新郎(一)

楊柳枝에, 목을달아, 靑顔을半垂ᄒᆞ고, 血眼을徵開ᄒᆞ고, 世上의冷情을 怨
望ᄒᆞ는듯ᄒᆞ 可憐ᄒᆞ너 조고마ᄒᆞ 新郎아! 老親을永別ᄒᆞ고 故鄕을ᄯᅥ나서, 어
듸로?

(二)

細繩ᄭᅩᆺ헤 生命을밋고, 朝露風에 來往ᄒᆞᄂᆞᆫ, 너可憐ᄒᆞ 조고마ᄒᆞ 犧牲아!
花發多風雨ᄒᆞ기에 芳蕾를自委ᄒᆞ엿나냐? 惡魔의宿怨이잇섯드냐? 兇惡ᄒᆞ
戀敵의毒手를밧앗나냐? 死口에말이업서 秘密이永默ᄒᆞ니, 楊柳枝야 情도
업다, 人의三代獨子를!

(三)

尹守明治吏民安堵
正犯未出申家繫獄

却說이ᄯᅦ本郡々守ᄂᆞᆫ尹氏인데尹守ᄂᆞᆫ外國事情에도통通ᄒᆞ고元來事理
에明析ᄒᆞ人이라到任以來로諸般行政이一体人民의福利를標準ᄒᆞ야一切弊
瘼을革除ᄒᆞ며自來吏屬의惡習을一變ᄒᆞ고四民으로ᄒᆞ여금各其職業에安堵
케ᄒᆞ니由來로虛政塗炭中에셔叫苦ᄒᆞ든海隅殘民에게ᄂᆞᆫ嚴冬後에陽春이,
도라온듯大旱에雨澤이 露下ᄒᆞᆫ듯明官의稱頌이人々마다口碑相傳이오尹守
의愛民善政碑가村々街頭에林立ᄒᆞ엿더라.

東面花川洞에서殺人낫다는該洞人民의報告가入來호미尹守가卽時로親
히吏屬을領率호고該洞에躬往호야몬져屍体를撿査호여보니軟弱훈少年에
게다如何殘忍훈强力을加壓호엿던지兩臂는挫折호고☆☆에는 絞痕이斑々
훈데咽喉에黑血이充塞호야悲慘훈最後를成훈形狀이人으로호여금正視키
難호니郡守以下吏屬과此를面當훈者는다시말훌것업고至於路上行人이라
도此를傳聞호는者憐憫의情을促發호야同情의暗淚를吊치안는者無호고切
齒痛憤호야可憐훈此少年의徹天怨敵을探發호면其頭上에다正義의痛棒을
一加코져안는者無호더라 尹守가吏屬을嚴團호야洞民에게는些少의治擾가
無케호고撿屍를畢훈後에洞頭民을　招來호야此新郞의居住姓名年齡으로
브터何時에如何훈事로新郞이此洞에來훈事와新郞의妻家되는申哥의一家
實情과新郞의妻男되는申將孫의行이며新郞의妻되는여자의性行이며其他
此事件發生以來로洞內人民의見聞훈實証을一々히審査호고次에는申將
孫과彼의母女二人도大網問招를畢호여스니正犯을探索홀方向은倉卒間에
아즉像想키難호고이關係져關係로申哥의母子女三人을爲先押來호야獄中
에嚴囚훈後에尹守는寢食을幾廢호고此兇惡훈正犯을探索홀方便에對호야
天思萬慮를盡回호니不遠훈將來에此疑雲의黑幕이一開호면其裏幕에는將
次如何훈妖魔가伏在호여슬고?

(三)

悲運透身獨子唯喜
生員非神人事莫測

　申將孫의妹夫되는新郞李書房은殷栗郡北面居호는名不知李生員의三
代獨子라李生員은元來載寧郡土斑으로財産도相當히잇고祖先來家名도
稍有호더니甲牛年變更以前虐官暴吏가全國에橫溢호야誅求濫討를　任意
恣行호는中特히本道黃州兵使의恣弄호는權威가海西를暴壓호니海西一境

의人民은病使惡吏의魚肉이되야是日曷喪의嘆과飢號冤泣의聲이九月山보
다도還高ᄒ여슬쩌에李生員門中에一不良ᄒ悖類가有ᄒ야李生員의財産을
奪取倒破ᄒᆯ惡心으로黃州의吏輩와結托ᄒ고僞債票를發給ᄒ後族徵督促
次로數多ᄒ捕卒을發送ᄒ니可憐ᄒ李生員은그, 차고찬冬至雪天에그餓鬼
와如ᄒ黃州捕卒의鐵鞭捕繩의鍛鍊과許多ᄒ辛苦만受ᄒ여슬쑨일신全家産
을蕩盡無餘ᄒ後生員은心禍가動ᄒ고世事에悲觀이多發ᄒ야飄然蹤跡을隱
晦ᄒ고殷栗郡北面　寒村으로轉來ᄒ야貧寒ᄒ一農幕에서李生員通天으로
隱居生活을忍作ᄒᄂ中에又一悲慘ᄒ運命은生員의身上에襲來ᄒ니卽其妻
君이, 바라고, 바라고, 기다리고, 기다리든三代獨子를産出ᄒ 後에産後가不
良ᄒ야그苦待ᄒ든愛子를産褥우에서永別ᄒ거시라李生員은至今身勢를自
嘆ᄒ나號訴ᄒᆯ곳도, 바이업고 一悲一喜中에乳母를雇入ᄒ고全力을다ᄒ야
此失母의愛憐ᄒ遺獨子를千金갓치萬金갓치護養의手를盡ᄒ니生員의誠意
가空虛치아니ᄒ야將次傾頹ᄒ生員의家門을興復ᄒᄂ柱石되기를可期ᄒ깃
더라　於焉間에無私ᄒ天輪은循回를幾續ᄒ니頭邊에霜雪을半戴ᄒ老李生
員은家族도稀貴ᄒ데老年에, 어데 滋味나, 불가ᄒ야그貴ᄒ葉錢七百兩을艱
辛이變通ᄒ야　禮裝(禮物)으로보니고長連郡東面花川洞居ᄒᄂ　申將孫의
妹女十八歲를納婚ᄒ거슨其愛子가十二歲되는春節이라老生員은唯一獨子
를柱石으로알고如何ᄒ苦勞가有ᄒ든가或如何ᄒ心禍가發ᄒᆯ지라도,　이거
시,-다 愛子의將來幸福을爲ᄒᄂ거스로, 싱각ᄒ면百憂가雪消ᄒ고萬事에安
慰가自有ᄒ야無上의樂을삼더니本年二月以來로花川洞샤돈집에서婿郞과
女息보고푸다는通知가數三次傳來ᄒ니老生員은元來其愛息과暫時라도相
離不見ᄒᄂ거슬心中에甚히不喜ᄒᄂ事勢莫不得ᄒ니, 그르면 二 三日內로
단여오라고切々당부ᄒ야其愛子의夫妻를써니여보니고 一日을 三秋갓치,
기다리ᄂ鬼神아니李生員이야엇지此離別이永遠ᄒ離別이될줄이아,　夢中
에니, 싱각하엿슬수, 이스리오.

(四)

妙策案出惣角提至
酷刑嚴下申哥自服

却說尹守가申將孫의母子女三人을獄에嚴囚ㅎ고數多흔探偵을發出ㅎ야新郞의本家情形을馳探ㅎ며一邊으로는花川洞人民에게種々흔實情을廣探ㅎ여보니新郞의父親되는老生員은元來他人에게는半點의稱寃을受할바無ㅎ고況且新郞으로言ㅎ면至今지書齋外에는아즉洞口外十里를不出흔十三의少年이世人에게如何흔深怨을買ㅎ여슬理致가萬無흔則如何흔人이如何흔方面으로觀察할지라도此凶計의發源이畢竟此申哥의母子女三人中에서關聯釀出ㅎ여슬거슨至底公然흔秘密이되깃고況且古來로姦夫妖婦가本夫를 毒殺흔事例는 亦是不無흔거신則 一般世人의疑線이新郞의妻되엿든申將孫의妹女身上으로輻射ㅎ는것도 쏘흔無理는 아닐 듯.

此事件이發生된지第三日만에申哥母子女三人의第一次問招는開始ㅎ엿다. 큰칼을, 목에씨고 使令等의 指導를조차官庭에, 나와, 업딘거슨眼眸가炯々ㅎ고前額에, 주름잡힌五十頃老婆이니, 卽申將孫의母其人이더라 此地에當ㅎ야如何흔撼懷가其胸臆에迫來ㅎ엿든지顔色은靑赤으로變ㅎ고全身을戰慄ㅎ면서. 이쩌尹守는其心中에方向을稍定흔듯시沈着흔態度로입(口)을여니 尹守「네婿郞이, 언제, 네집에와서」

老婆, 「그, 죽기젼날, 왓서요.」

尹守, 「네 婿郞을, 네가, 오라고, ㅎ야서 왓드냐?」

老婆, 「네, 사위도, 보고푸고, 쌀도, 보고십허, 오라고ㅎ엿더니, 그날, 小女의쌀子息ㅎ고, 사위되는사람ㅎ고, 굿치와서요.」

尹守, 「네, 婿郞되는사람이, 죽는날, 져녁에, 어데, 잇더여서?」

老婆, 「네, 그늘져녁에, 어데굿든거슨, 알지못ㅎ고요, 小女의子息놈이,

골房에서, 다리고, 자깃다고 ᄒᆞ여시요」

　尹守, 「그러면, 네婿郎이何時頃에, 엇더케죽은거슨, 네가모르깃나냐?」

　老婆, 「그거슨, 도모지, 몰나요.」

　老婆는獄으로, 다시나리우고, 次에는申將孫의次例,

　初次에는大網前番과又혼訊門을次第로發혼後에

　尹守, 「그날져녁에, 네의妹夫가, 어데, 잇더여서?」

　將孫, 「그늘져녁에, 小人의妹夫되는사람이, 어데, 놀너가 도라오지, 아니,
ᄒᆞ엿습니다」

　尹守, 「大聲疾呼曰이놈네가, 네의妹夫又든거슬, 모론든, 말이냐, 그러면,
네생각에는, 엇든사름이, 네 妹夫를죽여슬듯ᄒᆞ냐?」이쩌兩左右에서, 바로아
리라는 소리가, 霹靂又치, 써러지니,

　將孫, 「져의누이(妹)년이, 元來行實이不貞ᄒᆞ야, 졔시家에서, 머슴사는總
角놈을姦通혼다는風聞이, ᄼᆞᆺ섯습더니, 日前에도, 그總角놈이, 온거슬, 보아
습니다, 아마, 그놈이, 죽엿나보올세다」

　尹守, 「分明이 그總角놈이, 온거슬, 네가보앗단, 말이냐?」

　將孫, 「分明이, 보아삽니다」

　將孫은다시獄으로, 나리우고, 將孫의妹女가, 들어오니, 尹守는將孫에게,
들은말도잇고, 一層의注意를 더ᄒᆞ야, 嚴密혼訊門을發ᄒᆞᆫ, 申妹의對答은
決코自己가女子의貞操를破혼事도無ᄒᆞ고, 　況且머슴사는總角云々事는一
切痕跡도업는일이오, 그늘自己本家에, 올쩌도, 單自己夫妻兩人만共來혼
거슬自白ᄒᆞ니, 申哥男妹의前後拱招가, 此에一間隙을生ᄒᆞ엿고, 第一次審
問은玆에停止가되엿소, 이쩌尹守는, 이 申將孫男妹의言出혼바가 前後不
合혼거슬始疑ᄒᆞ야種々혼實情을詳探혼즉將孫의言容動作에는果然殊常혼
痕跡이顯然ᄒᆞ더라 尹守가一計策을案出ᄒᆞ야 本邑後山堂幕에, 사는一倭頭
總角을招來ᄒᆞ여다가隱然이如此如此혼計劃이有혼거슬傳置ᄒᆞ고其翌日에
는第二次訊問이開始ᄒᆞ니

尹守,「네이놈, 네가 네罪를모론단, 말이냐」

將孫,「果然네, 모르깃습니다, 아모리도, 그總角놈이, 疑心이잇습니다」

尹守,「그러면, 그總角놈을, 至今이라도, 네가보면 알깃고느」

將孫,「果然알깃삽니다」

이찌總角놈卽刻捉來ᄒ라는號令이秋霜갓흐니, 머리쏘리로, 뒤즘을지고, 큰칼을씬, 總角놈이, 들어와, 업된다, 大喝一聲에

尹守,「이놈, 네가李生員집에서, 머슴사는놈이냐?」

總角,「네, 果然그러ᄒ올세다」

尹守,「申將孫을 바라보며, ᄒᄂ물이, 네져總角놈이分明ᄒ냐?」

將孫,「네, 果然져놈이올세다」

總角은問招의形式만大網畢ᄒ고, 獄으로, 나리가두라ᄂᆫ令下에此이미흔 後山堂幕總角은後門으로隱然이 放送ᄒ니, 此大殺獄의疑雲이, 將孫의身 上으로, 一步一步를迫到ᄒ더라.

尹守가勵聲大呼曰이놈禽獸又흔놈아, 이졔도, 네가, 네罪를吐出치, 아니 홀쏘? 바로아리라ᄂᆫ號令이秋霜갓흔데, 一邊刑其를드려, 猛杖과酷烈흔, 주 리를, 幾度를難算ᄒ고乩加ᄒ니, 此境에迫到ᄒ여ᄂᆫ 凶惡흔 將孫놈도, 自己 의犯罪를, 到頭隱包키不能ᄒ야

將孫,「果然죽을罪로, 디령ᄒ엿삽니다」

尹守,「네이놈, 네의흔일을, 事實디로, 바로아려라」

將孫은, 머리를숙히고, 입을封ᄒ니, 형문을짜려라, 주리를틀어라, 別般酷 刑을다ᄒ야, 그點々이, 나오는供招를集合ᄒ고, 其母女兩人도, 亦是嚴杖猛 笞로, 前後毒計의始末을撥出ᄒ니, 人으로ᄒ여금, 毛骨이 悚然ᄒ고, 齒가 썰니더라.

(五)

良心□苛責後悔莫及
天道無偏法網難逃

申將孫은元來浮良悖類라酒色雜技로祖先傳與의家産을蕩盡ᄒ고百方
으로不意不道를無所不行ᄒ다가債鬼가日迫ᄒ고用途ᄂ如前ᄒ미黃金에餓
鬼갓치百計를做回ᄒᄂ中에一策을案出ᄒ니卽其妹女를再賣ᄒ면一時의窘
急을可免ᄒ깃스ᄂ其新郎이有ᄒ여서ᄂ實行키難ᄒ則如何ᄒ方策으로此新
郎만, 업시ᄒ면寡妹일예로賣ᄒᄂ거시事機에合當ᄒᆯ듯ᄒ야其母되ᄂ惡婆와
如此如此ᄒ事由를秘密히論定ᄒ고其妹夫되ᄂ新郎을誘出ᄒᆯ次로, 그샤돈
되ᄂ李生員집에數三次通寄ᄒ야其妹夫와妹女를如意이誘引ᄒ여다가其妹
女에게ᄂ, 몬져如此如此ᄒ計劃이有ᄒ것과또新郎이아즉幼穉ᄒ고家勢도
변々치못ᄒ니萬一此計劃이뜻디로成就되면一層조흔곳에 改嫁ᄒᄂ거시 조
타고甘口蜜言으로說服ᄒ後에其夜에新郎의熟眠함을, 기다려, 이 殘惡ᄒ申
哥놈의母子가錢帶로, 그可憐ᄒ新郎의목을잘나慘殺ᄒ고 其屍体ᄂ卽夜로
洞口外楊柳가지에 달아미여둔거슨, 그淺薄ᄒ識見에ᄂ 이러케ᄒ면, 其嫌疑
를自家에서ᄂ免ᄒᆯ줄로, 싱각ᄒ엿던지.

申哥의母子女三人이如此히共謀ᄒ야新郎을죽이기, ᄭ지ᄂ惟一邪慾에,
눈이어둡고, 心臟이變ᄒ야 禮義東邦의前無ᄒ慘劇을敢히作行ᄒ고서도, 一
次新郎을죽인後에ᄂ忽然이良心의嚴責이自發ᄒ야一時ᄂ恐懼의情을抑到
키難ᄒ여스나, 이겨ᄂ旣爲作行ᄒ일이라, 後悔ᄒ여도莫及이오嗟嘆ᄒ여도,
쓸데업스니, 할수잇ᄂ더로心意를自抑ᄒ고天然의態度를粉作ᄒ야世人의疑
線을脫ᄒᆯᄭᄒ엿더니,人事가莫顯乎隱이오   罪惡이畢竟의滅亡을當ᄒᄂ거
슨自古及今累千載人類歷史에昭然ᄒ天理라此惡鬼妖歷의申哥母子女도
此理外에ᄂ不出ᄒ야王道의法網을脫逃치못ᄒ고其兇惡ᄒ罪狀을一々히自

白乃已ㅎ엿스니天道가엇지無心ㅎ리오.

(六)
　　妖氣跋扈天人共憤
　　罪惡滅亡末路可憐

　이慘酷흔殺獄事件에對ㅎ야一時의衝激을感ㅎ엿든世人의胸臆에는其正
犯이意外의邊에서現出홈에對ㅎ야再度의驚動을一喫痛憤치안는者無ㅎ니
況柱石으로밋엇든三代獨子를永失흔老李生員의心情이야，　엇지다忍言홀
餘地가有ㅎ리오人의傳言이希望의線이永絶흔老李生員은血眼이暗々ㅎ야
財産도모르고生命도모르고光明이無흔暗黑흔宇宙에影跡이消去ㅎ엿다ㅎ
고申哥놈將孫은，줄을지우고，큰칼을써위，海州營門에押上次로安岳邑을
經過ㅎ는途中에「不共戴天의 讎，申哥놈은，니쿨，밧아라」ㅎ는霹靂이써러
지자肝膽을落흔申哥의運命은幾日來로麥田에서潛待ㅎ든血眼老人의揮刀
下에其未路를終告ㅎ엿고其母되는惡婆는終身懲役에處ㅎ고其妹女되는妖
婦는使令官奴輩의餌食이되야至今도長連邑에서醜窟의生活을보닌다고.

狡猾흔 猿猩

滑稽生

옛쩍에 한猿猩이가이셔 特別히狡猾흔꾀가만흔지라 一日은山外에出遊 흐다가 거이(蟹)를 偶然히맛나 흐는말이허허 그디본지올알세(猿)하참올이 못보왓네(蟹)

(猿)曰그러나저러나 오롤은八月秋夕랄이니 함쎄어느村閻에가서 쩍盜賊 질이나흐여보세거이(蟹)가쏘흔 열어랄굼주울이든餘에 食欲이生흐야 함쎄 가기롤許諾흐고 그山알이村中에 드러가니 흔조만흔草屋에서 쩍을치는디 그主人은쩍메랄잡고 그妻는쩍쌀을쩌서 밧그로담어니여오는즈음에 猿猩이 가 거이(蟹)과約束호디 귀에붓치고흐는말이 디단히秘密흐더라 이윽고 거이 는 그집壁을틈타서들어가더니 집안에서兒孩우는소리가急히나더라 그主人 의妻가兒孩우는소리가急히나더라 그主人의妻가兒孩우는소리롤 듯고 크게 驚惶흐야 집안에 들어가보니 兒孩코쑹에셔 피가디룡갓치홀으는지라 그어 미가兒孩롤거더안고 울면서 그집아비롤 불너흐는 말이 쩍인지난장인지 치누라고 얼은兒孩롤홈차눕펴두엇드니 무슴怪常흔일인지 兒孩코에서 피 가 손악비 오들흐오 아교가련흔일이야흐는소리여 그집 아비도 쏘흔 驚㤼흐 여 쮜여들어가보고 서로兒孩롤맛안고 구구걸이는즈음에 猿猩이란놈은 마

당에잇는썩을지고다라눈지라

　아씨, 猿猩이와거이(蟹)과約束흔말은, 거이는, 집안에들어가, 兒孩코을, 물게ㅎ고, 그 뒤에, 져눈, 썩을 집어가자눈狡計롤, 서로말흔것이로다

　그夫妻가兒孩롤 게우달니야 눕피고 썩을 가지려나가니 썩은간곳이업눈지라 仰天噓唏흘 쑬음이더라

　猿猩이가썩을 지고 그압시닉가에나가니거이(蟹)도 쏘흔쏠아온지라 간짜흔猿猩이가 썩을獨食흘凶計가나셔 거이덜여ㅎ눈말이 이곳은 地勢도卑下ㅎ고쏘흔景色도업스니 져南山上上峯에 올나가 조흔景色도 구경ㅎ고 흔번 비불이먹눈것이 좃타하거늘 거이(蟹)ㅎ눈말이 나눈다리가 쩔너서 걸음도잘못것고 여써지오눈딕도 숨이차서 견elf슈업스니 아무데서나 먹눈것이 좃타ㅎ디 狡猾흔猿猩이가 제횡만밋고 썩을메고 나눈드시 山上으로 올나가눈지라 거이(蟹)가죽을횡을 닉여顚之倒之ㅎ면서 猿猩의두롤 쏠아올나가니 간짜흔猿猩이가 쏘흔쇠롤닉여曰 져놉흔나무쏙뒤에 올나가먹눈것이 좃타ㅎ고 나무쏙뒤로 발아올나가니 거이눈흘길업서 닭쏫든긔가 집웅발아보눈模樣으로 寒心ㅎ고 안잣더니 간짜흔猿猩이가 제지조만밋고 싹은나무가지에 썩글웃을 안고나안잣다가 나뭇가지가 불어지면서 썩글웃시 널여구울어 거이잇눈압바외돌구영에 쌔저들어간지라. 거이가안자바든福닉이라고크기깁버ㅎ여 바외돌구영에 기여들어가서 썩을滋味잇기먹을쩌에 猿猩이가널여와본즉 좁은돌구영으로 들어갈수눈 업고 거이덜여 하눈말이 네가無情ㅎ고無禮흔 놈이로다 當初붓허 나과네가 흔가지로 횡을써서 가저온썩을 너홈자먹은니 그런횡위가 어딕잇눈냐ㅎ거늘 거이(蟹)하눈말이 네가當初에홈자먹자눈凶計로 일너절너 가지고딍이다가 天佑神助ㅎ신福으로 너압헤쎨예주니 너의狡惡흔마암을 寃痛히녀겨 홈자먹을수밧게업다흔디 猿猩이가할길업서 제밋흘 거이(蟹)흔디 向ㅎ야 不正흔穢臭롤射코자ㅎ거늘 거이가 두엄지발로 猿猩의밋흘 싹물어쯰니 猿猩이가 압홈을 이기지못ㅎ여 쒸여나셔보니 궁딍이여 터리가 죄쌔지고 피가흘으눈지라 至今토록 猿猩의뒤밋헤 터리업눈것

은 그쩌거이흔디물여싸진까돍이오. 거이엄지발에 터리만흔것도 그쩌猿猩
의밋터리를물어쑵은것이라흐오

　記者曰呼乎라萬古에狡猾을밋고正義를無視흐는者는저猿猩이과何異흐
리오畢竟제먹을것도못먹고身體까지亡흐게되엿도다

요죠오한(四疊半)

夢夢

二層위南向한「요죠오한」이 咸映湖의寢房, 客室, 食堂, 書齋를兼한房이
라. 長方形冊床위에는算術敎科書라修身敎科書라中等外國地誌等中學校
에씨는☆課冊을쏘진冊架가잇는데그녑흐로는동써러진大陸文士의小說이
라詩集等의☆本이面積좁은게恨이라고늘어싸혓고新舊刊의純文藝雜誌도
두세種노혓스며, 學校에다니는冊褓子는열十字로매인치그밋헤바렷스며,
壁에는勞役服을입으쏘오리끼와바른손으로볼을버틘투우르궤네브의小照
가걸넛더라

저녁밥을갓먹은뒤라食後四十分以內에는工夫를思索함이좃치안타는攝
生法을직히는버릇이잇슴으로名色만잇는欄干을갈오타고안잣더니한눈구
진五十假量된女人이捲烟工場의制服을입고바닥만남은「쎄다」를 다악다악
쓸면서멧집걸너잇는골목퉁이로돌아가더니이대서달아왓는지거지다된대여
섯살된두아해가 맨발노달녀들어「옥가, 오맘마구레」하고울고부는모양을보
고여러가지로생각이나는모양이라. 이때
「映湖잇소」
하고서슴지안코들어오는사람이잇서 「洛城一別四千里에未知近況이何

如」를豪氣잇게질느니바야흐로이리저리어즈러워진생각에空然히혼자苦生
하던映湖가 急한비ㅅ소리에익은잠을깨우듯

「이게 누구요 이거 웬 일이야」

하면서얼는일어나손붓들어歡迎하는情을表하고房으로들어와對坐하니
이는神經質에兼ㅎ야 倨慢이잔뜩찬映湖가大特別노그를待接함이라

「그래 나는 데가 이졔오 이졔가 데로 그대로 지내거니와 蔡君은 웃더나하
오 무를것 업는일이나 장 궁겁게 지내엿기로 뭇는말이오」

「그저 그럿치 우리란 사람이 어대를 가면 別수잇나」

「그런맛업는 대답말고 오레간만에 맛낫슬쑨아니라 君自故鄕來하니 應知
故鄕事라 都大體 本國形便이나 좀 들녀쥬구려 그리하다가 한가지벼개를하
야 彼此 먹엇던 이약이나 다 합시다그려」

무슨일인지 모르나 前例업시 그가온것을 몸시 조와하고 쏘 속으로는 한번
맛낫스면한지가오린것이 거의 얼골에 낫타낫더라

이 蔡란사람은 나으로 말하면 咸보담 한살 아래가 되나 그러나 日本건너
온것으로 말하던지 本國도라간것으로 말하던지 激烈한 時代新潮에어린몸
이 쓰며잠기며 苦生한것으로 말하던지 「호시」니 「스미레」니 社會의 本狀이
니 人生의 眞意니하야 남모로는中 現實과 理想의 交涉과 寫實과 象徵의
形式等으로 애쓴것으로 말하던지 나의 反對로 한두살 압선것이 잇스나 別노
親舊사괴을 일삼지아니하는 그는 內地에서나 外方에서나 長 혼자 煩惱하고
쏘 스스로 解決하야 妄斷의 더러움을 할대로하고 孤獨의 슬흠을 맛볼대로
맛보더니 偶然한 機會로 얼만콤 갓흔 臭味를 가진 咸을 보고서 서로 本能이
感應하야 오래지아니한 동안에 슬그면히 我愛爾慕하는 사이가 되얏더라.

그런데 咸의 思想으로 말하면 무엇으로보던지 매우 單純하나 蔡는 그지나
온 徑路나 휘모리가진 範圍나 다 比較的 複雜할쑨아니라 그性格에 큰 差別
이 잇스되 큰 砂漠이나 넓은 海洋에서 轉輾하거나 漂流하는 외로운 사람은
俄人이 日人을 보아도 眞心으로 반가와 서로 依支하려하고 法人이 普人을

보아도 眞心으로 깃버서 彼此 安慰하는것처람 茫々한 理海의 怒氣騰々한 思潮에 各々 予々하게 쩌잇는 處地가 되는지라 이것저것 혜아릴틈업시 둘의 마음과 마음이 사랑의 실노 連하얏더라.

그리하야 함은 自黑(地名)에 居하고 蔡는 千住(地名)에 居할쌔에도 一週 日에兩次以上맛나지아니하는일이 업시 갓갑게 相從 하더니 蔡는 그 性格의 當然히到達할 地點에 이르러 여러번 煩悶하고 여러가지로 思慮한氽혜 無限 한感慨와 無限한 冤痛을 폼고 이러틋한 親舊까지 離別하야 지난해여름에 時代의 犧牲이 될양으로 匆々히 本國으로 도라가 한구석에 숨어잇서 音信 까지 渺然하더니 一年半이나 된 오늘에 夢想치도아니하는中 突然히 차자왓 스니 咸이 그대지 반겨함도 까닭업슴은 아니라 그러나 咸의 이째 心理的狀 態로 말하면 다만 오래보지못하다가 맛난것이 조와서 그리하는것만 아니러 라.

「나도 그리하자고 오기는 왓소마는 그리 急할것도 업고 本國잇슬째에는 老兄을 맛나거든 이런일도 이야기ᄒ고 저런일도 이야기ᄒ리라ᄒ야 속에 싸 허둔것이 또흔 적지아니하더니 딱 對面하고 본즉 어대로 다 逃亡하얏는지 한아 생각나는것이 업소그려 그래 老兄은 今年試驗에 榮譽가 놉흡듸다그려」

어늬틈 식혓든지 房門이 열니면서 粉을 더덕더덕 발은 下婢의 얼골과 作伴하야 「아마모노」牒七와 茶器가들어온다.

「참 거룩흔 榮譽를 엇엇는걸. 이거나 먹으며 이약이합시다.…………學校 에는 一週日에 잘하여야 二三日가고…………오늘도 모처럼 學校에를 갓더 니 先生에게 꾸중도 잘 들은걸」

蔡는 죽은 子息이 나를먹지아니하는세음으로 그동안 一年有餘에 얼골한 번片紙흔張接흔적이업슴으로 咸이 웃더케 變흔것을 생각치못한다.

「그왜 어듸가 便치못하시오」

「便치못하다면 크게 便치못하고 便하다면 또흔 便ᄒ오…………只今도 톨쓰토이를 愛讀하오?」

말이 瞥眼間 異常스러운 方面으로 싸지는것을 보고 그 얼골을 본즉痕跡
痕迹없시時代的煩惱가 가득흔듯흔지라 蔡의 생각에 흔녑흐로는「이사람도
이 苦生을 自取하는구나 無情흔 하나님이 이 弱흔者를 쏘 그 凶惡흔 그믈에
걸니게하셧구나」하는 同情이 무럭무럭 일어나고 한녑흐로는「네가 바야흐
로 어린아해를 免흐려흐는구나 그러나 좀쳐럼 努力흐야가지고는 病나기
쉬운걸」흐야 慢侮흐는듯한貢慮흐는듯한 마음이 생기는데

「觀舊란 어려워 經驗이란 무셔워」

란 咸의 말을 듯고 비로소 果然 그런줄을 確實히알고 남다르게 自己를
마진 意味와 學校冊褓는 풀지도아니한치로 던저놋코 異常한 冊子가 冊床을
占領흐고 異常한 그림이 壁間에 걸닌 所以를 끼다라 무엇을 일은듯도하고
무엇을 엇은듯도하야 自然히 단술에 醉하얏든 自己의 過程을 도라다본다.

이약이가 暫時 끈치다.

下弦지난 둘이 희미한 빗흘 揮帳친 琉璃窓밧그로서 들여보낸다.

닙에 들어가는「못지」가 제精神으로 들어가는지 아닌지 몰으는듯한데
蔡의 손은 連方

牒七로 왓다갓다하기는한다.

얼마잇다가 蔡의 煩惱懷舊談이 나오고 咸의 思想傾向談이 나와 여러가
지 學生界에셔 別노 쓰지아니하는 셧홀은 文藝上文字가 두사람의 닙살에셔
쩌러지는데 얼어가는 물과 풀녀가는 어름이 한아는 올나가기 爲하야 흔아는
나려가기 爲하야 永點에셔 서로 못낫스나 그러나 兩邊의 귀는各其對手에게
로 기우러졋더라.

마조막에 咸은 가장 熱心으로

「個性의 發揮는 지금나의 希望慾求의 全體인데 이 생각은 은졔싸지도
變함이 업슬것갓소」

하고 蔡는 虛無主義로서 社會主義로 돌아오든 말, 自然主義로서 道德主
義로 돌아오든말과 밋 文藝上으로서는 寫實主義를 盲信하든일이 꿈갓다하

고 로맨틱思想에도 取할것곳— 理가잇는것과 主義그것이 매우 우수우나 그러나 아직까지 무엇이든지 사람이 客氣를 가져야하겟단 말을 다한뒤에

「이것저것 다 쓸대잇소 술이란것이 長醉不醒은 못하는것이고 쏘 물하면 實地를 쌀으지못하길네 理想이란몰이 存在하는것이지마는 번연히이런줄을 알고잇다가도 참으로 實世間에 接觸할째에는 限量업는 哀感이 새삼스럽게 납듸다」

하면셔 무슨 意味가잇는듯 포켓트에 손을 집어느면서 이러나 「時代의 犧牲」이란 소리를 여러번 노랫調로 불으더라.

열한時를 치다. 下婢가 자리를 펴고 가다.

불쓰고 누은뒤에도 두사람의 이약이는 쓰니지아니하는데 本國形便에 關하야는 여러번 물으나 蔡의 對答은 오직 「赤子匍匐入井」의 한마듸쑨이요 그대로 「그저 堅忍하여 堅忍하여야하오 우리는 天生이 變愛와 思想과 事爲의 自由公權을 剝奪當하얏습넨다 그中思想으로 물하면 것흐로 들어나지 아니하니싼 얼만콤 自由가 잇슬가」하더라.

째째 夜巡하는 警木소리가 캄々한속으로서 들닌다.

이튿날 아침 늦게 일어난 蔡는 朝飯이나 먹고가라 하야도 「아니 느졋서」하고 세살먹은 어린아해를 갈으치는듯한 물노

「學校에 잘 다니고 先生꾸지람 듯지 물도록하시오 무슨일이고 自然이지 不自然은 업습넨다」

하면셔 匇忙히 가니 咸은 새 苦悶 한아를 더하는 同時에 「自卑하는者야 ☆安하는者야」 하는 생각이 蔡의 등을 向하야 나감을 禁치못하더라.

인력거군수작

교동병문좌편짝에 인력거군삼삼오오작대ᄒ여 짓걸이ᄂ는수작가관일세 한 작지ᄒ는말이 오날아참이ᄂ는 먹을것업서서녀편네속숫곳 전당잡히고팟죽두 그릇사다가조반으로에워먹고 나왓던나 돈두요시에ᄂ는엇지도 밧삭 말ᄂ는지 량반인지두돈오푼여슷무진지한사람들도 인력거야 ᄒ는소리 전혀업데 ᄒ오 날 져역은 무엇먹고살잔말인가 위선녀편네보긔 붓그러워들어갈수도 업고 들려간들 무엇이라고말ᄒᄂ 쏘ᄒᆞᆫ인력거군ᄒ는말이 나는어제교동병문에서 시문밧까지 가시ᄂ는량반을 태이고 오십견을 작뎡ᄒ여밧고 오난길에 종로향 랑뒷골노 지나노ᄅ니 약주님님시ᄂ는 코를찌으고 속에서 회ᄂ는동ᄒ여목젓이 질알질ᄒ데 다못 주먼이속에 잇ᄂ는시지ᄂ는 오십견쑨이라 게오젼역쏠가암이나 되거나 말거나ᄒᆞᆯ것을 술한잔사먹으면 젼역밥은 량퓌될터이나 참시 방아간 으로거져지날수잇ᄂ 빅통두푼을 쏠끈니여쥐고 술집에들어가서 한잔ᄂ니구니 라ᄒᆞ야 두어번홀덕ᄒᆞ더니 빅통두푼이간곳업고 석략은 둑겁이 팔이 한마리 잡아 먹은것한가지데 쏘주먼이를 다시풀고 한잔더먹고 그만두랴고 ᄒ얏더 니 쏘한잔먹고 입이간즐어워서 쏘한잔먹고 쏘한잔먹고나니 춥든몸은 좀녹 앗스나 주먼이ᄂ는어언간 겁분ᄒ엿데 시지ᄂ는엇더케되ᄂ는지 돈앗가온싱각업서 지긔 짝알맛게되야 여보술집쏠으고쏠으오먹고먹고나서셔회게를보니싼 오 십견다털고도 오히려빅통서푼이외상이데글려 그시ᄂ는얼근ᄒᆞᆫ 김에 쾌락히집

에도라가 더문에 들어서면서 여보 마누라 전역밥엇지되얏나 그마누라 얼굴
빗치 추풍마즌 비입사귀굿ᄒᆞ야 더답ᄒᆞ는말이 여보ᄯᅩ한잔잡숫시구려

　전역인지 밤찬인지 시량에비ᄒᆞ여 두엇습쓴이까 들어오시면돈푼싱길줄알
고 가마가신후 어둡도록 고더 ᄒᆞ엿든이 등살이부러지도록 이쓰고 돈푼벌면
집에서야 먹든지굼던지 싱각ᄒᆞ나 술집만갓다 ᄶᅵ알밧치듯ᄒᆞ지 참남편이라고
밋고살만ᄒᆞ오 허허그말드르니 귓구멍이 짝막혀서 할말업데 아참전역 불못
엿는놈에방 차기는 바루사명당이낫참홀만ᄒᆞ데 그러나 한찬얼근ᄒᆞᆫ김이니 나
는과히추은줄 모르고 웃목구석에들어누으니 잠이별악굿치오데 흔잠터지게
자고ᄭᅵ니 마누라란사롬은 그ᄶᅵ까지 아릿목에 안자 손에턱을 밧치고 등불안
고 한심짓는솔이참스롬은 못볼일이데 ᄯᅩ흔 인력거군ᄒᆞᆫ는말이 자네는 마누
라나잇스니 먹으나무굴나 서로 세나굿치빨아도 자미잇는일 더러 잇겟네 나
는시골서처음 서울구경ᄎᆞ 올나왓더니 도라갈노쟈ᄂᆞ엇으랴고 인력거한아삭
으로 엇더가지고 운수잘맛ᄂᆞ는날이면 한량반맛나 ᄐᆡ이고 엇던 날이면 병문
에서 낫잠이나자던이만 어제 엇더흔 손이 발우 신님굿치 찰이고 건가리침을
곤두세우면서 인력거야ᄒᆞᆷ기에 자든눈을 번적쓰고 마자ᄐᆡ이고동부련동등지
에ᄭᅡ지갓던이 그손이집으로들어가서는일시간이남도록소식도업더니 그마
누라로ᄒᆞ야곰 주제넘게 장옷씨워서 밥발이전당잡히려가는모양이데 흔춤잇
다가 그마누라가드러오드니 인력거삭이라고 빅통두푼을게오 주데 헐처밧아
도 이십젼가량은밧을터인디 빅통두푼가지고 그녀외간에 제발격선ᄒᆞ라고사
졍ᄒᆞ니 나도ᄯᅩ흔사람이라 그마누라인졍이 불상ᄒᆞ여 그냥 밧아가지고 돌아
왓네 허리부러진놈들은 서울에만 뫼여잇데 밥발이잡힐형세에 허기지고쏭쓸
놈의 인력거는무슨인력거야별에별놈들다보깃데 사람이운수가사나오니 잡
바저도 코이상할일이야.

뒤장이酬酌

耳長子

　장장동야에 닝돌에누엇스니 잠은아니오고 이러안잣자니 쏘흔 쩔녀나견 딀수 업서 白銅貨흔푼 헌주머니 귓덩이서 어더니여 시벽역헤 장국집으로 찾아가니 웃전뒤장이두연석이 막걸네흔잔 붓들고 서로 수작흐는말이 壯觀이데.

　그두사롬의 姓은 孟哥, 朴哥든가보데

　(朴)여보게 孟先達 요시 엇든 사롬들은 뒤장이질도 못흐여먹깃다고흐지마는 즉금도구명 아라잘흐면 움푹흔수 덜어 싱기깃데

　(孟)아 朴先達은 이지간 한박잘탄기로세나 그런소리 흘격에는

　(朴)요시 長安안사롬들이야 너남업시 동굴암이가 밧작 말나서 밋쳐조석도 난게흘지경인데 미음녀의싱각날결을잇나 요시 시골서 시로은작자들이 집에서 볏섬이나 팔아가지고온작자덜더러잇데 이작자들이 상게어리석어서 長安안갈보 벗삭 말나죽기 된줄알고 솔기 어물전 엿보듯 흐는자들 만테 그러나 그작자들이 돈은젹기 쓰랴고 비밀미음녀만찻데 그러셔 비밀미음녀를 한아 소기흐여주엇더니 이놈이 그리윗든 김이라 뚤어지게흐고 돈은 게우 一圜가량 주엇든가보데 그러나 이년이 쏘흔 쐬장이년이라 두어두고 쳔쳔히

녹여먹으량으로 우리인정에 돈주고 안주는디 관게업다고 ᄒ얏든가보데 그
작자가 거게속아 ᄒᆞ니밤 잇틀밤 이어이어 붓헛든가보데 그런까닭에 나도
술잔이나 폭폭이 잘어더먹엇데

(孟)그사름이 당초에는 쏩작이수로 비밀밈음녀만 찻든사름이 연릴굿다웻
줏ᄒ고 쏘술ᄭᅵ지 그러키 만이내야.

(朴)이사름 그런사름 더잘쓰데 이놈이 처음에는 안글일듯ᄒᄃ니만 차츰
그년의 쐬에 쌔저셔 ᄒ달지경이나 그랑ᄒᄃ니 이지간에는 살임ᄒ누라고 엉
장을 버리고 도라가데 제살임ᄒ고야 안쓰고 빅일놈의 장수 잇나 그년의
어미니 옵바니 올키니 무어니 무어니 ᄒ는식구가 근칠팔명이로셰 ᄒ곳에다
부불이롤 주어박아스니 그놈아니녹고 뉘아들놈이 녹깃나

(孟)그작자가 식구 그러키 만은줄알고 당초에웨 살임을 시작ᄒ엿나

(朴)이사람 長安안 갈보년덜 셩질모르나 처음에야 식구가 그러키 만타구
ᄒ나 돈두 적기쓰고 의복음식도 편리ᄒᆞ수 잇다구 ᄒ니 시작ᄒᆫ 일이 즉금은
정신쌔진놈 움물딀이 밀어보듯 ᄒ고잇지 그러나저러나 살임이니 몟틀되깃
나.

(孟)웨 돈만잇스면 굿쌰웨 년들이야 파먹는 자미에 쯧장보고야 썰어지지
그러키 썰어지깃나

(朴)그년이 본남편 싱이별ᄒ후에도 발셔몟놈을쌔라 먹어 물인놈은 가쥭
도ᄒ아안남앗다네 ᄒ놈이 아모버어리도 업시 공식구 팔구명을 몍여살니랴
니 석숭의 맛아들이면 견듸깃나 쏘그식구가 먹기뿐인가 어미년은 뒤에 안자
죽여서의복차니 용차니 밤낫청구ᄒ네 거견될수잇나 그놈쎄쌔저 위션죽을
걸

(孟) 이사름 그거 안되엿네 어느학校學싱이나 아니든가

(朴) 그기야 뉘가 아나 학싱인지 학도인지 엇지든지 놈은 절뭄놈이데 요시
는 그년ᄒ데 웃지 혹ᄒ엿는지 녀학교에 입학식혀 공부ᄒᆞ다데 제법그년이
더리 쑥제을이고 샬쥐우산에 거드러지기 거리로 덩이데 學校는 망ᄒ놈의學

校들이야 그런년을 다 딀여놋테

(孟) 學校에서야 그런년인지 저런년인지 아나 누구보증잇스니 밧아깃지

(朴) 엇던년 인지 보면 웨몰나 금시는 속앗지마는 또몃츨ᄒ여 쪽겨나오깃나 그런년들이 공부는 무슴공부를 또ᄒ깃나

그만, 혼잔먹어스니, 가세.

本執筆人이 此言을 聞홈이 最是可痛ᄒ도다 鄕曲놈에게 京城게집이 우지 得當ᄒ며 財政困難ᄒ時代를 遭ᄒ야 同胞의 飢餓가 在在相續ᄒ거늘 此는不救ᄒ고 如此혼蕩費에 浪擲ᄒ니 寒心혼바이며 또는 所謂葛甫의母娚輩도 各其生活을 自圖롤지어늘 其女其妹롤 賣食코자ᄒ니 如此혼惡習이 世界에豈有ᄒ리오 兩方이各各醒悔ᄒ야 恒産을勿失ᄒ고 完全혼人格을 準備홀지어다

無 情

孤舟

六月中旬, 지々는듯하는太陽이 너머가고, 안기갓흔水蒸氣가萬物을잠가. 山이며, 川이며 家屋이며, 모든물건이 모다 半이나 녹난 듯. 어두운帳幕이 次々々々 니림애쓸는듯하던空氣도 얼마큼 식어가고, 서늘하고부드러운 바람이, 쌕々흔 밤나무 ㅅ닙을 가만~히흔들어서, 靜寂흔밤에바삭~흐는 소리가 난다.

處所는博川松林. 朦朧흔月色이 꿈가티이村落에비치엿는디 기와집에 舍廊門여러노은生員님들은, 濛々흔쑥ㅅ니로蚊群을防備흐며, 어두운 마루에 셔긴디, 털며쓸쎄업는酬酌으로時間을보너나, 핏쌈을 죽々홀니면셔, 田답에 김미던 가는한農夫와 힝랑사롬이며, 풀 뜻기와 잠쟈리 시녕에疲困흔兒童輩는 벌셔世上을모르고昏睡흐는데, 이村中中央에잇는, 四五치瓦屋뒤문이 방싯하고 열니더니, 그리로, 한 二十歲나 되여실만한결문婦人이 외인편 손에 자그마-한 砂器瓶을들고나온다. 늘근밤나무닙ㅅ사이로흐르는月光이그몸을繡놋더라. 몸에는 시로 지은듯흔 生苧격삼과, 가는베 치마를 닙업고, 흰그얼굴에는深痛한悲哀가 낫타낫더라. 夫人을짜라는오는 검은 강아지롤「쉬! 쉬!」하야듸려 쫏고, 다시금 朦朧한집을 듸려다보더니, 소리 안이나게

門을닷고, 도라션다, 그 두눈으로는 머춤업시 눈물이 흐르더라. 婦人은 쑥이며 으악이가기☆노자린 풀을 혀티고, 캄캄한솔밧을 向하야 올느가면셔, 쩌쩌로 머리를 둘너 自己의 집을 도라본다. 밤이 이믜 기페시민, 바람한뎜업고, 푸른하늘에물먹은 無數한 星辰만 반쯧반쯧 下界를瞰下한다. 婦人은 거의 理性을 일은듯, 들편들편 하면셔발을 온겨놋난데目的은 다못 콤콤한데로 가는것이라. 只今이婦人의마음에는希望도업고, 恐怖도업고, 甚至에悲哀조차업게되엿도다. 처음에집을쩌날째는 무슨目的도 이셧깃고, 計畫도 이셧 깃다마는, 一步一步로 漸々消去하고, 第一어두운 수폴ㅅ속에니르러실째에는 全혀 아못感想도 안이나게 되엿더라.

아름이나넘는 소나무가 쎅쎅이 드러써고 叢生한 가지며 닙이하날을가리워 별도 잘아니뷔이고, 濕한地面에셔는 눅々한臭氣가나며쎅々한 소나무ㅅ 닙사이로 흐르는月光은無數한金針이地面에散한듯하더라. 婦人은미친듯 五六步나 쮜더니 쏙부러진 소나무에 맛딜녀 쌈짝 놀너어 웃둑 셔면셔 머리를 들어우러러보더니, 痙攣的으로 힛죽 웃고, 압흐로 거꾸러지는듯 그 나무를 안고얼골을 나무에뷔빈다. 婦人은이러ㅎ고 한참잇더니, 무엇에 놀닌 듯 프륵 썰면셔 물너셔셔 손에든瓶을 보고퍽셕 주져안는다. 한춤이나 머리를 슉이고 안즈니 理性이 얼마큼싱긴다. 혼자ㅅ말노,

「아아, 그럴쩨가 웨 이슬꼬? 그럴쩨가 웨 이슬꼬? 아이고, 분허라! 아이고 切痛히라! 그럴쩨가 웨 이슬꼬?」 婦人은瓶든 손으로 짜을 덥고, 몸을외인편으로 쯰우려티고, 바른손으로 가슴을 누루면셔 머리를 흔든다.

「니가 이집에시집오기만잘못이야. 이럴줄 알아시면, 一生식즙이라구는안이가고, 어마님과 함끽 이슬썰, 홍, 々.」 니마을 치마로 가리우고 압흐로쎠쑤러딘다.

「무어이니, 무어이니 하야, 다쓸쩨잇나…………쓸쩨업서. 슬컨셔방질이나…………, 그리～쓸쩨업셔, 쓸쩨업디!」

「게딥아희하나 밋구살꼬?……죽어시면 편안ㅎ디. 이놈, 어듸, 얼마느 잘

사나보쟈!」 하고婦人은머리를들고억기ㅅ춤을 추으면셔 곗헤 누가 셔끼나한 것가티, 피 선눈으로견주어 보더니,

「네, 이놈, 얼마나 잘 사나보쟈!」 하고瓶에녀은 藥을 끌걱끌걱 마시고 입을졉々 다시면셔瓶을 너여던딘다. 길게한숨딥고 누으면셔,

「그럴쩨가 워 이슬쏘? 그럴쩨가 워 이슬쏘? 이놈 어더얼마나잘사나보쟈, 니가 죽어셔 鬼神만 되얏단보아라, 그제, 쿨을 가지구와셔, 그년, 그놈을 이러게……」 팔노디르는 形容을 하면셔.

「아이고, 어마니, 난죽노라!」 하고 비앗는드시 우☆다. 두-合이나 먹은 거슬 긔우이 動脉, 毛細管을 조차, 各器官과 細胞에 펴디니, 心臟의機能도 漸々鈍ㅎ게되고, 呼吸도困難ㅎ여디며全身에虛汗만 소는다. 精神도次々朦 朧ㅎ게되야 作用이漸々單純ㅎ여지면셔怨罔과肉身의苦痛밧게感應 티안 이ㅎ드라. 처음에는「이졔죽겠더」ㅎ고, 눈을감고 가만히 누엇더니, 바르고 바르는 죽음은 안이오고, 오는거슨苦痛쑨이라. 苦痛이론놈은 우리의 一生을 안쏘돌다가 그것도 오히려 不足ㅎ디 죽을쩨 一瞬時에 놈은 苦痛全體가우리 의 肉體와精神을 싸는거시라. 可憐헌이婦人은只今, 殘酷, 無情, 沈痛ㅎ苦 痛에쌔와 「아이고비야, 이놈!」ㅎ는 소리로 이거슬 버서 나려하디도못하고 부엄의 입에물닌 토끼와 가티 「苦痛」의 하르는디로만 하고 목슴 끈어디기만 기다리는도다. 「아이고 비야, 아이고 아이고으마니, 이놈.」 하면셔, 곱을낙, 닐낙 팔과 다리를 드럿다, 노앗다하더니約一時間이나 디느니, 긍々갑는 소 리와, 잇다금 혹々늣기는것밧게 업게 되더라. 나무는依然히셧고, 밤은依然 히 어두우며, 宇宙는依然히 默々하도다, 自然(天地萬物, 但人類는除ㅎ고) 은 無情ㅎ고冷酷ㅎ여, 우라야슬허 하던, 즐거워하던 잠々 히 잇고, 쏘그쑨안 니라 其法則은極히嚴峻ㅎ야 우리로 하여곰決코一步도其外에 나셔게 하디 안이하느니, 卽 우리가 슬퍼한더야慰勞하는法업고, 우리가 一分一秒의 生 命을더엇으려 하야도許티안이 ㅎ디 안는가. 그런데, 사람이론動物은 孤獨을 슬여하는故로恒常其「동무」를求ㅎ며, 求ㅎ야엇으면 깃버ㅎ고, 幸福되며, 엇

디못하면 슬퍼ㅎ며 不幸되느니라. 然而其「동무」에는 條件이 이스니 卽
「情다아운 者」, 「사룽스러운 者」라, 萬一 此條件에不合하는者면 비록 百萬
의「동무」가이셔도, 오히려 無人曠野에 호을노 셧것갓ㅎ야 깃붐과幸福이업
스되 萬——人이라도 此條件에合ㅎ난者이스면 깃붐과幸福이마음에 充滿
ㅎ야 全宇宙間에萬物이 하나도 美안님이업고, 하나도愛안님이 업느니 前者
는 人類에가장不幸ㅎ며可憐흔者요, 後者는가장福되며運됴흔者니라, 帝王,
富貴 그 무엇인고?

  前者에屬ㅎ는可憐흔뎌婦人은孤獨의悲哀가其極點에達ㅎ야, 愛를失홀
時에其幸福과 깃붐을 일코 甚至에其生命ᄭ지 바리려 하는도다. 이婦人으로
ㅎ여곰-容姿, 淑德을無備흔이婦人으로ㅎ여곰이地境에니르게흔者, 그뉘
구? 한스람의生命을破滅흔者, 가누구? 「아이고 비야, 이놈!」 하든 소리는
空氣에波動을作ㅎ야 어더ᄭ지나 펴젓는지 只至은 아모ㅅ소리도업고음ᄌ
김도읍는生命업는一物體로다.

  村家에셔닭의소리한두마듸나더니, 덟은녀름ㅅ밤이 벌셔 디나가고東편
하날이 회여디며, 별이 조는듯次々읍셔디는디村中이 북젹 쒹놋터니 燈ㅅ불
이여긔뎌긔 왓다갓다 ㅎ더라.

  以上, 婦人이라 ㅎ여온 사람은松林韓座首의子婦라. 本是同郡某齋長의
獨女로셔일즉父親을여의고母親과老祖母下에其아우하나로더부러길너는
사람이라. 家勢도有餘ㅎ야女婢男僕에, 물길어 본적 읍스며, ᄯ또其母는五十
너문喪妻ㅅ끝에에싀즙와二十五에 寡婦가되야 다문 두子息을바라보고白
髮이 되도록 사라 왓느니, 別노敎育잇는이도 안이요, 다못 「무던흔사람」이
러라. 그럼으로 이婦人도其母의感化을입어 그져「무던흔사롬」이라, 學校에
셔先生의講義를 드른바도 읍고, 書籍에셔物理며, 人情을硏究흔바도읍고,
外界卽社會의影響이라고는其家庭과親戚의狀態, 言語, 行動等의디나디못
ㅎ난單純흔부인이라, 卽韓國模型的부인이라. 別노特質도읍고, 能力도읍
스느簡單히그性質을說明ㅎ건딘입이무겁고, 行實이단정ㅎ고, 아못일이고

삼가고삼가ᄒ며絶對的父母와지아비의命令에服從홈이라.

  뎌가韓明俊의안히가된것은去今八年前, 卽뎌가十六, 明俊이가十二적이라. 이婦人의母親은二個年이나, 그딸을爲ᄒ야鄰近村理를微行ᄒ면셔사위될 지목을고르든結果로韓明俊을 엇은거시라. 뎌가 사위를 고를째에 무어슬 標準으로하엿ᄂ고, 曰一에門閥, 二에財産, 三에家族, 四에當者며, ᄯ自己의家庭이외롭다ᄒ야勢力잇ᄂ韓座首와査頓되ᄂ것이 한긋의지가 된다함이라. 婦人은其母만밋고어린마음에新郞의 얼골 보기만 苦待ᄒ고, 남모르개 깃버ᄒ며, 아모도업슬쌔에ᄂ「韓明俊韓明俊」하고즐겨ᄒ며, ᄯ新郞의畵像을여러가지로마음에그려보고, 그가온디第一風采됴쿄天才잇ᄂ, 情잇ᄂ少年을選擇ᄒ야「韓明俊」이라ᄂ 이름을 짓고ᄂ 즐겨ᄒ며, 철업신 아오가「야, 韓明俊이식시」 하면셔억기를 집흘쌔에도 가장 식그려온듯 몸은흔드나 깃분우슴이목졋ᄭ지 말녀나오고, 귀ㅅ결에新郞의缺點이듯기면, 한긋ᄒ로ᄂ怒ᄒ고, 한긋ᄒ로ᄂ 무셥기도ᄒ야, 아못됴록否認ᄒ려ᄒ더니 於焉間十一月十七日이왓더라. 婦人은 밤들기를苦待ᄒ야 깃붐과 붓그러음과 疑心을셕거가지고煒煌한燭光에비쵀여 新郞의房에드러가중웃속으로 屛風에의지ᄒ여셧ᄂ新郞을보니 킈ᄂ十歲ᄂ난兒孩갓고곰은갓아레로 겨우보이ᄂ 죠곰안 얼골에ᄂ 피빗하나 업고 멀쑥~하ᄂ 그두눈, 죠말~한 그 態度. 얼골에ᄂ죠곰도 사량스럽거나 졍다은表情이웁더라. 婦人의가슴에 잇든아름다운 마음은 다ㅡ스러지고, 悲哀와絶望만문돌~々々소사나와 울고ᄭ지 십도다.

  困ᄒ여셔 겻헤셔식々, 자ᄂ 新郞의 숨ㅅ소리를 드르미 至今것 꼿밧헤셔 노니다가, 여호 한테 홀니여셔 여호의窟에 드러온것 갓기도 하고, 지미 잇ᄂ 쑴을쑤다가 ᄭ친것 갓기도 하고.

  「아아, 이것이 닉 一生에 갓치 사ᄅ쿨 지아빈가」, 성각ᄒ면가심이막히여. 엇디ᄒ야 어머니가 이런 사람을 골낫든고? 싀집가는데ᄂ 어미도 밋지못홀것이로다, 아아, 이거시닉의 지아비인가? 난싱 처음 한심이오, 난싱 처음슬품이며, 난싱처음歎息이라.

以後 一年許나本家에 잇다가 싀집이라고 가보니, 모다낫모르는 사람이요, 다못, 하나, 아는사람은 지아비나 남보다더冷淡ㅎ고 舅姑는 첫며나리라ㅎ야 甚히鍾愛하나, 정죽 사랑헐 져아비는「옷너라」「버션기워라」하는소리밧개 안이하니父母의 사롱이나밧을야면本家에잇는편이 나ㅅ디 안이홀까

남모르게 눈물노디ᄂᆞ는中흐르는歲月이一年이나 디나가는데 明俊이는漸々疎遠ㅎ여더셔父母의말도 안이듯고舍廊에셔獨居ㅎ게되니婦人의悲哀와寂寞은날노 깁허가는더라. 그和氣잇고아름답든 얼골은 漸々여워가고, 活潑ㅎ던精神은漸々 沈鬱ㅎ게되야 듯디도 못ㅎ고 보디도 못ㅎ던人生問題ᄭ지싱긴다. 韓座首는恒常밧개잇는故로仔細히家內事情을몰나, 안에잇고 이런方面에注意ㅎ는母親은 더단히 걱정ㅎ야 잇다금 그아들을불너셔訓戒ㅎ나아들은馬耳同風으로 듯지안이코情이漸々더疎遠히되야其妻를 보기만하여도 미운싱각이 나는故로 죠금한일에도 팔딱~怒ㅎ더라. 明俊이도次々힘이 들어옴이 잇다금其妻를 어엿비녀기는情이싱기나 이는暫時라, 自己도웨미워하는디其理由는모르나 그저 미운것이라, 누라셔能히 이情을 업시하리요, 다못發現티안이케制御헐따름이다.

婦人은 쳐음에는愛情과, 肉慾의飢渴에만悲歎ㅎ더니年齡이二十이 넘음이子孫ㅅ걱정ᄭ지 싱겨서悲歎에 悲歎을 加하더라, 雪上加霜은此를닐음인지? 其母親의일즉늙은理由를 비르소 깨닷드라.

明俊이도十七이넘쟈 亦是孤獨의悲哀를ᄭ다라其妻에對ㅎ愛情을回復ㅎ려힘쓰더니 힘쓰면 힘쓸소록 더욱疎遠ㅎ여 가는더라. 맛참니外泊이頻繁ㅎ며城中出入이잣고, 얼마 안이하야隣人의게「외입장이」라는稱號를엇고, 酒商, 娼妓의債人이韓座首의門에자조出入ㅎ며, 田畓文券이날마다 날아나게 되니婦人의唯一同情者되는싀母도漸々冷淡ㅎ게되야가더라.

이렁져렁 二年이디는後 하로는韓座首이明俊을불너「너, 이놈 왜그닷 못된즛을 하여셔네집안을亡케헌단말이냐.」하고其罪을 ᄭ지즈미

「그러면妾을하나 엇게 히 주시요」明俊이는외입에鍛鍊이되야, 죠곰도붓

그러옴 업시對答하거늘座首도 열어말노쑤지저도보고, 얼녀도 보다가 할일업시

「그러면, 네妻다려 물어봐라」하고 입을 쩍々 다시면서 담비ㅅ디를 쩌-니, 「졍말삼임닛가」明俊은喜色이滿顔이라.

七年만엣夫婦同寢이라!

婦人은 무슨일인디를모르고 꿈가티싱각ㅎ나 죠곰도깃분情은 업더라. 婦人의熱烈ㅎ던情은 六七年間哀愁悲歎에다 식어 冷灰가 되엿도다.

무슨일인디明俊이가 그날은가당親切ㅎ며至今것疎遠하던罪를誠心으로 하는것 가치謝ㅎ며各色行動이明俊이는 안인듯하더라. 엇디 알아시리요, 일이가羊의가죽을쓰고羊의무리에 석기는것은羊을害ㅎ려함일줄을

「여보게, 나願할쌔하나잇는데」

婦人은드른듯못드른듯 잠々ㅎ고 잇다.

「여보게, 나, 願할게 하나 이셔.」

「안이, 願ㅎ쌔라니, 니게 무슨 願ㅎ쌔 잇깃소?」婦人의溫順ㅎ흔音聲으로對ㅎ면서「무슨ㅅ 소리를 하랴는고?」하고 싱각흔다.

「안이, 그러케 말홀째 안이야.」

「………………………………」

「드러주깃나? 이건, 곡, 자네가 드러주어야 헐째야.」

「무엇인디 말슴 하시구레.」

「안이, 이건 참 드러 주갓더야 허깃는데……………」

「말씀을 하시구레.」

「임자, 켤니디 마르시. 나妾하나 엇으라나?」

婦人도 이말을 듯고는憤이 벗석나셔「에, 이, 기가튼자식 것흐니……」하고 辱ㅎ고 십흔마음이 무럭~싱기며, 辱이 목졋 꼬지밀어 오느「무던흔사람」이라, 그도못ㅎ고, 「나 도라딘니면서 父母님 걱정안이 식이기시면엇구

레.」 이것은참 억지로~나오는 말이라. 이말ㅅ속에 얼마나悲哀와怨痛이숨어시리요.

「구러두 나를 바리디는 안티요.」 婦人은 오러~싱각하다가, 必死의勇을 다하야 이말을 하엿다.

「그럴슈가잇나 비리다니……」

妾을다려온後에는 쏘前과 가티疎遠ᄒ여디더라. 婦人은그속음을알고더옥憤ᄒ며, 더옥切痛ᄒ며, 더옥悲哀ᄒ야, 以前에는 다못明俊이만怨ᄒ엿더니, 좀디ᄂ셔는全男子를怨ᄒ게되며, 甚地에는全人類를 怨ᄒ게되고, 마츰 니自己의存在를怨ᄒ개되더라.

婦人은孕胎ᄒ더라. 이줄을안 後로는, 自然, 좀깃붐이 싱기며 이것이 아들인가 쌀인가 하는 問題로 날마다窮究ᄒ면셔八九年前明俊의畵像그리던法을再用ᄒ며全혀, 스러젓던空想이漸々생겨, 다시 즐거운 時代를 맛날컷 갓흔希望도생기여 그兒孩나기만苦待하더니生父의祭日에本家에 갓다가 엇더흔 巫女의개 問占ᄒ則女子라ᄒ는디라, 空中에지엿던樓閣이다·문어디고 失望落膽ᄒ야시家에도라와본則自己잇던 房에는自己의器具는하ᄂ도업고 엇던눈ㅅ 숩짓고, 粉바르고, 卷煙 쥐우는 게집이잇더라 이거슨 六月十七日이러라.

(作者曰) 此篇은事實을敷衍흔것이니맛당히長篇이될材料로디學報에揭載키爲ᄒ야梗概만書흔것이니讀者諸氏는諒察하시웁.

한 국 근 대 문 학 과 전 통

인쇄일   초판 1쇄   2002년 9월   2일
발행일   초판 1쇄   2002년 9월 17일

저 자   김찬기
발행인   정찬용
발행처   **국학자료원**
등록일   1987.12.21, 제17-270호

총 무   김효복, 박아름, 황충기
영 업   김태범, 한창남, 김상진
편 집   이인순, 정은경, 박애경
인터넷   정구형, 박주화, 강지혜
인 쇄   박유복, 정명학, 한미애, 이정환
물 류   정근용

서울시 강동구 암사동 462-1
Tel : 442-4623~6, Fax : 442-4625
www.kookhak.co.kr
E - mail : kookhak2001@daum.net
kookhak@orgio.net

ISBN   89-8206-987-9   93900

가격 12,000원